1

Politik & Co.

Gemeinschaftskunde und Wirtschaft (GWG) für das Gymnasium

Baden-Württemberg

herausgegeben
von Hartwig Riedel

Band 1
für die Jahrgangsstufe 8

bearbeitet von
Erik Müller
Stephan Podes
Hartwig Riedel
Martina Tschirner

C.C. Buchner Bamberg

Politik & Co. 1

Gemeinschaftskunde und Wirtschaft (GWG) für das Gymnasium Baden-Württemberg
herausgegeben von Hartwig Riedel

Bearbeiter: Erik Müller (Kapitel 3, 7)
Stephan Podes (Kapitel 5, 6)
Hartwig Riedel (Kapitel 1, 4)
Martina Tschirner (Kapitel 2)

1. Auflage, 2. Druck 2016
Alle Drucke dieser Auflage sind, weil untereinander unverändert, nebeneinander benutzbar.

Dieses Werk folgt der reformierten Rechtschreibung und Zeichensetzung. Ausnahmen bilden Texte, bei denen künstlerische, philologische oder lizenzrechtliche Gründe einer Änderung entgegenstehen.

Redaktion: Andreas Gerster
Grafische Gestaltung und Herstellung: Wildner + Designer GmbH
Druck- und Bindearbeiten: creo Druck- und Medienservice GmbH

www.ccbuchner.de

ISBN 978-3-7661-**6801**-6

Zur Arbeit mit dem Buch

Der Bildungsplan Gemeinschaftskunde und Wirtschaft (GWG) stellt mit der Kompetenzorientierung die Ergebnisse von Lernprozessen in den Mittelpunkt. Wie können Schülerinnen und Schüler mit nachhaltigen Sachkompetenzen, Methodenkompetenzen, Urteilskompetenzen und Handlungskompetenzen so ausgestattet werden, dass sie „politische und wirtschaftliche Mündigkeit" erlangen?

Die Konzeption des Unterrichtswerks ermöglicht es Schülerinnen und Schülern, die zentralen Kompetenzen des Faches Gemeinschaftskunde und Wirtschaft zu erwerben. Für Lehrerinnen und Lehrer ist das Buch eine Hilfe, um einen modernen Unterricht zu verwirklichen.

Zum Aufbau des Buches

Die **Auftaktseiten** jedes Kapitels sind als ansprechende Bildcollage gestaltet. Die Aufgabenstellungen dazu dienen der **Lernstandserhebung** und der Annäherung an das Thema. Zu erwerbende **Kompetenzen werden für jedes Kapitel ausformuliert** und machen den Schülerinnen und Schülern transparent, über welches Wissen und Können sie am Ende des Kapitels verfügen sollten.

Durch die Arbeit mit dem **Materialienteil** können die Schülerinnen und Schüler die Sach-, Methoden-, Urteils- und Handlungskompetenzen schrittweise erwerben und sinnvoll miteinander verknüpfen. Die authentischen Quellen (Zeitungsartikel, Bilder, Karikaturen, Grafiken ...) wurden sorgfältig ausgewählt und um verständliche Autorentexte ergänzt.

Die **differenzierten Aufgabenstellungen** ermöglichen ein selbständiges Erschließen der auf **Doppelseiten** übersichtlich präsentierten Themen. Sie beziehen sich häufig auf konkrete Problemlösungen oder Entscheidungssituationen und fördern so die Nachhaltigkeit des Lernens. **Angebote zur Binnendifferenzierung** ermöglichen es der Lehrkraft, auch heterogenen Lerngruppen gerecht zu werden. Zusatzaufgaben sind mit einem ⊕ gekennzeichnet. Hilfen mit einem ⊘.

Da fachspezifische Methodenkompetenzen unabdingbar für die Erschließung des Sachwissens sind, werden sie auf deutlich hervorgehobenen **Methodenseiten** ausführlich erklärt. Sie sind immer auf konkrete Inhalte bezogen.

Die Rubrik **„Was wir wissen – was wir können"** dient der Sicherung der Kompetenzen. Das grundlegende Sachwissen des Kapitels wird auf der Seite „Was wir wissen" für Schülerinnen und Schüler übersichtlich und verständlich zusammengefasst.

Die Seite „Was wir können" beinhaltet Angebote zur Überprüfung des Sachwissens. Darüber hinaus sollen Schülerinnen und Schüler zeigen, ob Sach-, Methoden-, Urteils- und Handlungskompetenzen in einer konkreten Entscheidungssituation sinnvoll angewendet werden können.

Ein **Glossar** zum Nachschlagen wichtiger Grundbegriffe und ein **Register** zum Auffinden von Querverweisen sind wichtige Hilfsmittel und erleichtern das selbständige Arbeiten mit dem Buch.

Inhalt

Verzeichnis der Methoden

FREIE BILDUN
FÜR ALLE!

Total Ausverkauf
wegen Geschäftsaufgabe
Alles bis 1/2 Preis
PETERS

CLEAN THE AIR
PLANT A TREE

1

Wir entdecken Politik und Wirtschaft

Politik und Wirtschaft – das klingt abstrakt und langweilig? Schau dich um! Unser Alltag, unser Leben, unser Wohlstand wird davon beeinflusst, und du bist ein Teil davon.

Kompetenzen

Am Ende dieses Kapitels solltest du Folgendes können:

- eine erste Erklärung dafür geben, was man unter Politik versteht
- in Grundsätzen erläutern, womit Wirtschaft zu tun hat

Was weißt du schon?

- Suche dir ein Bild aus, das du a) am ehesten mit Politik und b) am ehesten mit Wirtschaft in Verbindung bringst.
- Begründe, warum du dich für dieses Bild entschieden hast.

1.1 Was ist Politik?

M 1 Politik – das geht alle an

Politik regelt das Zusammenleben der Menschen. Der Begriff Politik stammt vom griechischen Wort „polis" ab. Polis bedeutet Stadt oder Gemeinschaft. In einer polis hatten alle Bürger das Recht (und auch die Pflicht), über die Angelegenheiten der Gemeinschaft mitzubestimmen. Auch Kinder und Jugendliche können und haben das Recht dazu, Politik zu machen. Das bedeutet zwar nicht, dass sie gleich in den Bundestag gewählt werden können. Das ist erst mit 18 Jahren möglich. Und Kinder können auch nicht Mitglied in einer Partei werden. Da Politik aber nicht nur von Parteien gemacht wird, gibt es spezielle Vereine, in denen Kinder und Jugendliche Politik machen können. Denn sie dürfen und sollen mithelfen, ihre Anliegen vorzutragen und Probleme zu verändern. Hier ein paar Beispiele:

- Wenn der Skaterpark verdreckt ist, könnt ihr euch beim Bürgermeister beschweren.
- Jede Schule hat eine Schülervertretung, in der Kinder und Jugendliche die Interessen aller Schüler vertreten.
- Als Jugendlicher kannst du in Kinder- und Jugendparlamenten mitarbeiten.

In der Politik geht es um die Lösung von Problemen, die die Öffentlichkeit betreffen. Verschiedene Gruppen versuchen dabei, ihre Interessen durchzusetzen. Politik ist auch der Kampf um Macht und Einfluss.

www.kindersache.de (17.3.2009)

M 2 Konflikte lassen sich regeln

Viele Menschen denken, Politik ist kompliziert und langweilig.

Politik kann aber ganz schön spannend sein. Vor allem dann, wenn es um ein Thema geht, das einen selbst betrifft. So wie Antonio und Leyla.

Die sind verärgert, weil die Gemeinde das öffentliche Freibad, in dem sie jeden Sommer ihre Ferien verbringen, schließen will, um Kosten zu sparen. Da ihre Mitschüler auch davon betroffen sind, sprechen sie das Thema in der Klasse an. Auf einer Wandzeitung halten die Schüler Argumente für und gegen die Schließung des Freibades fest: Auf der einen Seite will die Gemeinde Gelder einsparen, um mehr in Bildung zu investieren, Schulen und Kindertagesstätten auszubauen. Auf der anderen Seite ist das Freibad in der Gemeinde und für die Schüler ein wichtiger öffentlicher Treffpunkt.

Nach der Diskussion in der Klasse entdecken einige Schüler auf dem Nachhauseweg, dass sich bereits eine

Bürgerinitiative gegen die Schließung des Bades gegründet hat. Die sammelt auf dem Marktplatz Unterschriften und diskutiert mit interessierten Bürgern. Die Klasse entschließt sich daraufhin, eine öffentliche Diskussionsrunde mit der Bürgermeisterin, einem Mitglied der Bürgerinitiative sowie zwei Schülern in der Schulaula zu veranstalten. Sie will dabei erfahren, wer über die Schließung des Freibades entscheiden darf und wer welche Position vertritt. Leyla berichtet später in der Schülerzeitung, dass die Initiative der Schüler erfolgreich war und die Gemeinde ihre Pläne zur Schließung des Freibades zurückgenommen hat.

M 3 Drei Seiten von Politik

In der Politik geht es oft um gesellschaftliche Probleme und deren Lösung. Soll ein öffentliches Schwimmbad geschlossen werden? Sollen Gewaltspiele am PC verboten werden? Was kann gegen Kinderarmut in der Welt getan werden? – All diese Fragen können diskutiert und Argumente dafür oder dagegen gefunden werden. Es geht um die **Inhalte der Politik**.

Wer kann über diese Fragen entscheiden? Und wie wird entschieden? Sollen gewählte Vertreter entscheiden oder die Bürger selbst? Sollen sich alle gemeinsam nach einer ausführlichen Diskussion auf eine Lösung einigen oder soll gelten, was die Mehrheit beschlossen hat? Hierbei geht es um den Rahmen und die Form von Politik. Das sind Regeln, Verfahrensweisen, Gremien, Institutionen, ganz allgemein: die **politische Ordnung**.

Die dritte Dimension beschäftigt sich mit dem Prozess der Meinungsbildung und Entscheidungsfindung: Warum ist eine Diskussion über ein politisches Problem überhaupt notwendig? Wer ist von dem Problem betroffen? Und: Welche Meinung vertreten die Betroffenen? Bei dieser Seite von Politik geht es um verschiedene Interessen und Standpunkte und darum, wie diese Meinungen durchgesetzt werden können. Politik hat mit **Konflikten** zu tun.

Freibäder sind bei den Bürgern beliebt, für die Gemeinden jedoch sehr teuer im Unterhalt.

Aufgaben

1. In M 1 werden Beispiele genannt, wie man sich einmischen kann. Sammelt weitere Beispiele.
2. Lest euch die Geschichte von Antonio und Leyla genau durch (M 2). Schreibt auf, welche der in M 3 beschriebenen Seiten von Politik ihr dort wiederfindet.
3. Ein Grundschüler fragt dich, was Politik bedeutet. Erkläre!

1.2 Was ist Wirtschaft?

M 4 Warum gibt es von allem immer zu wenig? – Ellas Probleme

Ella ist eine ganz normale Schülerin. Sie geht in die achte Klasse des Gymnasiums und hat einen gut gefüllten Stundenplan. Da ist sie froh, dass sie noch ein Instrument spielen kann und auch noch Zeit für ihren Lieblingssport Basketball findet. Aber Ella würde gerne viel mehr machen. Deshalb hat sie einmal aufgeschrieben, was sie noch zusätzlich unternehmen würde und welche Mittel ihr zur Verfügung stehen.

Ellas Pflichtprogramm	Ellas Wunschprogramm	Ellas Mittel (Ressourcen)
• Eine Klarinettenstunde wöchentlich • Dreimal Basketballtraining in der Woche • Eltern im Haushalt helfen • Hausaufgaben machen, auf Klassenarbeiten lernen	• Freunde treffen • Chillen und Chatten • Shoppen • Saxophon lernen • Gesangsunterricht nehmen • Bei einer Musicalaufführung mitmachen • Öfter ausschlafen • Reitstunden nehmen • Einen Chauffeur, der sie zu den Terminen bringt	• Eltern können Klarinettenstunden bezahlen • Eltern können Basketballsport finanzieren • 50 Euro Taschengeld im Monat • Zeit reicht für Pflichtprogramm und eine weitere Aktivität

nach einer Idee aus: Winand von Petersdorff, Das Geld reicht nie, 2. Aufl., Frankfurt a.M. 2008, S. 9 f.

M 5 Wirtschaften heißt entscheiden

Kosten
Darunter fallen nicht nur direkte Geldkosten, sondern auch Kosten im übertragenen Sinn, wie z. B. verletzte Gefühle, entgangene Gelegenheiten oder verschwendete Zeit.

Nutzen
Darunter fallen ebenfalls nicht nur direkte in Geld messbare Nutzen, sondern im übertragenen Sinn jeglicher Vorteil, wie z. B. Zeitgewinn, Genuss oder Ansehen.

Ella hat eine Vielzahl von Bedürfnissen, ihre Mittel zur Erfüllung aller Wünsche (Geld und Zeit) sind jedoch begrenzt. Letztlich geht es allen Menschen wie Ella. Sie können sich nicht alle Wünsche erfüllen. Deshalb müssen wir alle entscheiden, für welche Wünsche wir unsere Mittel (Ressourcen) einsetzen. Gibt es eine Regel dafür, wie wir uns entscheiden? Im wirtschaftlichen Denken besteht die Regel darin, den Nutzen einer Handlung mit den Kosten, welche die Handlung verursacht, zu vergleichen. Ella muss sich evtl. zwischen Basketball und Reiten, zwischen im Haushalt helfen und Shoppen gehen oder zwischen Ausschlafen und Chatten entscheiden. Dabei wird sie die Kosten und den Nutzen der Alternativen abwägen. Entscheidet sie sich für Basketball sind die Kosten die entgangenen Freuden an Reitstunden, entscheidet sie sich fürs Shoppen mit Freunden, sind die Kosten der Ärger mit den Eltern, entscheidet sie sich fürs Chatten, sind die Kosten der Kampf mit dem Schlaf während des Unterrichts. Wirtschaftswissenschaftler (Ökonomen) nennen diese Kosten für die Alternativen Alternativkosten oder Opportunitätskosten. Da Menschen nach Auffassung der Ökonomen bestrebt sind, den größtmöglichen Nutzen für sich zu erzielen, werden sie Nutzen und Kosten jeweils vergleichen und die Alternative wählen, bei der der Nutzen im Vergleich zu den Kosten am größten ist.

Alternativkosten
Alternativkosten sind die Kosten, die entstehen, weil die zweitbeste Handlungsmöglichkeit (Opportunität) nicht gewählt wurde. Entscheide ich mich, mit dem Fahrrad statt dem Bus zu fahren, so sind die Alternativkosten: Verzicht auf Bequemlichkeit, Verzicht auf Unterrichtsvorbereitung während der Fahrt, Verzicht auf Zeitersparnis. Entscheide ich mich, mit dem Bus zu fahren und nicht mit dem Fahrrad, so sind die Alternativkosten: Verzicht auf Ersparnis der Fahrtkosten, Verzicht auf körperliche Betätigung, Verzicht auf Unabhängigkeit vom Busfahrplan.

M 6 Die drei Grundfragen der Wirtschaft

Da die Güter knapp sind, müssen sie von den Menschen produziert werden. Deshalb pflanzen sie Getreide, backen Brot, nähen Kleidung, bauen Autos, Häuser oder Maschinen. Wirtschaften heißt, dass Güter und Dienstleistungen hergestellt und zum Kauf angeboten werden. Der Markt sorgt dafür, dass die Menschen die Güter und Dienstleistungen, die sie wollen, auch erhalten. Die Wirtschaft handelt also auch von grundlegenden Fragen: Was und wie, d. h. auch wie viel, soll von einer Sache hergestellt werden? Wer soll es produzieren – ein Einzelner, ein Betrieb, ein großes Unternehmen? Wie sollen die Güter verteilt werden, d.h. wer bekommt wie viel von was? In jeder Wirtschaft müssen diese drei Fragen gelöst werden.

M 7 Wirtschaft aus der Vogelperspektive

Alle privaten Haushalte, zu welchen auch z.B. der Haushalt deiner Familie zählt, sämtliche kleinen und großen Unternehmen, Banken sowie der Staat mit seinen zahlreichen Einrichtungen (wie z. B. Schulen, Universitäten, Verkehrsbetriebe) bilden zusammen die Volkswirtschaft eines Landes. Verbunden sind sie alle über Geld und Güter, die untereinander ausgetauscht werden. Ein Mitglied deines Haushaltes kauft z. B. einen neuen Fernseher, den ein Unternehmen hergestellt hat. Das Geld fließt an das Unternehmen. Den Fernseher bekommt deine Familie. Ein Teil deines Taschengeldes liegt vielleicht auf deinem Sparbuch bei der Bank. Die Bank kann das Geld verleihen und dafür Gebühren erheben. Der Staat braucht Einnahmen, die er von den Haushalten und Unternehmen in Form von Steuern bekommt. Mit den Einnahmen stellt der Staat den Bürgern z. B. Schulen, Museen und Universitäten zur Verfügung, die wir sogar teilweise kostenlos nutzen können. Vereinfacht kann man sagen, alle die produzieren (etwas erzeugen) und konsumieren (etwas verbrauchen) gehören zu einer Volkswirtschaft.
Wenn eine Wirtschaft gut funktioniert, können die Menschen in Wohlstand leben. Voraussetzungen dafür sind gut ausgebildete Menschen, das Klima, die Ausstattung mit Bodenschätzen (z. B. Kohle, Eisenerz, Öl) und nicht zuletzt die Wirtschaftspolitik der Regierung. All diese Dinge wirken zusammen und bestimmen letzlich, wie erfolgreich eine Volkswirtschaft ist.

Üppig gefülltes Regal im Supermarkt. Doch wie und warum kommen die Waren dorthin?

Aufgaben

1. a) Versetze dich in die Lage von Ella. Welche weiteren Wünsche könnte Ella mit den vorhandenen Mitteln verwirklichen?
   b) Stelle wie Ella dein eigenes Wunschprogramm und deine Mittel gegenüber. Prüfe anschließend, wo Knappheit herrscht.
2. Überlege, wie man das Problem der Knappheit entschärfen könnte, und diskutiert in der Klasse Lösungen.
3. Wähle für Ella eine zusätzliche Aktivität aus. Beschreibe, worin jeweils die Alternativkosten bestehen. Vergleicht eure Ergebnisse (M 4, M 5).
4. Auf dem Schulfest willst du alkoholfreie Cocktails anbieten. Beantworte die drei Grundfagen der Wirtschaft für Herstellung und Verkauf der Cocktails (M 6).
5. In M 7 werden wichtige Zusammenhänge des Wirtschaftens beschrieben. Fertige ein Schaubild an, das mögliche Beziehungen zwischen Haushalten, Unternehmen, Banken und Staat beschreibt.

M 8 Politik und Wirtschaft auf der Spur: Recherchetipps

Zeitungen

Überregionale Zeitungen sind für Jugendliche meist schwer zu lesen. Viele Zeitungen haben jedoch mittlerweile spezielle Jugendseiten.

Die wichtigsten *überregionalen Tageszeitungen* in Deutschland sind:
Süddeutsche Zeitung
Frankfurter Allgemeine Zeitung
Frankfurter Rundschau
Die Welt
Die Tageszeitung (taz)
Der Tagesspiegel
Handelsblatt
Stuttgarter Zeitung

Daneben gibt es viele *Lokalzeitungen*, wie z.B.:
Badische Zeitung
Heilbronner Stimme
Rhein-Neckar-Zeitung
Schwarzwälder Bote
Schwäbisches Tagblatt
Schwäbische Zeitung
Stuttgarter Nachrichten

Ein *Nachrichtenmagazin* für Kinder:
Dein Spiegel

Fernsehen und Radio

ZDFtivi – logo!
www.tivi.de/fernsehen/logo/start/

ARD Tagesschau oder Tagesthemen
www.tagesschau.de/kinder/

Lilipuz Radio für Kinder auf WDR 5
www.lilipuz.de/nachrichten/

Minitz Nachrichten für Kinder des SWR
www.kindernetz.de/minitz

Internet

www.checked4you.de
(Jugendmagazin der Verbraucherzentrale Nordrhein-Westfalen)
www.greenpeace4kids.de
(Jugendseite der bekannten Umweltorganisation)
www.hanisauland.de
(Jugendseite der Bundeszentrale für politische Bildung)
www.jugend-und-bildung.de
(Seite der Arbeitsgemeinschaft Jugend und Bildung e.V.)
www.kinder-nachrichten.de
(Jugendseite der Zeitung Stuttgarter Nachrichten)
www.blinde-kuh.de/news-print.html
(Kindernachrichten auf Blinde Kuh)
www.kinderrathaus.de
(Die Stadt Bielefeld informiert auf speziellen Seiten für Kinder und Jugendliche, wie eine Stadt funktioniert)
www.kindersache.de
(Internetangebot für Kinder und Jugendliche des Deutschen Kinderhilfswerkes e.V.)
www.mitmischen.de
(Jugendportal des Deutschen Bundestags)
www.news4kidz.de
(Kindernachrichten)
www.regierenkapieren.de
(Jugendseite der Bundesregierung)
www.tagesspiegelkinder.de
(Jugendseite der Zeitung Tagesspiegel)

Bücher

- **Eva Radlicki (Hrsg.): logo! Das Nachrichtenlexikon. Die Welt von A bis Zebra. ZDFtivi,** Frankfurt/M. 2006: Fischer Verlag
- **Marietta Slomka (mit Daniel Westland): Kanzler lieben Gummistiefel. So funktioniert Politik,** München 2009: cbj-Verlag
- **Gerd Schneider: Politik,** Würzburg 2008: Arena Bibliothek des Wissens
- **Gerd Schneider/Christiane Toyka-Seid: Das junge Politik-Lexikon,** Bonn 2008: Bundeszentrale für politische Bildung
- **Manfred Schwarz: Politik. Reihe Klartext,** Ravensburg 2007: Ravensburger Buchverlag
- **Sylke Tempel: Die „tagesschau" erklärt die Welt. Das Wissensbuch,** Das Erste, Reinbek 2007: Rowohlt Taschenbuch Verlag
- **Nikolaus Piper: Geschichte der Wirtschaft,** Weinheim/Basel 2007: Gulliver – Verlagsgruppe Beltz
- **Was ist Was spezial: Wirtschaft,** Nürnberg 2002: Tessloff Verlag
- **Christine Oppermann: Nachgefragt: Wirtschaft. Basiswissen zum Mitreden,** Bindlach 2006: Loewe Verlag
- **Winand von Petersdorff: Das Geld reicht nie,** 2. Aufl. Frankfurt a. M. 2008: Frankfurter Allgemeine Buch

2

Jugendliche in Familie und Gesellschaft

Wir verbringen unser gesamtes Leben mit anderen Menschen. Unser „Ich" ist ohne ein „Wir" eigentlich nicht vorstellbar. Teil der Gesellschaft zu werden heißt, den Erwartungen anderer und sich selbst und seinen eigenen Lebensvorstellungen gerecht zu werden.

Kompetenzen

Am Ende dieses Kapitels solltest du Folgendes können:

- erklären, was man unter Identität versteht und wie sich diese im Zusammenleben mit anderen und dem Anspruch auf eine eigene Lebensgestaltung entwickelt
- darstellen, dass sich Rollenbilder und Rollenerwartungen ändern
- die unterschiedlichen Formen und den Wandel des menschlichen Zusammenlebens innerhalb und außerhalb der Familie auch mit Hilfe von Statistiken beschreiben und beurteilen
- erklären, warum das Zusammenleben von Menschen nicht immer harmonisch verläuft und es in Konfliktsituationen besser ist zu verhandeln als zu streiten

Was weißt du schon?

- Was bedeutet die Familie für euch? Schreibt die Begriffe, die ihr mit „Familie" verbindet, auf Karteikarten. Unterscheidet nach positiven und negativen Begriffen. Tauscht euch mit dem Tischnachbarn / der Tischgruppe darüber aus, welche Begriffe für euch die wichtigsten sind.

2.1 Der Einzelne in der Gesellschaft

Ich will ich sein

M 1 Ich will ich sein – spielen wir alle nur Rollen?

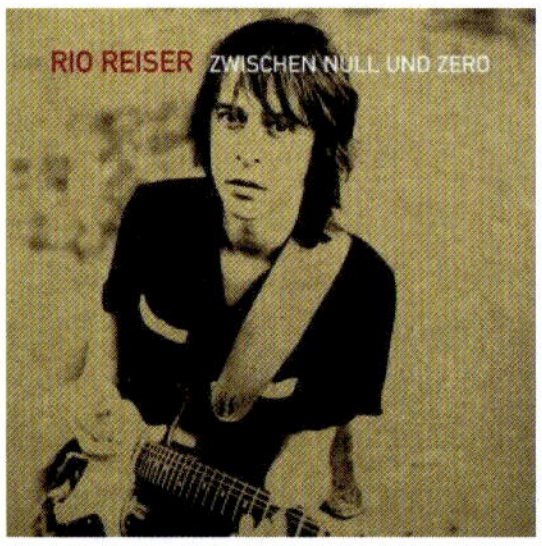

Rio Reiser (1950 – 1996): Berliner Rocksänger, Textdichter und Komponist

Ich will ich sein, anders kann ich nicht sein.
Ich will nicht sein, wie der oder der.
Ich will sagen, was ich denke.
Ich will ich sein, anders kann ich nicht sein.
Ich will nicht nur sehen, was alle sehen.
Ich will nicht nur gehen, wohin alle gehen.
Will nicht nur lachen, wenn alle lachen.
Will nicht nur machen, was alle machen.
Ich will singen, was ich singen will.
Und ich will sagen, was ich sagen will.
Ich will leben, wie ich leben will.
Und will lieben, wen ich lieben will.
Und will nicht getreten werden
und will nicht treten.

Rio Reiser, Ich will ich sein, Volksmund Verlag und Produktion Ralph Steiz KG, Stadum

M 2 Ich will ich sein – aber wer bin ich eigentlich?

„Ich will ich sein", das sagt sich sehr einfach, aber: „Wer bin ich eigentlich?" Reicht ein Blick auf den Personalausweis aus, um herauszufinden, wer ich bin? Zumindest stehen dort Name, Anschrift, Geburtstag und -ort, Körpergröße und Augenfarbe und auch ein Passfoto ist dabei. Aber reicht das aus, um zu sagen, wer man ist? Gehört zum Ich nicht noch etwas mehr? Zum Beispiel die Beziehung zu anderen Menschen, zu den Eltern und Geschwistern, Freunden und Freundinnen, zu den Mitschülerinnen und Mitschülern, zu den Mitmenschen ganz allgemein? Gehört zur Persönlichkeit nicht auch das, was mir wichtig ist, oder mein Verhältnis zu den Dingen, wie Natur, Technik, Musik und Kunst oder zur Gesellschaft? Gehört dazu nicht auch die Antwort auf die Frage, wie ich zu mir selbst stehe oder was ich mit meinem Leben will?

Jeder Mensch wünscht sich, als eigenständige Persönlichkeit wahrgenommen zu werden. Die Einzigartigkeit ist uns wichtig, aber auch das Gemeinsame, was uns mit anderen verbindet. Seinen Weg zu finden, ist nicht einfach und benötigt viel Zeit. Die Suche nach der eigenen Identität ist ein lebenslanger Prozess, der von der uns umgebenden Gesellschaft, aber auch von vielen Zufällen beeinflusst werden kann.

Ich-Identität
Darunter versteht man die Gewissheit eines Menschen, er selbst und unverwechselbar zu sein und sich von anderen zu unterscheiden.

Soziale Identität
Soziale Identität bildet der Mensch durch die Zugehörigkeit zu Gruppen aus und meint die Fähigkeit, den Erwartungen anderer entsprechen zu können.

M 3 Identität im Netz

Außenwirkung von Selbstdarstellungen in sozialen Netzwerken – sechs Profilbeispiele mit Erläuterungen", www.klicksafe.de

Soziales Netzwerk
Der Begriff umschreibt ganz allgemein das Beziehungsgefüge zwischen einzelnen Personen bzw. einzelnen Personen und Gruppen. Im Internet bezeichnen soziale Netzwerke spezielle Plattformen, auf deren Webseiten Personen ein eigenes Nutzerprofil anlegen können. Für berufliche oder private Zwecke kann man sich dann mit Freunden, Bekannten oder auch Geschäftspartnern vernetzen lassen und so leicht Kontakte pflegen oder neu knüpfen.

Aufgaben

1. Beschreibe das Lebensgefühl des Ich im Song von Rio Reiser (M 1). Was hält das Ich davon ab, „ich" zu sein?
2. Wer bin ich? Was macht mich einzigartig? Erstelle mit Hilfe einer Mindmap eine Landkarte deiner Persönlichkeit (M 2).
3. Beschreibe anhand des Profils Alexanders Persönlichkeit. Was macht Alexander einzigartig (M 3)?
4. Diskutiert die Frage, inwieweit die Internetprofile der „realen Identität" entsprechen (M 3).
5. Was sollte man von sich im Netz preisgeben, was lieber für sich behalten? Erstelle dazu eine Liste und vergleiche sie mit deinem Nachbar / deiner Nachbarin.
6. Viele Jugendliche bezeichnen die sozialen Netzwerke als eine Art „virtuelles Jugendzentrum", als einen Ort also, an dem man sich ungestört von Erwachsenen zwanglos begegnen kann. Zähle die Argumente auf, die für bzw. gegen diese Annahme sprechen.

Tipp
Hinweise für den sorgsamen Umgang mit (Profil-)Daten findest du bei: *www.klicksafe.de*

Welche Werte bestimmen unser Handeln?

Vergleicht eure Rangliste mit den Ergebnissen der Shell-Studie (*www.shell.de* → Umwelt und Gesellschaft)

M 4 Was uns wichtig ist

Bei der Erstellung der Shell-Jugendstudien werden Kinder, Jugendliche und junge Erwachsene im Alter zwischen 12 und 25 Jahren zu unterschiedlichen Bereichen ihres Lebens befragt. U. a. werden sie darüber befragt, welche Werte ihnen besonders wichtig sind. Erstellt nun selbst eure persönliche Rangliste der zehn wichtigsten Werte. Vergleicht sie dann mit der Nachbarin / dem Nachbarn.

Freundschaft	Partnerschaft	Familienleben
Eigenverantwortung	viele Kontakte	Unabhängigkeit
Kreativität	Gesetz und Ordnung	Fleiß und Ehrgeiz
Sicherheit	Gesundheitsbewusstsein	Lebensgenuss
Gefühle berücksichtigen	Lebensstandard	Toleranz
Umweltbewusstsein	Selbstdurchsetzung	soziales Engagement
Macht und Einfluss	Gottesglauben	politisches Engagement

Die Sicht der Kinder

„Werte können am besten beigebracht oder vorgemacht werden durch ..."

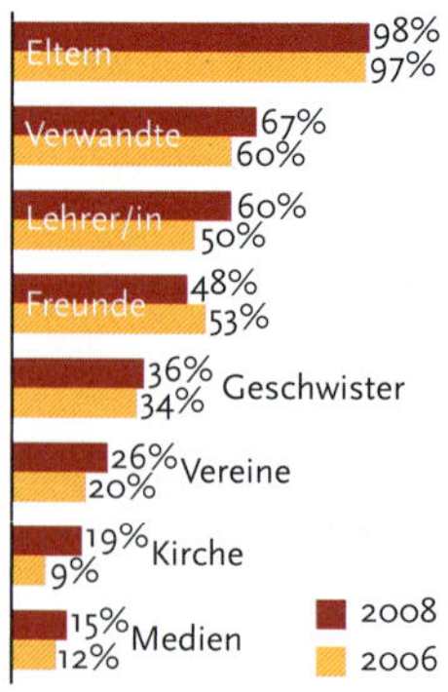

900 Kinder im Alter von 6 bis 14 Jahren

Quelle: Unicef. Dezember 2008; BMFSFJ, Famlienreport 2009

M 5 Was sind Werte und Normen?

Werte oder Wertvorstellungen sind Einstellungen oder Maßstäbe, nach denen Menschen individuell ihr Handeln, Denken oder Fühlen ausrichten. Jeder von uns hat eigene Wertvorstellung. Was für den einen ein Wert ist, muss für den anderen noch lange nicht wichtig sein. Pünktlichkeit und Verlässlichkeit zum Beispiel können dem einen wertvoll sein, dem anderen jedoch nicht. Die individuellen Wertvorstellungen verändern sich in der Regel im Laufe des Lebens. Werte sind aber auch Orientierungspunkte für die Gesellschaft als Ganzes. So sind zum Beispiel die Menschenrechte, die Verfassung oder die Religion Werte. Daneben gibt es auch materielle Werte, wobei die Menschen durchaus unterschiedliche Dinge als wertvoll erachten: Für den einen ist es das Auto, den anderen sein Fahrrad usw. Soziale oder gesellschaftliche Normen sind Regeln oder Verhaltenvorschriften für die einzelnen Mitglieder einer Gesellschaft. Normen sind von Gesellschaft zu Gesellschaft verschieden und unterliegen einem starken Wandel. Normen setzen Werte in Regeln um, so wird zum Beispiel der Wert „Ehrlichkeit" in der Norm „Du sollst nicht lügen" umgesetzt.

M 6 Wertevielfalt

„Kinder brauchen Werte", lautet das Motto einer Initiative des Bundesfamilienministeriums – ganz so, als gelte es, gegen einen akuten Mangel anzugehen. Nicht nur das Ministerium, auch zwei Drittel der Deutschen meinen, dass Kinder heute „zu wenig Werte" vermittelt bekommen, fand eine Allensbach-Umfrage im vergangenen Jahr heraus. Aus Sicht vieler Deutscher „zerfallen" Orientierungen zunehmend. Pädagogen werden deshalb immer wieder aufgefordert, den Werteschwund in den Schulen aufzuhalten.

Anders als das verbreitete Gefühl es will, mangelt es heute jedoch keineswegs mehr an Werten als früher, wie Jürgen Rekus, Pädagogik-Professor an der Universität Karlsruhe sagt. Im Gegenteil: „Das Problem besteht eher darin, dass es eine Fülle von Werten gibt, die in Konkurrenz zueinander stehen." Werte können überhaupt nicht zerfallen, sagt auch Volker Ladenthin, Professor für Erziehungswissenschaft an der Universität Bonn. [...] In modernen Gesellschaften existierten hingegen konkurrierende Werteangebote. Statt von „Wertezerfall" müsse deswegen von „Wertepluralismus" gesprochen werden – und der sei „ein wichtiges Kennzeichen demokratischer Gesellschaften". [...] Wertekonflikte sind im Wertepluralismus unvermeidbar. „Der eine trägt Hose mit Bügelfalte, der andere Jeans. Was ist richtig?", sagt auch Jürgen Rekus. Wenn eine Gesellschaft sich wandelt, dann ändern sich auch jene Vorstellungen, die allgemein als wünschenswert gelten und den Gruppenmitgliedern Orientierung beim Denken und Handeln geben. [...] Zu dieser Wirklichkeit gehöre auch das Erleben von Menschen mit deren eigenen, womöglich fremd erscheinenden Werten. Mündige Bürger müssen das zeitlebens aushalten, im besten Falle begrüßen können.

Walter Schmidt, Tagesspiegel, 27.8.2008

Wertewandel
Wenn sich die Einstellungen und Ansichten der Menschen über die Wichtigkeit und Gültigkeit von Werten ändern, dann spricht man von einem Wertewandel. Dieses hat oft auch Auswirkungen auf die Politik. So ist der Wert „Gesundheit" heute wichtiger als früher, was z. B. zu einem Rauchverbot in Gaststätten geführt hat.

Pluralismus = Vielfalt

Die „Goldene Regel"
Trotz der Wertevielfalt gibt es so etwas wie eine „Goldene Regel" menschlichen Verhaltens.

- Was für mich eine unliebe und unangenehme Sache ist, das ist auch für den anderen eine unliebe und unangenehme Sache. (Buddhismus, 5. Jh. v. Chr.)
- Was ihr von anderen erwartet, das tut ebenso auch ihnen." (Bibel, Neues Testament)
- Handle so, dass die Maxime deines Willens jederzeit zugleich als Prinzip einer allgemeinen Gesetzgebung gelten könne. („Kategorischer Imperativ", Immanuel Kant, 1785)
- Was du nicht willst, das man dir tut, das füg' auch keinem andern zu. (Sprichwort)

Aufgaben

1. Jugendliche und Erwachsene haben häufig sehr unterschiedliche Werte. Sammle dafür Beispiele. Ihr könnt auch eine Szene für ein kleines Rollenspiel schreiben, in dem die unterschiedlichen Wertvorstellungen zum Ausdruck kommen, z. B. bei einem Dialog mit den Eltern am Mittagstisch (M 4).
2. Erläutere den Satz: „Werte lassen sich nicht verordnen!" (M 4, M 5).
3. Sammle Gründe dafür, warum sich Werte im Lauf der Zeit wandeln (M 6).
4. Finde Beispiele für Wertekonflikte (M 6), und beurteile die These, „mündige Bürger müssten die Vielfalt der Werte zeitlebens aushalten".
5. Zeige an Beispielen aus dem Schulalltag auf, wie man nach der „Goldenen Regel" handeln kann (Randspalte).

Welche Rollen spielen wir?

M 7 Wie wird man ein Mitglied der Gesellschaft?

Zunächst sorgt die Familie dafür, dass aus einem Säugling langsam ein Mitglied der Gesellschaft wird. Später wird diese Aufgabe auch von anderen übernommen. So wirken unterschiedlichste Einflüsse aus Nachbarschaft, Freundeskreis, Kindergarten, Schule, Fernsehen, Werbung usw. auf das Kind ein. Der Einfluss kann planvoll und beabsichtigt (Erziehung), aber auch unabsichtlich geschehen. Den gesamten Prozess, den ein Mensch durchläuft, um seine Persönlichkeit auszubilden und ein Mitglied in der Gesellschaft zu werden, nennt man **Sozialisation**. Während der Sozialisation werden uns Normen und Wertvorstellungen vermittelt, die für das Zusammenleben innerhalb der Gesellschaft notwendig sind. Normen kann man als Regeln bezeichnen, die von den Mitgliedern der Gesellschaft akzeptiert werden müssen. Für den Einzelnen können Normen aber auch Einschränkungen bedeuten. Wenn man die Regeln bricht, macht man sich unbeliebt oder wird vielleicht aus der Gruppe ausgeschlossen. Ihr könnt das mit dem Sport vergleichen. Ein Fußballspiel zum Beispiel verläuft nach festen Regeln, an die sich alle Spieler halten müssen, denn sonst bricht Chaos aus. Fußballer, die gegen die Regeln verstoßen oder sich beim Spiel unsportlich verhalten, werden vom Platz gestellt.

Erziehung
So bezeichnet man alle zielgerichteten und absichtsvollen Maßnahmen, die Eltern, Lehrer u. a. unternehmen, um Heranwachsenden dabei zu helfen, selbständig handelnde und urteilende Persönlichkeiten zu werden. Dabei geht es um das Erlernen von Verhaltensregeln und die Übertragung von Gefühls- und Denkmustern der Gesellschaft.

M 8 Soziale Rollen: „Die ganze Welt ist eine Bühne"

In der Umgangssprache gebrauchen wir sehr häufig den Begriff der Rolle. Mit den sprachlichen Bildern wird sehr schnell deutlich, was mit dem soziologischen Begriff Rolle gemeint ist. Die soziale Rolle beschreibt unser eigenes Verhältnis zur Gesellschaft.
Mit der Geburt betreten wir die „Bühne der Gesellschaft". Nach und nach lernen wir, diesen oder jenen „Part" und damit unterschiedliche Rollen zu spielen. Manchmal müssen wir auch unterschiedliche Masken aufsetzen, um schließlich mit dem Tod wieder von der Bühne abzutreten. Dann übernehmen andere unsere Rollen. Alles geschieht unter den kritischen Augen der Zuschauer und auch der Mitspieler. Jeder erwartet von uns, dass wir unseren Text kennen. Jeder erwartet von uns etwas anderes. Die Rollen, die wir einnehmen, können ganz unterschiedlich sein. So sind wir Sohn oder Tochter, Freund oder Freundin, Mitglied im Chor oder Torwart der Schulauswahl, Schülerin oder Schüler, freiwilliger Feuerwehrmann, Pfadfinderin usw. Aber nicht immer erfüllen wir auch die Erwartungen, die an uns formuliert werden, und so kann es dann zu einem Rollenkonflikt kommen.

nach: Hans Peter Henecka, Grundkurs Soziologie, 9. Aufl., Konstanz 2009, S. 101 ff.

„Die ganze Welt ist
eine Bühne
Und alle Frau'n und
Männer bloße Spieler.
Sie treten auf und
gehen wieder ab,
Sein Leben lang
spielt einer
manche Rollen,
Durch sieben Akte
hin."
*William Shakespeare,
Wie es euch gefällt (II 7)*

M 9 Was wollen denn nur alle von mir?

Katja besucht die 9. Klasse eines Gymnasiums. In der letzten Zeit hat sie große Probleme mit dem Aufstehen. Auch heute muss ihre Mutter sie drei Mal wecken, bis sie endlich aus dem Bett kommt. Katzenwäsche und ohne Frühstück zum Bus. Normalerweise schafft sie es in der letzten Minute – nur heute nicht. Als sie auf den nächsten Bus wartet, denkt sie sich schon einmal eine Entschuldigung aus. Wecker kaputt, Mutter verschlafen. Aber Herr Becker, der Deutschlehrer, den sie heute in der ersten Stunde hat, kennt kein Pardon und macht ein ziemliches Theater, als Katja mit einer viertel Stunde Verspätung die Klassentür öffnet. Er erwartet absolute Pünktlichkeit. Katjas Freundin Lisa hat schon sehnsüchtig gewartet, um von dem Film zu erzählen, den sie gestern im Kino gesehen hat. Eigentlich will Katja aber lieber aufpassen und sich am Unterricht beteiligen, um Herrn Becker wieder milde zu stimmen. Nach sechs anstrengenden Unterrichtsstunden geht es wieder nach Hause. Weil Katja auf Lisa wartet, verpasst sie an diesem Tag den Bus ein zweites Mal. Zu Hause sitzen ihre Mutter und ihre Geschwister schon am Mittagstisch und warten. Als Katja sich hinsetzen will, klingelt das Handy. Marie will sich am Nachmittag mit ihr verabreden. Die Mutter ist sauer, weil sie Telefonieren beim Essen nicht duldet. Ihre Mutter erinnert sie daran, dass die Familie heute zum Geburtstag ihrer Patentante eingeladen ist. Am Abend soll sie auf die jüngeren Geschwister aufpassen, weil sich ihre Mutter mit einer Freundin verabredet hat. Ausgerechnet heute hat aber der Schwimmverein ein Sondertraining für den Wettkampf am kommenden Sonntag angesetzt. „Was wollen denn bloß alle von mir?", denkt Katja.

Karikatur: Marie Marcks

Aufgaben

1. Sozialisation ist ein lebenslanger Prozess. Finde Beispiele dafür, dass man auch als Erwachsener sozialisiert wird (M 7).
2. Nenne unterschiedliche Rollen, die du einnimmst. Unterscheide die Rollen, die vorgegeben sind, und die, die du selbst gewählt hast (M 8).
3. a) Arbeite heraus, zwischen welchen Rollen, die Katja einnimmt, es zu Konflikten kommt (M 9).
   b) Ergänze Situationen, in denen du selbst schon einmal einen Rollenkonflikt erlebt hast. Beschreibe, wie sich solche Rollenkonflikte lösen lassen.

Methode

M 10 Projekt- / Gruppenarbeit auswerten

Gothic

HipHop

Emo

Punk

Skater

Zu allen Zeiten haben Jugendliche versucht, sich durch ihren eigenen Lebensstil und ihre eigene Kultur von der Welt der Erwachsenen abzugrenzen. Die Fotos zeigen Jugendkulturen der Gegenwart. Waren die Jugendkulturen in früheren Zeiten noch überschaubar und waren die Szenen noch deutlich voneinander zu unterscheiden, so ist die Vielfalt der aktuellen Entwicklung kaum mehr zu überblicken.

Aufgabe

Heutzutage gibt es eine kaum zu überschauende Anzahl unterschiedlicher Jugendkulturen. Porträtiert in Gruppen (arbeitsteilig) die unterschiedlichen aktuellen Jugendkulturen. Fragt nach den Wertvorstellungen der Jugendlichen, nach ihrem Lebensgefühl, nach ihren Vorlieben bei Musik, Mode usw. Erstellt anschließend eine Dokumentation, z. B. in Form einer Collage, einer Wandtafel, eines Videoclips usw. Erste Informationen findet ihr unter *http://eltern.t-online.de/die-wichtigsten-jugendkulturen-der-gegenwart/id_47500252/index*. Bewertet eure Arbeit mit Hilfe der Zielscheibe.

Auswertung gemeinschaftlich gelöster Aufgaben, Projekte oder Rollenspiele

Erfordern Aufgaben das Zusammenarbeiten in Gruppen, so ist es sinnvoll, die eigene Arbeit anhand von Kriterien zu reflektieren. Die folgenden Fragen können helfen, den Erfolg der Gruppenarbeit zu bewerten. Die Note 1 steht dabei für sehr gut / voll erfüllt, die 6 für ungenügend / nicht erfüllt.

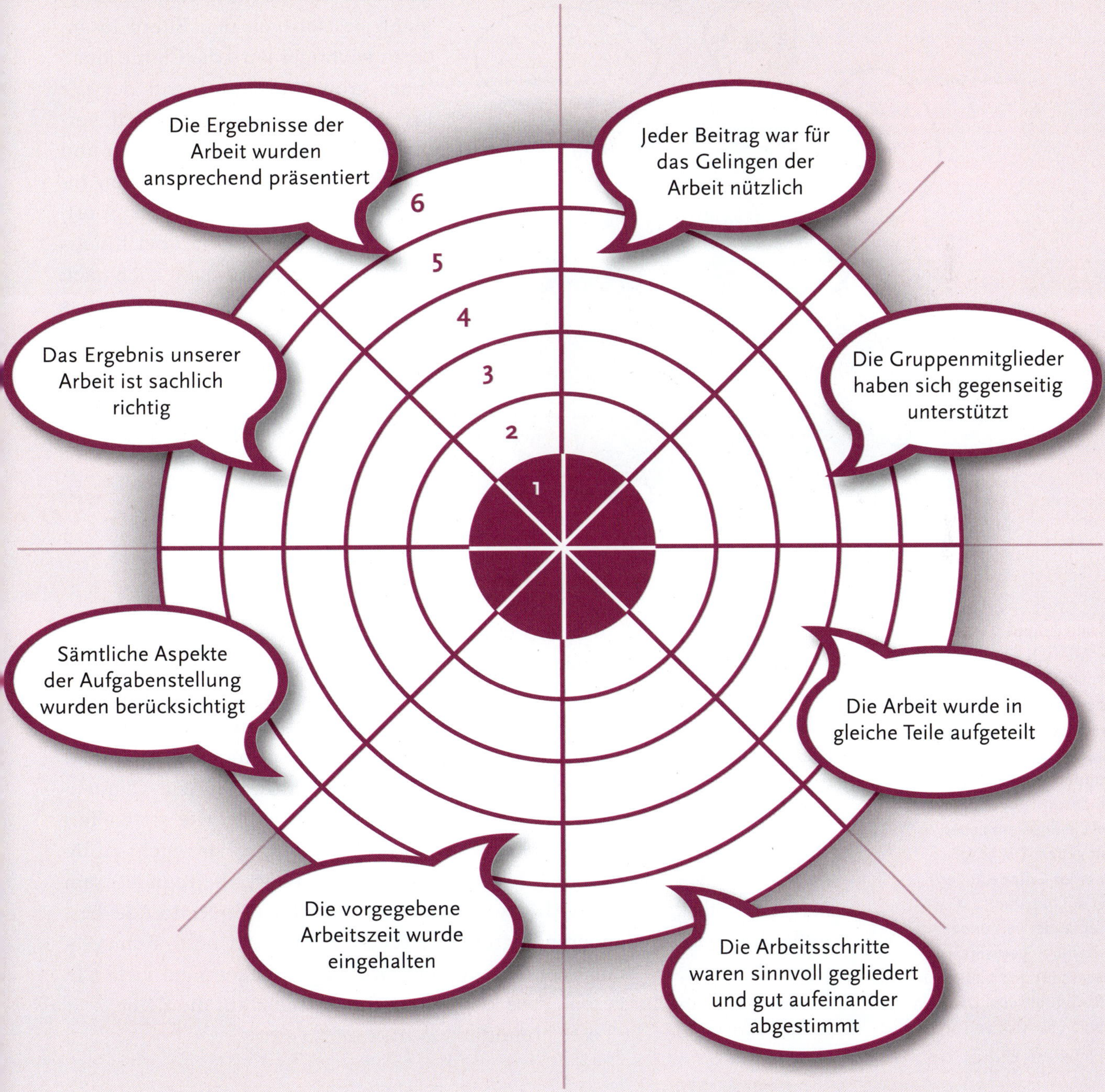

Die Clique – in der Gruppe stark?

M 11 Was die Clique bedeutet

Viele Mädchen und Jungen finden das Familienleben im Laufe der Zeit nicht mehr so spannend und beginnen, sich von den Eltern zu lösen. Je mehr sie sich von den Eltern lösen, desto wichtiger wird die Clique (auch „peer group" genannt), mit der die Jugendlichen immer mehr Zeit verbringen. Hier finden sich Jungen und Mädchen nicht nur mit gleichen Interessen und Vorlieben (z. B. Sport, Musik, Freizeit etc.), darüber hinaus grenzen sich viele Cliquen auch nach außen ab. „Ich gehöre dazu" – das Gruppengefühl, zu wissen, dass man nicht allein ist und mit allen durch Dick und Dünn gehen kann, macht die Clique so wichtig.

M 12 Mitmachen oder Außenseiter sein?

Soziale Gruppe
Der Mensch lebt nicht für sich allein. Unser gesamtes Leben verbringen wir in verschiedenen Gemeinschaften oder sozialen Gruppen. Sie sind für uns von besonderer Bedeutung, weil sie unserem Leben Halt geben. Die Mitglieder einer Gruppe fühlen sich auf bestimmte Weise miteinander verbunden (z. B. durch gemeinsame Interessen) und bilden ein „Wir-Gefühl" aus. Dadurch grenzen sie sich von anderen Gruppen ab.

Das ist in vielen Cliquen die große Frage! In manchen Cliquen sind die Regeln so streng, dass außerhalb der Clique gar nichts mehr läuft.
Das Gruppengefühl in einer Clique kann so weit gehen, dass die Leute, die zu einer Clique gehören, nur mehr mit ihren Cliquen-Kumpels zusammen sind. In der Clique fühlen sich alle stark. Cliquen-Mitglieder wollen sich von den anderen abgrenzen und unter sich sein. Aus diesem Grund kann es passieren, dass der beste Freund oder die beste Freundin sich dir gegenüber plötzlich anders verhält. Das passiert vor allem, wenn Leute aus der Clique in der Nähe sind. Der beste Freund oder die beste Freundin sind oft nicht mehr so nett wie früher. Warum? Viele Cliquen-Kinder wissen nicht, wie sie weiterhin mit einem Kind, das nicht zu ihrer Clique gehört, befreundet sein können. Hier die Clique, dort die beste Freundin oder der beste Kumpel – diesen „Spagat" bekommen viele Cliquen-Kinder nicht auf die Reihe!

www.labbe.de (10.1.2010)

M 13 Die Mutprobe

„Du traust dich ja doch nicht! Du Angsthase!", rief Olaf, ihr Anführer. Und die Krokodiler riefen im Chor: „Traust dich nicht! Traust dich nicht!" Nur Maria, Olafs Schwester, dreizehn Jahre und damit ein Jahr jünger als ihr Bruder, hatte nicht mitgeschrien, sie hatte so viel Angst um Hannes, dass sie wegsah. Die neun Krokodiler standen in einem Halbkreis am Ende der Leiter, die senkrecht zehn Meter hoch zum Dach führte und sahen gespannt zu, wie Hannes, den sie Milchstraße nannten, weil er so viele Sommersprossen im Gesicht hatte, langsam die Sprossen hochkletterte, um seine Mutprobe abzulegen. Die war Bedingung für die Aufnahme in die Krokodilbande.

Hannes hatte Angst, das konnte man ihm ansehen, er war zudem nicht schwindelfrei, aber er wollte es den größeren Jungen beweisen, dass er als Zehnjähriger so viel Mut besaß wie sie, die alle schon diese Mutprobe abgelegt hatten.

Hannes hing ängstlich an der verrosteten Feuerleiter und wagte nicht, nach unten zu sehen.

„Komm` runter, du schaffst es ja doch nicht, du Schlappschwanz!", rief Olaf wieder und die anderen Jungen lachten.

Hannes tastete sich langsam und vorsichtig die wackelige Feuerleiter zum Dach hoch. Je höher er kletterte, desto mehr schwankte die Leiter, denn ihre Verankerung war an mehreren Stellen aus der Wand gerissen. Einige Sprossen waren so verrostet, dass die Gefahr bestand durchzubrechen, wenn sie belastet wurden. Hannes wagte nicht, nach unten zu sehen, er sah nur nach oben, wo er sein Ziel vor Augen hatte …

Max von der Grün, Vorstadtkrokodile, 2. Aufl., München 2009, S. 9 f.

Plakat zum Film „Vorstadtkrokodile".

Gruppendruck / Gruppenzwang
Er bewirkt eine Veränderung des Verhaltens oder der Einstellung von Personen innerhalb einer bestimmten Gruppe. Es kann vorkommen, dass die Personen diese Verhaltensweise nur innerhalb der Gruppe zeigen.

M 14 Cliquen in der Schulklasse

In einem Internetforum schreibt die 14-jährige Nicky:

Hallo ihr, **• NICKY •**

eigentlich läuft es ganz gut in unserer Klasse, da gibt´s nur ganz selten Zoff. Aber jetzt, in der achten Klasse, sind ein paar Neue dazugekommen. Das hat alles total durcheinander gebracht. Mehrere von den Neuen haben mit ein paar von den „Alten" eine Clique aufgemacht. Die haben dann so getan, als wenn wir anderen total doof wären und so. Wir ziehen uns eben andere Klamotten an als die und hören auch gern mal klassische Musik. Das ist doch auch o.k., oder?

Aufgaben

1. Vervollständige die Satzanfänge in M 11.
2. Obwohl eine Clique eine freiwillige Verbindung ist, gibt es in jeder Clique feste Regeln oder Rituale, die alle Mitglieder kennen und befolgen. Nenne einige mögliche Regeln (M 12).
3. Der Auszug aus den „Vorstadtkrokodilen" zeigt ein typisches Beispiel für Gruppendruck. Diskutiert, welche Folgen das haben kann (M 13).
4. Zeige an weiteren Beispielen auf, was passieren kann, wenn die Gruppe Druck auf einzelne Mitglieder ausübt.
5. Hast du ähnliche Erfahrungen wie Nicky (M 14) gemacht? Schreibe eine Antwort in das Forum und gib Nicky Ratschläge, was sie tun soll.

Mobbing – eine Form von Gewalt

M 15 Mobbing – typische Fälle

Marcus erhält immer wieder beleidigende E-Mails. Den Absender kennt er nicht.

Paul findet auf einer Website eine Fotomontage, die ihn mit seiner Klassenlehrerin zeigt.

Sarah entdeckt auf einer privaten Homepage ihr Foto.

Leon ruft Murat gegen seinen Willen ständig auf dem Handy an.

Katharina entdeckt im Internet einen „Katha-Hate-Blog", der von ihrer ehemals besten Freundin Emma verfasst wird. Dort sind neben vielen beleidigenden Einträgen auch Fotos von Katharina sowie ein Gedicht eingestellt, das Katharina eigentlich für ihren Freund verfasst, es aber auch an Emma geschickt hatte.

M 16 Niemand weiß, wie es sich anfühlt

Mobbing ist eine Form von Gewalt – die Opfer oft hilflos.

„Die meisten denken, sie wissen, was Mobbing ist, doch niemand hat auch nur einen Schimmer, wie es sich anfühlt!" Jeder, der schon mal gemobbt wurde, weiß, wie es sich anfühlt, verbal und körperlich fertig gemacht zu werden. Als Laie könnte man denken, dass die ständigen Angriffe auf Geist, Seele und Körper das Schlimmste am Mobbing wären. Doch in Wirklichkeit macht einem Gemobbten die Ohnmacht zu schaffen, aus dem Teufelskreis des Mobbings nicht mehr rauszukommen. Niemand, der einem hilft, nichts, das helfen könnte. Denn Mobber finden immer einen Grund zu mobben.

Mobbing basiert auf Gruppendynamik. Dabei gibt es ein ganz einfaches Prinzip: In einer Gemeinschaft gibt es immer jemanden, der sich mehr behaupten kann als andere. Ohne eine richtige Wahl kommt diese Person automatisch zu einer Führungsposition. Diesem Gruppenleader schließen sich einige andere an. Hat er mit jemandem Streit oder einen Konflikt, so „hetzt" er seine „Anhänger" gegen das Opfer auf. Auch wenn ein Mitglied der Gruppe gut mit dem Anführer befreundet ist und das Mitglied Streit mit jemandem hat, kann es zum Mobbing kommen. Es machen nahezu alle Mitglieder der Mobbergruppe mit, weil sie Angst haben, selber gemobbt zu werden. Aus dem gleichen Grund wird die Gruppe auch immer größer. Um auch ja in ihrer Gruppe anerkannt zu werden, denken sich die Gruppenmitglieder viele Dinge aus, um ihr Opfer fertig zu machen. Sie finden immer eine Schwachstelle oder ein Makel, mit dem sie es aufziehen können. Haupttäter und Mitläufer werden also zu Mobbern.

Alexander Hemker, http://www.schueler-gegen-mobbing.de/portal/ (9.3.2011)

Gruppendynamik = das kaum berechenbare Zusammenwirken und Funktionieren der zwischenmenschlichen Beziehungen von Mitgliedern in einer Gruppe.

M 17 Wer macht so etwas?

Um Cyber-Mobbing besser verstehen zu können, lohnt ein Blick auf den vermeintlichen „Nutzen", den Mobbing für dic TäterInnen haben kann:

- Entlastung: Mobbing dient als Ventil für aufgestaute Aggressionen.
- Anerkennung: Mobbing wird dazu verwendet, sich einen bestimmten Ruf zu verschaffen, z. B. besonders „cool" zu sein.
- Stärkung des Gemeinschaftsgefühls: Mobbing geschieht meist in der Gruppe nach dem Motto: „Gemeinsam sind wir stark."
- Demonstration von Macht: Mobbing wird eingesetzt, um Stärke zu zeigen, um klar zu stellen, wer „das Sagen hat".
- Angst: Oft spielen auch Versagensängste […] eine Rolle. Vor allem „MitläuferInnen" wollen ihre Zugehörigkeit zur Gruppe nicht riskieren.

Barbara Buchegger, Aktiv gegen Cybermobbing, Schulmaterialien, Saferinternet.at, Wien 2009, S. 9

M 18 Was kann man als Betroffener tun?

Die Experten raten Folgendes:

- Rede mit einer Vertrauensperson (Freund, Freundin, Lehrer, Eltern) darüber, auch wenn es dir peinlich ist. Du bist dann nicht mehr alleine. Überlegt gemeinsam die nächsten Schritte, die auch bedeuten können, eine Anzeige bei der Polizei zu erstatten.
- Den Cyber-Mobber sperren. Die meisten Anbieter von sozialen Netzwerken (z. B. SchülerVZ) räumen die Möglichkeiten, Mobber zu melden oder zu ignorieren. Oder: Handy-Nummer wechseln, den E-Mail-Spam-Filter entsprechend einstellen.
- Antworte nicht auf beleidigende Nachrichten, denn sonst tust du genau das, was die Mobber von dir erwarten.
- Beweise sichern. Fertige Screenshots an, speichere E-Mails, zeichne Anrufe auf. Das hilft, die Mobber zu ermitteln.

nach: www.klicksafe.de (24.3.2011)

Aufgaben

1. Nennt ausgehend von M 15 weitere Beispiele für Mobbing. Unterscheidet dabei zwischen verbalen und nonverbalen Handlungen und Mobbing durch körperliche Gewalt.
2. Mobbing ist leider ein altbekanntes Phänomen in der Schule. Im digitalen Zeitalter hat es durch das Cybermobbing aber eine neue Qualität erfahren. Nennt typische Handlungen des Cybermobbings und zeigt die Unterschiede zum herkömmlichen Mobbing auf (M 15 – M 17).
3. Stelle dar, welche gesundheitlichen und sozialen Folgen Mobbing für die Opfer haben kann (M 15 – M 18).

Mobbing

Mobbing bedeutet, dass jemand z. B. in der Schule schikaniert, belästigt, drangsaliert, beleidigt, ausgegrenzt wird. Wenn man eine negative Handlung als Mobbing bezeichnen möchte, dann muss diese häufig und wiederholt auftreten und sich über einen längeren Zeitraum erstrecken. Das Mobbingopfer ist der Situation hilflos ausgeliefert und leidet stark unter der Situation.

Auch wenn es noch kein Gesetz gegen Mobbing gibt – einzelne Handlungen können strafbar sein. Relevante Paragrafen des Strafgesetzbuches sind: §§ 185-187, 201, 238. Außerdem greift § 22 des Kunsturhebergesetzes. Recherchiere die Inhalte der Regelungen und überprüfe, welche der Paragrafen in den in M 15 genannten Fällen zur Anwendung kommen könnten. Die Gesetze findest du unter: *www.gesetze-im-internet.de* oder unter *http://dejure.org*.

Was wir wissen

Identität
M 2

Identität ist die einen Menschen als unterscheidbares Individuum kennzeichnende Persönlichkeitsstruktur. Sie bildet sich in einem lebenslangen Prozess und zeigt sich in den körperlichen Merkmalen, in Mimik, Gestik, Sprache und in den Werten und Normen, die einer Person wichtig sind. Auch das soziale Netzwerk, in das ein Mensch eingebunden ist, gehört zu seiner Identität.

Werte und Normen
M 5, M 6

Leben in der Gesellschaft ist nur möglich, wenn sich deren einzelne Mitglieder an Verhaltensregeln – Normen – halten. Abhängig sind die Normen von Werten, also den grundlegenden Zielvorstellungen in einer Gesellschaft. Nicht alle Mitglieder einer Gesellschaft teilen jedoch dieselben Normen und Werte (Wertepluralismus). Außerdem verändern sich Werte auch im Laufe der Zeit (Wertewandel).

Sozialisation
M 7

Als Sozialisation bezeichnet man die Verinnerlichung der durch die Gesellschaft vermittelten Sitten, Bräuche, Normen und Werte durch ein Individuum und die damit verbundene Persönlichkeitsentwicklung. Erst durch die Kenntnis dieser Regeln wird das Individuum in einer Gesellschaft sozial handlungsfähig. Gruppen, Personen und Institutionen, welche die sozialen Lernprozesse des Individuums steuern und beeinflussen, bezeichnet man als Sozialisationsinstanzen. Dazu gehören die Familie, die Gruppe, die Schule, aber auch die Medien. Die Bedeutung der einzelnen Sozialisationsinstanzen verändert sich im Laufe unserer Entwicklung.

Soziale Rollen
M 8

Innerhalb der einzelnen Gruppen, in die wir eingebunden sind, übernehmen wir unterschiedliche Rollen. Jede Rolle ist mit bestimmten Verhaltenserwartungen verbunden. So werden an uns unterschiedliche Erwartungen als Schülerin, als Tochter, als Freundin, als Mitglied in der Volleyballmannschaft oder im Schulchor formuliert. Bei sich widersprechenden Erwartungen kann es zu Rollenkonflikten kommen.

Bedeutung der Gruppe
M 11, M 12

Die Peer-Group trägt entscheidend zur Entwicklung der eigenen Persönlichkeit bei. In der Gruppe fühlt man sich aufgehoben, da sie die eigenen Werte und Interessen teilt. Zunehmend werden Freundschaften auch über soziale Netzwerke im Internet geschlossen und gepflegt. Wie in der realen Welt existiert dabei die Gefahr, dass Einzelne wegen einer Eigenschaft oder Verhaltensweise ausgegrenzt und abgelehnt werden. Die in Gruppen existierende Dynamik verstärkt diese Gefahr zusätzlich.

Mobbing
M 15 – M 18

Die schlimmste Form der Ausgrenzung ist das Mobbing. Es zielt ganz bewusst darauf ab, andere zu demütigen und zu schikanieren und reicht bis hin zur Anwendung körperlicher Gewalt. Da die Täter im Internet die Möglichkeit haben, anonym zu bleiben und ein großes Publikum zu erreichen, hat Cyber-Mobbing besonders negative Auswirkungen für die Betroffenen.

Tabu-Spiel

Ihr kennt bestimmt das beliebte Ratespiel Tabu: Die gegnerische Mannschaft muss einen Begriff erraten, den ein Mitspieler erklärt, ohne dass er dabei die auf den Karten genannten Begriffe benutzt. Dieses Spiel lässt sich auch mit den Begriffen spielen, die ihr in diesem Kapitel kennen gelernt habt. Eine Tabu-Karte für den Begriff „Identität" könnte z. B. so aussehen:

IDENTITÄT

Ich
Persönlichkeit
Einmaligkeit
Einzigartigkeit

Schreibt Tabu-Karten für die folgenden Begriffe oder auch andere Begriffe dieses Kapitels und spielt das Spiel!

Norm – soziale Rolle – Rollenkonflikt – soziales Netzwerk – Clique – soziale Gruppe – Mobbing

Soziale Netzwerke – Bist du mein Freund?

Wer ist mein drittbester Freund, wer nur mein siebtbester? Und wird Lisa, die Schnepfe, es mir je verzeihen, wenn sie auf Platz 14 landet? Für Jugendliche sind das heutzutage sehr heikle Fragen. „Das ist so ein Stress", erzählt Jordan, 15. „Wenn du bei andern auf der Liste bist, fühlst du dich schlecht, wenn sie nicht auf deiner sind." Selbst um einzelne Rangplätze wird oft bitter gerungen, berichtet Anindita, 17: „Dann heißt es, warum bin ich Nummer zwei? Du bist doch Nummer eins auf meiner Seite!" Das sind Konflikte! War es früher entscheidend, wer auf welche Party eingeladen wurde, plagen sich heute Millionen Jugendliche, den Wert ihrer Freunde zu beziffern. Warum tun sie sich das an?

nach: Jörg Blech u.a., Der Spiegel 10/2009, S. 120 f.

Aufgaben

1. Schreibe den Text fort und beantworte dabei die vom Autor abschließend gestellte Frage. In deinem Text sollten zumindest die Gründe genannt werden, weshalb Jugendliche ihre Freundschaften auch in sozialen Netzwerken pflegen.
2. „Virtuelle Freundschaften kann man leicht pflegen. Man kann sie sammeln und einfach wieder wegklicken. Reale Freundschaften erfordern viel mehr Zeit." Nimm Stellung zu dieser Aussage.

2.2 In der Familie leben

Wie Familien heute leben

M 1 Ganz schön bunt und vielfältig

Leoni Hildebrandt (15) lebt mit ihrer Mutter, ihrem Freund und dessen 18-jährigem Sohn zusammen. Neben diesem Stiefbruder hat Leoni noch eine ältere Schwester, die zurzeit in England ist. Leonis Vater hat mit seiner neuen Lebensgefährtin eine kleine Tochter. Sie wohnen in einem Haus gegenüber. Leonis Mutter arbeitet als Bürokraft, ihr Vater fährt Taxi.

Lasse Koth (15) hat zwei ältere Brüder, der älteste ist schon von zu Hause ausgezogen. Lasses Eltern, ein Lehrer und eine Erzieherin, sind bald 18 Jahre verheiratet.

SPIEGEL: Ihr lebt in sehr unterschiedlichen Elternhäusern. Was hält eurer Meinung nach eine Familie zusammen?

Leoni: Liebe auf jeden Fall, bei allen Mitgliedern einer Familie. Das ist wichtig.

Lasse: Gemeinsamkeiten sind wichtig, und dass man sich auch mal streitet, dass man miteinander über alles redet. Vertrauen und so was. Vor allem auch gegenseitiges Interesse.

SPIEGEL: Wie äußert sich das?

Lasse: Mein Vater spielt Fußball, er geht zu den Spielen vom FC St. Pauli. Da hat er mich als Kind immer mitgenommen. Ich spiele Eishockey, da guckt er dann auch meistens zu und fiebert mit. So haben wir Sachen, über die wir reden können.

Thorbjörn: Ich denke, man muss viel reden und auch Zeit miteinander verbringen. Jeder sollte Zeit für sich haben, aber wer alles alleine macht, versteht sich mit anderen nicht wirklich gut. Dann hat es auch nicht mehr so viel mit Familie zu tun.

Leoni: Ja, die Eltern müssen schon nachhaken, was die Kinder machen, mit welchen Leuten sie zu tun haben, die Freunde vielleicht auch kennen lernen, wenn es denn sein muss. Eltern sollten Kinder nicht zu sehr einengen, sie auch mal allein lassen, aber sich doch sehr um sie kümmern und sie nicht vernachlässigen.

SPIEGEL: Aycan, deine Familie stammt aus Kurdistan, du hast viele Geschwister. Hast du das Gefühl, dass die deutschen Familien weniger Zusammenhalt haben als ihr?

Aycan: Nein, ich denke sogar manchmal, die haben mehr.

SPIEGEL: Woran machst du das fest?

Aycan: In deutschen Familien wird sehr viel miteinander geredet. Wir sprechen auch miteinander, aber bei uns setzen sich nicht alle zusammen und diskutieren. Wir reden eher zu zweit.

SPIEGEL: Deine Mutter ist alleinerziehend, du bist das älteste von fünf Kindern. Wann habt ihr Zeit, euch zu unterhalten?

Aycan: Abends, wenn die anderen schlafen. Dann sitzen wir vor dem Fernseher und reden [...]

SPIEGEL: Wie ist das bei euch anderen: Wann und worüber sprecht ihr mit euren Eltern?

Lasse: Wenn es Essen gibt, dann sitzen wir alle zusammen, und dann schnackt man, wie der Tag war. Dann lässt man ein bisschen Frust ab. [...]

SPIEGEL: Würdest du dir wünschen, dass deine Eltern mehr mitreden?

Lasse: Nee, eher ein bisschen weniger.

SPIEGEL: Wo mischen sie sich denn ein?

Lasse: Schule, Freunde, Sport, was auch immer. In wirklich alles.

SPIEGEL: Wie reagierst du darauf, wenn du eigentlich in Ruhe gelassen werden willst?

Lasse: Einfach genervt. [...]

Leoni: Mit meiner Mutter ist das

auch immer so. Immer wenn ich esse, kommt sie mit der Schule an. Das stört mich total, vor allem beim Essen. […]

SPIEGEL: Leoni, […] wie ist das bei dir in deiner Patchwork-Familie?

Leoni: Für mich ist meine Familie gar nicht ungewöhnlich.

SPIEGEL: Bist du in deinem Freundeskreis keine Ausnahme mit deinen Stief- und Halbgeschwistern?

Leoni: So habe ich das noch gar nicht gesehen. Für mich ist das eine ganz normale Familie. Wir hatten letztes Jahr auch mal ein Jahrestreffen mit der ganzen Verwandtschaft, darunter auch welche, die nur entfernt mit uns verwandt sind. Das waren über 50 Leute, meine Mutter hat das organisiert.

SPIEGEL: Hattest du bei den vielen Menschen das Gefühl, die sind meine Familie?

Leoni: Nein. Es war schon lustig, aber ich kenne die ja gar nicht.

SPIEGEL: Wer gehört für euch zur Familie?

Thorbjörn: Ich finde, es gibt drei verschiedene Familien. Einmal Frau, Mann, Kinder, dann Oma, Opa, Tanten, Cousins und Cousinen und schließlich noch alle, die mit einem verwandt sind.

SPIEGEL: Wie sehr hängt ihr an euren Großeltern?

Leoni: Sie sind mir sehr wichtig. Wenn mein Opa oder meine Oma Geburtstag haben, fahren wir hin und feiern mit denen.

Thorbjörn: Meine Oma und mein Opa wohnen auf dem Land, da bin ich total gerne.

Spiegel Spezial Nr. 4/2007, S. 80-83

Thorbjörn Keppler (15) wächst als Einzelkind bei seiner Mutter auf, sie ist beim Kreis Dithmarschen angestellt. Thorbjörns Eltern sind geschieden. Seinen Vater, der in Mecklenburg-Vorpommern als Förster arbeitet, sieht er etwa alle zwei Wochen.

Aycan Atug (16) kam mit ihrer Familie vor zehn Jahren aus Kurdistan nach Deutschland. Sie hat vier jüngere Geschwister. Vor sechs Jahren verließ der Vater die Familie, Aycan hat keinen Kontakt mehr zu ihm. Ihre Mutter ist alleinerziehend, sie arbeitet als Putzfrau in einem Hotel und spricht kaum Deutsch. (…) Aycan möchte in drei Jahren ihr Abitur machen.

M 2 Formen des Zusammenlebens

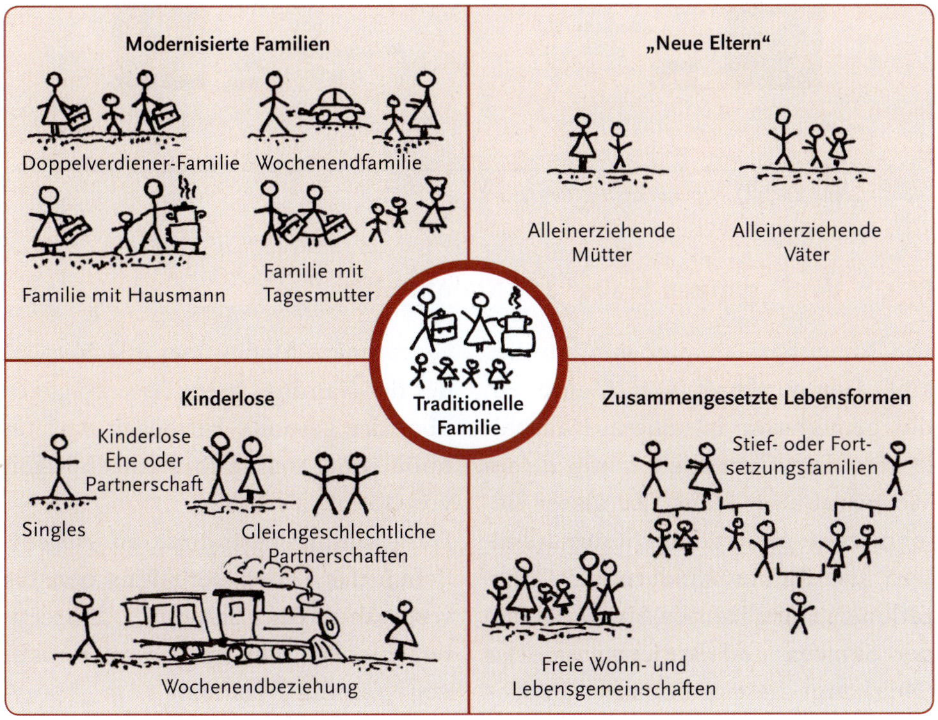

M 3 In welchen Familienformen wachsen Kinder heute auf?

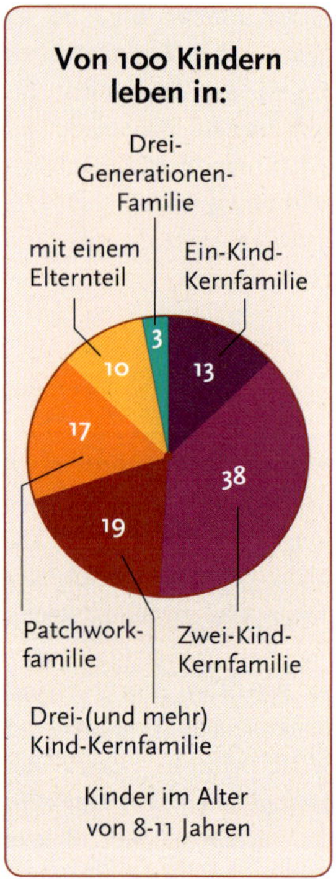

Quelle: TNS Infratest, 2007

Das Wort Familie stammt vom Lateinischen „familia" ab, das bedeutet „Hausgemeinschaft", denn früher lebten auch alle Mitglieder einer Familie (Eltern, Kinder, Großeltern und weitere Verwandschaft) unter einem Dach. Heute ist das anders. Meistens leben nur noch Vater, Mutter und die Kinder als Klein- oder Kernfamilie zusammen. Daneben haben sich aber viele andere Formen von Familien und Lebensgemeinschaften entwickelt. Die Familie sorgt vor allem dafür, dass die Kinder versorgt werden und auf ihr späteres Leben mit anderen Menschen vorbereitet werden.

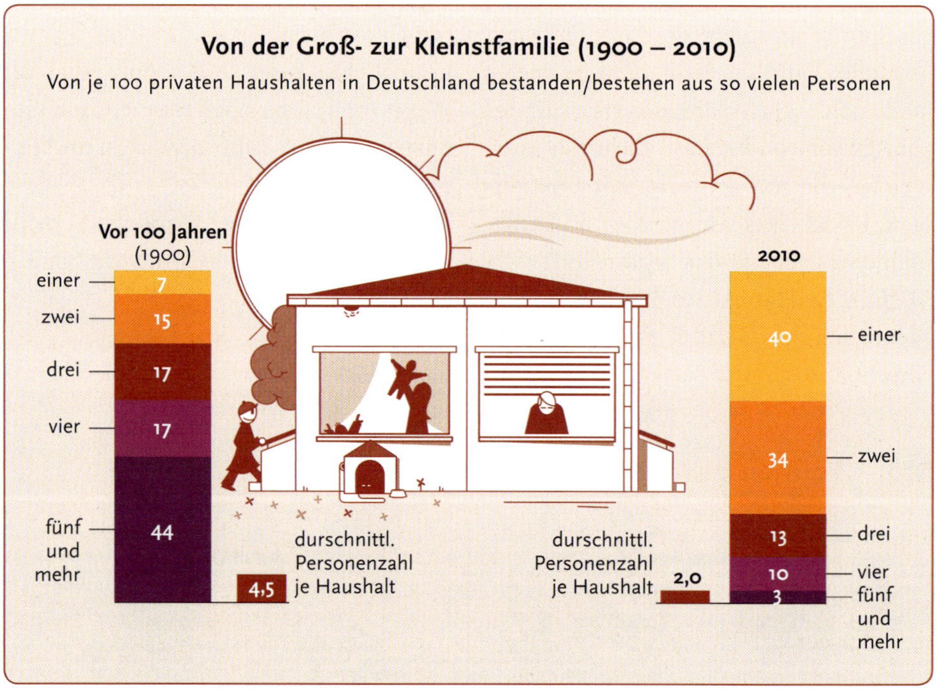

Globus Grafik 2121; Quelle: Statistisches Bundesamt

M 4 Vom „ganzen Haus" zur Kleinfamilie

Die Römer bezeichneten mit „familia" eine Gemeinschaft von Menschen, die gemeinsam in einem Haushalt lebten. Die Grundbedeutung dieses Wortes ist also „Haus". Zu dieser Gemeinschaft gehörten nicht nur die Eltern und Kinder, sondern alle Generationen einer Familie einschließlich der Sklaven und Bediensteten. Das Oberhaupt dieses Familienverbandes war der „pater familias", der uneingeschränkte Macht über alle Mitglieder der „familia" hatte. So verfügte er über das gesamte Vermögen der „familia" und konnte ihre Angehörigen vor Gericht vertreten.

Die „familia" bestimmte im Wesentlichen das Leben der Menschen bis weit über das Ende des Mittelalters hinaus. Man sprach aber nicht von „familia", sondern vom „Haus" oder „ganzen Haus". Arbeitsplatz und

Wohnbereich waren räumlich nicht voneinander getrennt.

Eine gefühlsmäßige Bindung der Menschen im „ganzen Haus" war oft nachrangig. So wurde weniger aus Liebe geheiratet, sondern vielmehr darauf geachtet, was der Ehepartner als „Mitgift" oder Erbe in die Gemeinschaft einbringen konnte. Auch das Verhältnis zwischen Eltern und Kindern war weniger durch Liebe oder Zuneigung geprägt. Kinder wurden mehr als Arbeitskräfte angesehen. Die Kindheit selbst war auf die ersten Lebensjahre beschränkt. Erst im Zuge der Industrialisierung und insbesondere in den großen Städten kam es zur Trennung von Wohnstätte und Arbeitsplatz. Mit dieser Veränderung ging ein Wandel im Zusammenleben der Menschen einher. An die Stelle der Lebens- und Produktionsgemeinschaft des ganzen Hauses trat die Kleinfamilie als Lebens- und Konsumgemeinschaft. Die häusliche Produktion wurde immer überflüssiger, denn man konnte jetzt alles auf den größer werdenden Märkten kaufen. Für die Frauen bedeutete dies, dass sie entweder als Arbeiterinnen in die Fabrik gingen, um zum Lebensunterhalt beizutragen, oder mehr Zeit für die Erziehung der Kinder aufbringen konnten. Zur Kleinfamilie gehörten nur noch die Eltern und ihre Kinder. Die Kleinfamilie, in der nur noch zwei Generationen zusammenlebten, setzte sich im Laufe des 20. Jahrhunderts in Europa immer mehr durch. Natürlich gibt es neben der modernen Kleinfamilie auch noch andere Familienformen auf der Welt. Das Südseevolk der Ifaluks lebt z. B. in großen Familienverbänden zusammen, die man durchaus mit dem Leben im ganzen Haus vergleichen kann.

Bei den Ifaluks bilden die Eltern und die Familie ihrer verheirateten Töchter den Familienverband, wohingegen die Söhne mit Erreichen der Pubertät aus dem Haus der Eltern ausziehen und bis zur Heirat bei Verwandten leben. Nach der Hochzeit leben sie dann in der Familiengemeinschaft der Ehefrauen. Interessant ist auch, dass bei den Ifaluks entgegen der sonst üblichen Erbregeln Land von der Mutter auf die Tochter vererbt wird.

Großfamilien gibt es heute nur noch in den Teilen der Welt, die noch nicht von der Industrialisierung erfasst wurden. So leben viele Menschen in weiten Teilen Afrikas in familialen Großgemeinschaften.

In vielen Teilen der Welt leben die Menschen noch in Großfamilien, hier eine Berberfamilie in Marokko.

Aufgaben

1. Arbeite aus dem Gespräch der vier Jugendlichen heraus, was ihnen am Familienleben jeweils wichtig ist (M 1).
2. Stelle dar, welche Vorteile und welche Nachteile das Leben in den Familien der Jugendlichen deiner Auffassung nach mit sich bringen könnte (M 1).
3. Führt in der Schule eine anonyme Umfrage nach den Familienformen eurer Mitschüler durch und vergleicht die Ergebnisse mit M 3.
4. Wie hat sich das Zusammenleben der Menschen in den vergangenen hundert Jahren verändert?
   Formuliere Aussagesätze (M 3, M 5).
   Beispiel: „Im Jahr 1900 lebten in 44 von 100 Haushalten fünf und mehr Personen, 2010 lebten hingegen in drei von 100 Haushalten fünf und mehr Personen."
5. Erläutere, welche Bedeutung die Industrialisierung für den Wandel der Familienstrukturen hatte (M 3, M 4).

Methode

M 5 Mit Zahlen, Statistiken und Schaubildern umgehen

Beispiele

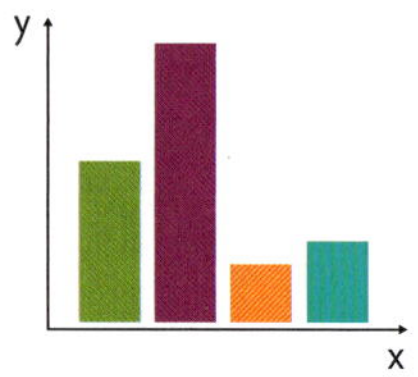

Säulen-/Balkendiagramm

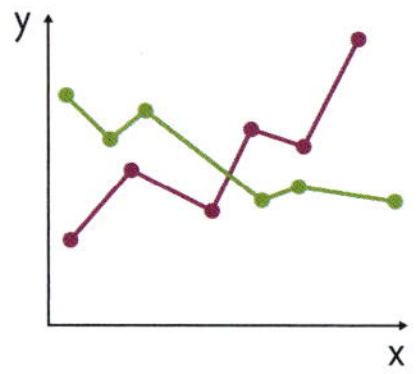

Kurven-/Liniendiagramm

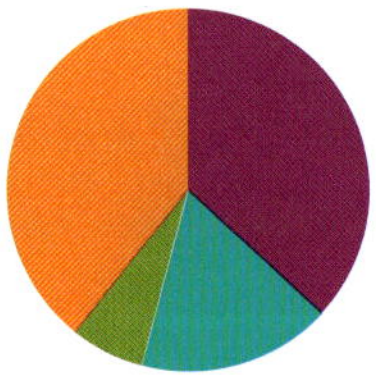
Kreis-/Tortendiagramm

Interpretationen von Statistiken und Schaubildern

Eine *Statistik* ist die systematische Sammlung und Ordnung von Informationen in Form von Zahlen. Diese Zahlen werden entweder in *Tabellen* oder optisch aufbereitet als *Diagramme* und *Schaubilder* ausgewertet und dargestellt. Statistiken helfen uns in vielen Alltagssituationen. So gibt es u. a. Statistiken zu den Bereichen Bevölkerung, Beschäftigung, Gesundheit, Kriminalität, Wohnungen, Verkehr, Wirtschaft. Aus diesen Statistiken können wichtige Erkenntnisse zum Beispiel für die Verkehrsplanung oder den Bau von Kindergärten und Schulen gezogen werden.
Die Zahlen oder auch Daten müssen nach strengen Regeln erhoben werden. Die meisten Daten sammelt das Statistische Bundesamt in Wiesbaden, das seine zusammengefassten Ergebnisse in den Statistischen Jahrbüchern veröffentlicht. Viele Daten stellt das Bundesamt aber auch ins Internet, wo sie unter www.destatis.de abgerufen werden können. Das Statistische Bundesamt ist zur Neutralität verpflichtet. Andere Organisationen, die Daten erheben und veröffentlichen, verfolgen möglicherweise auch eigene Interessen.
Weil Zahlen sehr abstrakt sind, stellt man sie gerne in Diagrammen dar. Es gibt unterschiedliche Formen von Diagrammen: *Kreis- oder Tortendiagramm, Säulendiagramm, Balkendiagramm, Kurvendiagramm.*
Zahlen kann man als *absolute* (genaue, gerundete) *Zahlen* oder als *Prozentzahlen* angeben.
Prozentzahlen verdeutlichen den Anteil an einer Gesamtmenge.

Auswertung und Interpretation

Beim Umgang mit Zahlen, Statistiken und Diagrammen ist Vorsicht geboten. Uns sollte immer bewusst sein, dass man mit der Unterstützung von Zahlenmaterial Tatsachen verfälscht darstellen kann. Häufig werden damit ganz bestimmte Interessen verfolgt. Dies gilt v. a. in der Wirtschafts- und Sozialstatistik. Deshalb ist es notwendig, nicht nur nach der Quelle einer Statistik zu fragen, sondern auch kritisch zu überprüfen, wie die Zahlen in einer grafischen Darstellung präsentiert wurden. Denn mit unterschiedlichen Darstellungen lassen sich bei denselben Zahlen durchaus unterschiedliche Wirkungen erzielen.
Folgende Punkte solltest du bei jeder Untersuchung von Datenmaterial besonders kritisch hinterfragen:

Wird die Quelle der Daten angegeben? Handelt es sich um eine seriöse Quelle – z. B. amtliche Stellen (Behörden, Statistisches Bundesamt, Ministerien usw.)? Besonders skeptisch sollte man bei Angaben wie „eigene Erhebung" sein.
- Aktualität der Daten
- Auswahl des Zeitraums
- Maßstab der Darstellung:
  Welcher Maßstab auf den Achsen ist gewählt und wie ist das Verhältnis der beiden Achsen zueinander? Ist die Einteilung auf den Achsen sinnvoll gewählt?

- Stimmen Überschrift und Text mit der Aussage des Datenmaterials überein?
- Verfolgt der Verfasser eine manipulative Absicht?

Arbeitsschritte

1. Beschreiben
- Woher stammen die Daten? Wer hat sie erfasst und veröffentlicht? (Quelle)
- Welcher Sachverhalt wird dargestellt? Wie lautet das Thema? Welcher Zeitraum wird dargestellt?
- Welche Darstellungsform wurde gewählt? (Säulen-, Balkendiagramm...?)
- Absolute oder relative Zahlen?

2. Auswerten
- Welche Entwicklung ist zu erkennen? (Dabei sind hohe und niedrige Werte, Trends, Veränderungen zu beachten!)

3. Erklären
- Erst wenn du das Diagramm / die Tabelle genau beschrieben und ausgewertet hast, kannst du versuchen, deine Aussagen zu erklären oder Schlussfolgerungen zu ziehen.

4. Bewerten
- Wurden die Zahlen sinnvoll im Diagramm umgesetzt? Wurden die Abstände auf den Achsen richtig gewählt?
- Sind die Zahlen noch aktuell?

Beispiel für eine Auswertung

Bei dem Schaubild mit der Überschrift „Von der Groß- zur Kleinstfamilie“ (M 3) handelt es sich um zwei Säulendiagramme. Dargestellt werden die Anteile unterschiedlicher Haushaltsgrößen an allen Haushalten (100 %) in Deutschland im Jahr 1900 und im Jahr 2010 in Prozent. (Hierbei handelt es sich um eine Sonderform des Säulendiagramms – die gestapelte Säule. Ein gestapeltes Säulendiagramm zeigt Wertanteile in vertikal gestapelten Rechtecken an.) Die Daten stammen vom Statistischen Bundesamt und wurden als Globus-Grafik veröffentlicht. Von je 100 Haushalten bestanden im Jahr 1900 sieben Prozent der Haushalte aus nur einer Person, im Jahr 2010 waren 40 % aller Haushalte Singlehaushalte. In mehr als einem Drittel aller Haushalte lebte 2010 nur eine Person. Gab es im Jahr 1900 nur 15 % Zwei-Personen-Haushalte, so waren es im Jahr 2010 34%. Die Anzahl hat sich also gegenüber 1900 mehr als verdoppelt. Das bedeutet, dass in knapp 3/4 aller deutschen Haushalte nur ein oder zwei Personen leben. Während im Jahr 1900 in 44 % aller Haushalte noch fünf und mehr Personen lebten, so traf dies im Jahr 2010 noch gerade einmal auf drei Prozent zu. Die durchschnittliche Haushaltsgröße betrug im Jahr 1900 4,5 Personen, 2010 hingegen nur noch 2,0 Personen. Damit hat sich die durchschnittliche Haushaltsgröße innerhalb von 100 Jahren mehr als halbiert. Die in Deutschland vorherrschende Lebensform ist der Ein- oder Zwei-Personen-Haushalt. Dies lässt sich zum Beispiel mit den Veränderungen in den Lebensformen (Zunahme von Ehescheidungen, Rückgang der Geburten), aber auch mit der Alterung der Gesellschaft insgesamt erklären. So werden die Menschen viel älter als früher und leben dann meistens nur noch zu zweit oder alleine und nicht wie zumeist vor 100 Jahren in der Familie ihrer Kinder.

Wie kann man Konflikte in der Familie lösen?

M 6 Alles Erziehungssache?

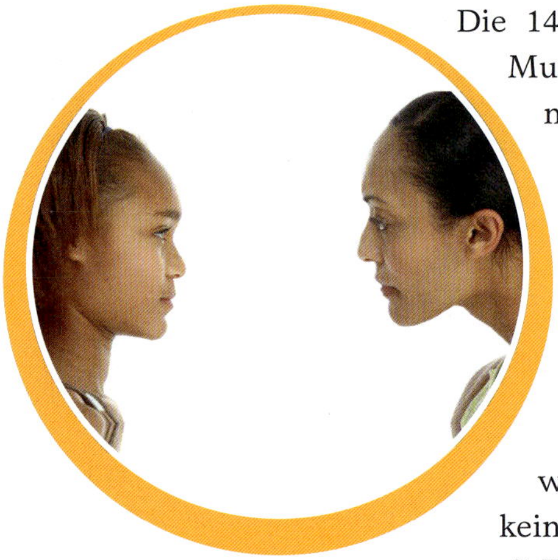

Häufigstes Streitthema: Chaos im Kinderzimmer

Die 14-jährige Julia lebt mit ihrer Mutter in einer kleinen Wohnung. Da die Mutter vor Kurzem eine Vollzeit-Arbeitsstelle annehmen musste, vereinbarte sie mit Julia, dass diese bestimmte kleinere Aufgaben im Haushalt übernimmt. Das funktionierte bisher aber oft nicht, weil Julia die Aufträge vergaß, keine Lust dazu hatte oder so lange mit Freunden zusammen war, dass keine Zeit blieb, die Arbeit zu erledigen. Die Mutter kritisiert auch, dass Julia so unordentlich ist. Nicht nur in Julias Zimmer bricht regelmäßig das Chaos aus, sondern sie lässt auch im Wohnzimmer, das der Mutter als Schlafzimmer dienen muss, alles liegen. Die Mutter ist sehr sauer, wenn sie nach der Arbeit erst einmal eine halbe Stunde oder mehr aufräumen muss. [...] Als die Mutter ihrer Freundin ihr Leid klagt, hört sie von dieser: „Das ist Erziehungssache!"

aus: Bundeszentrale für politische Bildung (Hrsg.), Zeitlupe Nr. 30 / 1994, S. 9

M 7 Erziehungsmittel

Liebesentzug	**unterstützen**	**drohen**	**strafen**
Vorbild sein	**schlagen**	**überzeugen**	**helfen**
loben	**fördern**	**tadeln**	**befehlen**

M 8 Es muss ohne Gewalt gehen ...

Professor Kai-D. Bussmann von der juristischen Fakultät der Universität Halle-Wittenberg leitete die Studie „Gewaltfreie Erziehung" des Familienministeriums. Im Interview spricht er über den Wertewandel in der Erziehung.

sueddeutsche.de: [...] Was genau ist nun aber Gewalt und wo fängt sie an?
Bussmann: Das Gesetz sagt ganz eindeutig: Körperliche Bestrafungen sind unzulässig. Dazu gehört auch schon die Ohrfeige, der Klaps auf den Po ist hier die Grenze zur Gewalt. Früher war die Ohrfeige durch das Erziehungsrecht gerechtfertigt, heute ist es eine strafbare Körperverletzung. [...]
sueddeutsche.de: Welche Folgen ergeben sich für die Kinder, die seelische oder körperliche Gewalt zuhause erfahren mussten?
Bussmann: Jeder dritte Jugendliche, der aus einem gewaltbelasteten Elternhaus kommt, wird selbst verhaltensauffällig und gewalttätig. Die Jugendlichen zeigen meist schwere psychosoziale Verhaltensweisen wie Aggressivität, zugleich Ängstlichkeit und Kontaktarmut. Dabei gleichen die Jugendlichen doppelten Opfern: Sie sind in der Familie geschlagen worden und werden von anderen Jugendlichen wegen ihres Verhaltens ausgeschlossen.

Interview: Miriam Müller, Süddeutsche Zeitung, 23.3.2004

M 9 Streiten will gelernt sein – aus einem Ratgeber für Eltern

Gestritten wird überall: in der Ehe mit dem Partner, in der Familie mit den Kindern, im Bekanntenkreis mit Freunden und im Beruf mit Kollegen. Doch damit ein Streit sich positiv […] auswirken kann, sind ein paar Grundregeln […] zu berücksichtigen – und es ist auch ein gewisses Maß an Streit-„Kultur" notwendig. Insbesondere für Kinder ist die Art und Weise der Auseinandersetzung zwischen und mit den eigenen Eltern prägend und dient als gutes oder schlechtes Vorbild für die spätere, eigene Konfliktbewältigung.

Regeln für faires Streiten

1. Stell dich dem Konflikt und gehe die Probleme möglichst schnell an, denn Probleme, die runtergeschluckt werden, werden nur noch größer.
2. Wähle einen sinnvollen Zeitpunkt für die Aussprache, nicht unbedingt dann, wenn der andere gerade eine wichtigen Termin hat.
3. Überlege dir unbedingt schon vorher, was du sagen möchtest.
4. Versuche, Übertreibungen (z. B. mit Worten wie „nie" oder „immer") zu vermeiden. Sage also nicht „Nie habt ihr Zeit für mich!", besser: „Ich würde gerne mehr Zeit mit euch verbringen!".
5. Vorwürfe bringen nichts, formuliere besser konkrete Wünsche.
6. Sprich deine Gefühle an und formuliere „Ich-Botschaften".
7. Vergangenes sollte man nicht „aufwärmen".
8. Lass dein Gegenüber ausreden und zwinge dich dazu, ihm gut zuzuhören.
9. Merke: Es gibt in Konfliktsituationen nur selten eindeutig einen Schuldigen und keinen Sieger.

nach: www.elternimnetz.de/cms/paracms.php?site_id=5&page_id=195 (18.6.2009)

Aus dem Bürgerlichen Gesetzbuch (BGB)

§ 1626 Elterliche Sorge, Grundsätze

(1) Die Eltern haben die Pflicht und das Recht, für das minderjährige Kind zu sorgen (elterliche Sorge).
[…]
(2) Bei der Pflege und Erziehung berücksichtigen die Eltern die wachsende Fähigkeit und das wachsende Bedürfnis des Kindes zu selbständigem verantwortungsbewusstem Handeln. Sie besprechen mit dem Kind, soweit es nach dessen Entwicklungsstand angezeigt ist, Fragen der elterlichen Sorge und streben Einvernehmen an.
[…]

§ 1631 Inhalt und Grenzen der Personensorge

(1) Die Personensorge umfasst insbesondere die Pflicht und das Recht, das Kind zu pflegen, zu erziehen, zu beaufsichtigen und seinen Aufenthalt zu bestimmen.
(2) Kinder haben ein Recht auf gewaltfreie Erziehung. Körperliche Bestrafungen, seelische Verletzungen und andere entwürdigende Maßnahmen sind unzulässig.
[…]

Aufgaben

1. Wie sollte sich Julias Mutter deiner Meinung nach verhalten? Welche der genannten Erziehungsmittel sollte sie anwenden, auf welches verzichten (M 6, M 7)? Begründe deine Auswahl.
2. Erläutere, warum Kinder und Jugendliche aus gewaltbelasteten Elternhäusern „doppelte Opfer" sind (M 8).
3. Kann man mit einem Gesetz Gewalt in Familien verhindern? Beurteile, was mit dem Gesetz für eine gewaltfreie Erziehung erreicht werden kann (Randspalte).
4. Ergänze weitere Regeln, die für ein faires Streiten wichtig sind (M 9).

Wer macht was? – Aufgabenverteilung in der Familie

M 10 Ich hab' dir mal ein Konzept entwickelt …

Rollenklischee
Als Rolle bezeichnet man das Verhalten, welches von einem Einzelnen innerhalb der Gesellschaft erwartet wird. Eine Rollenerwartung ist z. B., dass Lehrerinnen und Lehrer alle Schülerinnen und Schüler gleich behandeln sollen. Als ein Rollenklischee bezeichnet man eine veraltete oder eingefahrene Denkweise zum Beispiel über das erwartete Verhalten von Männern und Frauen, Jungen und Mädchen. Beispiele: Mädchen spielen mit Puppen und Jungen mit Bauklötzen, Männer sind Ernährer und Oberhaupt der Familie und die Frauen kümmern sich um Haushalt und Familie.

Mester, Baaske Cartoons, Müllheim

M 11 Er arbeitet, sie macht den Haushalt – gilt das immer noch?

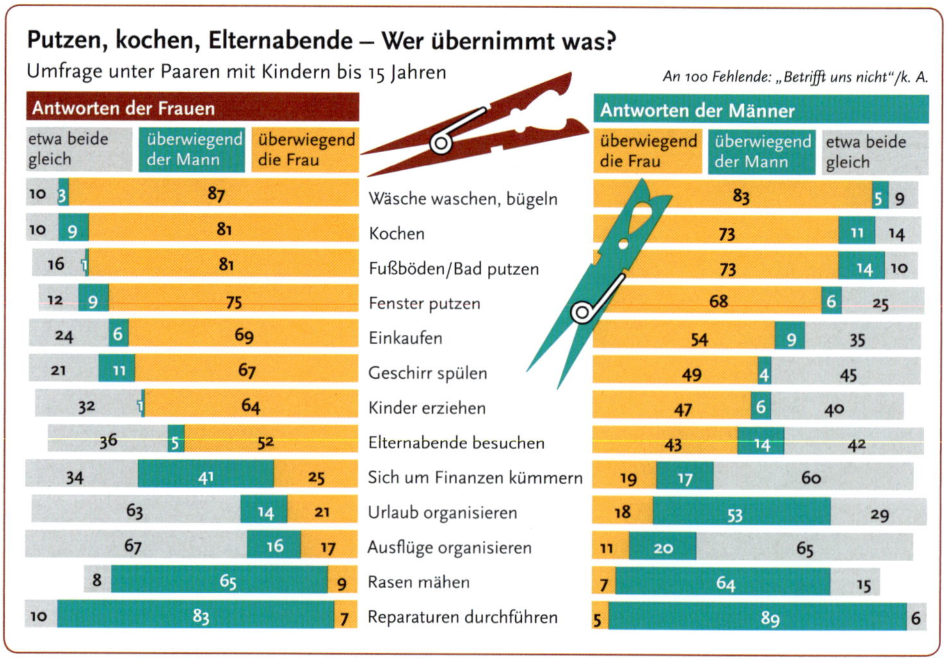

Globus-Grafik 4491; Quelle: Vorwerk, IFD Allensbach, 15.9.2011

Mache einen Zeitsprung von 20 Jahren. Du hast nun selbst Familie (Vater, Mutter, Kind (m), Kind (w)). Erstelle eine Liste von alltäglichen Hausarbeiten und entscheide, welches Mitglied deiner Familie diese verrichten soll. Vergleicht eure Ergebnisse.

M 12 Wie man den Haushalt schmeißt

„Die Schuhe dürfen Sie gerne anlassen! Ich habe zwar heute geputzt, aber die Kinder machen sowieso gleich wieder alles dreckig!", sagt Martin Rottmüller an der Tür. Die Wohnung jedenfalls ist noch sehr sauber, macht einen fröhlichen Eindruck und ist gemütlich eingerichtet. Lukas und Emma rennen vergnügt auf dem Gang und im Wohnzimmer herum. Zwei aktive Kinder, für die jemand viel Zeit zu haben scheint. In der Tat: Der Systemadministrator Martin Rottmüller hat sich 6 Jahre Elternzeit genommen und sieht seinen Chef nun nur noch einmal pro Woche. „Dieser eine Arbeitstag pro Woche muss sein", sagt er, „den brauch' ich zur Erholung." [...]

„Viele Dinge gleichzeitig tun zu können – diese Fähigkeit braucht man bei der Kindererziehung", meint der 35-Jährige. Wie die meisten, die zu Hause bei den Kindern bleiben, hat Martin Rottmüller einen 14-Stunden-Tag: Um 6 Uhr aufstehen, frühstücken, die Frau in die Arbeit verabschieden, die Kinder anziehen, aufräumen, spazieren gehen, die Frau in der Arbeitsstelle besuchen, Mittagessen vorbereiten, die Kinder füttern, mit ihnen spielen, Abendessen machen, essen, die Kinder ins Bett bringen. Dass man so wenig Zeit für sich selbst hat, hat sich Martin Rottmüller zunächst kaum vorstellen können. Zwar kriegt er ein wenig Unterstützung, weil die arbeitsame Oma, die mit ihrem Mann in der Wohnung unten wohnt, wäscht und bügelt. Aber besonders mit kleinen Kindern hat man kaum fünf Minuten Ruhe. [...]

Susanna Rottmüller ist selbständig und führt einen Blumenladen mit einigen Angestellten in Seeshaupt. Zwei Mal die Woche muss sie um 4 Uhr aufstehen. Samstags arbeitet sie auch. Wie gut, dass sie weiß, dass nicht nur ihr eigener, sondern auch der Laden zu Hause läuft.

Dass Susanna Rottmüller arbeiten geht und Martin Rottmüller zu Hause bleibt, war von vorneherein klar, als sich der Nachwuchs ankündigte, denn Susanna Rottmüller liebt ihren Beruf so sehr, dass sie ohne ihren Laden schlichtweg nicht leben könnte. Ihr Mann hingegen konnte sich schon immer vorstellen, eine Zeitlang zu Hause nach dem Rechten zu sehen.

„Wo sind denn Ihre Kinder?", wird Susanna Rottmüller hin und wieder gefragt, wenn sie so viel im Geschäft ist und erntet anerkennende Blicke, wenn sie erzählt, dass ihr Mann zu Hause bleibt und sich um alles kümmert.

Henrike Holzwarth, www.goethe.de/ins/eg/prj/jgd/the/ges/de2237844.htm (10.10.2009)

Die Rottmüllers – eine Ausnahmefamilie?

Befrage deine Großeltern, wie die Aufgabenverteilung in ihren Familien ausgesehen hat. Berichte der Klasse darüber.

Aufgaben

1. Interpretiere die Karikatur M 10. Zeige, inwiefern darin mit Rollenklischees gespielt wird.
2. Beschreibe das Familienleben der Rottmüllers (M 12). Diskutiert, woran es liegen könnte, dass die Arbeitsteilung bei den Rottmüllers so gut funktioniert.
3. Sammle Maßnahmen, die aus deiner Sicht notwendig sind, damit sich Väter noch stärker an der Erziehung der Kinder beteiligen.

Sind Frauen im Beruf benachteiligt?

Art. 3 Grundgesetz

(1) Alle Menschen sind vor dem Gesetz gleich.

(2) Männer und Frauen sind gleichberechtigt. Der Staat fördert die tatsächliche Durchsetzung der Gleichberechtigung von Frauen und Männern und wirkt auf die Beseitigung bestehender Nachteile hin.

(3) Niemand darf wegen seines Geschlechtes, seiner Abstammung, seiner Rasse, seiner Sprache, seiner Heimat und Herkunft, seines Glaubens, seiner religiösen oder politischen Anschauungen benachteiligt oder bevorzugt werden. Niemand darf wegen seiner Behinderung benachteiligt werden.

Artikel 3, Grundgesetz der Bundesrepublik Deutschland

M 13 Ist Karriere Männersache?

Sie studieren schneller und haben die besseren Noten. Trotzdem haben es Frauen beim Aufstieg im Job viel schwerer als Männer – denn Arbeitgeber pflegen noch immer altertümliche Vorurteile. Zu diesem Ergebnis kommt eine Studie des Berliner Wissenschaftszentrums für Sozialforschung. Vor dem Frauentag am 8. März haben Forscher analysiert, warum es Frauen beim Aufstieg im Job noch immer schwerer haben als Männer.

Ein Ergebnis lautet: Es liegt wie schon vor 30 Jahren oft an den Klischees und Vorurteilen der Arbeitgeber – vor allem in privaten Unternehmen. Bei Bewerbungen in der Privatwirtschaft hätten heute selbst Ingenieurinnen oder Naturwissenschaftlerinnen schlechtere Chancen als gleich qualifizierte Männer, kritisierte Alessandra Rusconi, Studienleiterin am WZB. „Frauen gelten dort als nicht so produktiv, weniger belastbar und weniger karriereorientiert."

Aus wissenschaftlicher Sicht sind diese Einstellungen nicht zu halten. „An den Frauen liegt es nicht", berichtete Rusconi. „Sie studieren nicht nur schneller als Männer, sie haben auch die besseren Noten." Dennoch rechneten Unternehmen jungen Frauen bei Bewerbungen Negativ-Punkte durch mögliche Schwangerschaften und Fehlzeiten durch Kindererziehung an. Dabei haben Untersuchungen gezeigt, dass Mütter besondere Qualitäten haben – zum Beispiel beim effektiven Zeitmanagement. „Erschreckend" nannte Rusconi die Karriereunterschiede von Männern und Frauen zwischen 30 und 49 Jahren. Männer seien viermal häufiger erwerbstätig als hochqualifizierte Frauen.

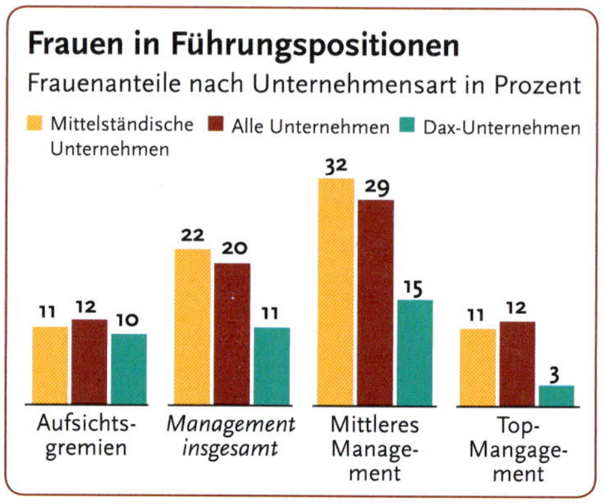

dpa-Grafik 15526; Quelle: Hoppenstedt, Stand: 2010

In naturwissenschaftlichen Hochschulfächern sind heute 40 Prozent der Absolventen Frauen, bei den Ingenieurstudiengängen inzwischen immerhin 20 Prozent. Doch viele Abiturientinnen lieben weiterhin weniger karriereförderliche Fächer wie Kunstgeschichte, Kulturwissenschaften, Germanistik sowie Lehramts- oder Pädagogikstudiengänge.

„Es ist die Frage, wie es zu diesen Vorlieben kommt", sagte Rusconi. Meist liege es daran, wie Mädchen in ihrer Familie oder in der Schule geprägt würden. „Da geht es um Ermutigung, aber auch um Entmutigung", ergänzte sie.

Die Studie zeigt auch, dass junge Akademikerinnen beim Sprung in die lukrativere Privatwirtschaft zögern und lieber den öffentlichen Dienst mit weniger Aufstiegschancen wählen.

dpa/bön, www.sueddeutsche.de, 5.3.2009

M 14 Kontrovers diskutiert: Brauchen wir eine Frauenquote?

a) Quote bricht Verkrustungen auf

Männer befördern und berufen Männer – am allerliebsten solche mit ähnlichen Lebensläufen und Ansichten. Die können Chefs nämlich am besten einschätzen. Frauen finden deshalb nach wie vor äußerst selten den Weg ins deutsche Topmanagment, auch wenn sie inzwischen 50 Prozent der Hochschulabsolventen ausmachen. Qualifikation ist eben nicht alles. [...] Die Frauenquote, egal ob sie 30 Prozent beträgt oder mehr, ist endlich ein Schritt, verkrustete Strukturen zu knacken. Dann sind Personalchefs nämlich gezwungen, frühzeitig nach jungen, talentierten Frauen Ausschau zu halten und sie gezielt zu fördern. Und Unternehmen müssen sich auf breiter Front über gut organisierte Kinderbetreuung Gedanken machen, sonst springt ihnen die Hälfte der potenziellen Spitzenfrauen anschließend wieder ab. Die Frauenquote ist sicher nicht die Medizin gegen alle Schwierigkeiten von Frauen auf dem Arbeitsmarkt, aber ein Schritt, ohne den es in Deutschland offensichtlich nicht geht.

Brauchen wir eine gesetzlich festgelegte Quote, damit mehr Frauen in Führungspositionen kommen?

b) Quote ersetzt nicht fehlendes Bewusstsein

Nein, wir brauchen keine Frauenquote für Führungspositionen! Ja, klar – die Frauen in Vorständen und Aufsichtsräten deutscher Unternehmen kann man an einer Hand abzählen. Aber daran ist nicht die mangelnde Quote schuld. Der Grund ist vielmehr, dass es Frauen vorher schon schwer haben, als Frau – und Mutter – überhaupt in die Nähe einer solchen Position zu kommen. [...] Solange Eltern immer noch alle Register ziehen müssen, um ihr Kind irgendwie tagsüber unterzubringen, solange Frauen in Teilzeit sich immer noch abstrampeln müssen, um zu zeigen, dass sie trotzdem eine vollwertige Arbeitskraft sind und solange Väter schief angesehen werden oder milde belächelt – oder sogar mit Nachteilen rechnen müssen, wenn sie in Elternzeit gehen – solange brauchen wir keine Diskussion über eine Frauenquote. Die wäre vielleicht ein hübsches Zeichen, aber an den bestehenden Strukturen würde sie doch nur wenig ändern.
Und manchmal frage ich mich auch, ob es sie überhaupt gibt, die vielen, vielen Frauen, die sagen „Ich will mal ganz nach oben!". [...] Nicht jede Frau findet das erstrebenswert. Abgesehen davon – ich persönlich hätte keine Lust, eine Quotenfrau zu sein.

Ruth Boekle (a) und Sabine Geipel (b), http://www.tagesschau.de/inland/frauenquote122.html (31.1.2011)

Aufgaben

1. Nenne die wichtigsten Aussagen der Statistik in M 13.
2. Sammle Gründe, warum noch immer mehr Männer Karriere machen als Frauen (M 13).
3. Brauchen wir eine feste Quote für Frauen in Führungspositionen? Führt dazu eine Pro- und Kontradebatte in der Klasse. Bezieht auch den Auszug aus dem Grundgesetz in eure Debatte mit ein (M 13, M 14).

Was wir wissen

Die Familie

Die Familie ist die am häufigsten auftretende Form des Zusammenlebens. Sie sorgt für die äußeren Lebensbedingungen wie Wohnung, Nahrung, Kleidung usw. Darüber hinaus trägt die Familie auch Sorge dafür, dass die Kinder alle Fähigkeiten erwerben, die sie benötigen, um mit anderen Menschen in der Gesellschaft leben zu können.

Formen des Zusammenlebens
M 2 – M 4

In unserer modernen Gesellschaft ist die Verschiedenheit der Familien- und Lebensformen die Regel. So wird Familie heutzutage ganz unterschiedlich gelebt: verheiratete und nicht verheiratete Eltern, die ihre Kinder gemeinsam erziehen, Väter und Mütter, die ihre Kinder alleine erziehen, Patchwork- und Stieffamilien, Adoptionsfamilien und Pflegefamilien. Manche Menschen leben alleine, weil sie den richtigen Partner oder die richtige Partnerin fürs Leben noch nicht gefunden haben. Daneben gibt es aber auch viele Menschen, die sich gegen das Leben in der Familie entscheiden und lieber als Single oder als Paar ohne Kinder durchs Leben gehen.

Konflikte in der Familie
M 6 – M 9

Wie in jeder Gruppe, in der Menschen zusammenleben, so kann es auch innerhalb der Familie zu Konflikten kommen. Die Ursachen dafür können sehr unterschiedlich sei. Manchmal entstehen Konflikte in der Familie, weil Eltern mit ihrer Erziehung ganz bestimmte Ziele verfolgen, diese aber den Kindern nicht immer einsichtig sind, oder wenn Erwartungen nicht erfüllt werden. Wichtig ist, dass Konflikte nicht mit Gewalt gelöst werden, denn die Anwendung von Gewalt hat negative Auswirkungen auf die Entwicklung des Kindes. Kinder haben ein gesetzlich verbürgtes Recht auf eine gewaltfreie Erziehung.

Gleichberechtigung in Familie und Beruf
M 13, M 14

Im Grundgesetz, unserer Verfassung, ist festgeschrieben, dass Männer und Frauen gleichberechtigt sind und niemand wegen seines Geschlechts benachteiligt werden darf. In den meisten Familien sind heutzutage sowohl die Mütter als auch die Väter berufstätig. Die Männer übernehmen nicht mehr wie früher selbstverständlich die Rolle des alleinigen Ernährers der Familie, während sich die Frau um Haushalt und Kindererziehung kümmert. Dennoch haben Untersuchungen ergeben, dass diese Aufgabenverteilung nach wie vor verbreitet ist und sich Männer weniger bei der Hausarbeit engagieren.
Besonders auffällig ist die Benachteiligung von Frauen, wenn es um die Besetzung von Führungspositionen im Beruf geht. Deshalb wird darüber nachgedacht, ob Unternehmen nicht per Gesetz dazu verpflichtet werden sollten, einen bestimmten Anteil dieser Positionen mit Frauen zu besetzen. Die Einführung einer solchen „Frauenquote" ist jedoch heftig umstritten.

Buchstabenbox

Q	D	B	V	E	R	T	R	A	U	E	N	A	S	D	F
Z	U	N	E	I	G	U	N	G	U	I	O	D	F	U	Z
W	F	N	R	T	L	Q	W	R	T	Z	U	I	O	P	Ü
E	G	M	A	Z	Ü	A	Y	S	X	D	C	F	V	G	Ä
R	H	N	N	U	C	Q	A	E	S	R	D	Z	N	B	Ö
T	J	B	T	I	K	X	D	L	T	Z	J	U	M	N	L
Z	K	V	W	G	E	M	E	I	N	S	C	H	A	F	T
U	L	C	O	O	F	Q	E	E	Q	W	C	A	X	B	K
I	Ö	X	R	P	G	N	M	B	Y	S	E	U	E	B	J
O	Ä	Y	T	Ü	H	W	U	E	O	Ü	Ä	S	A	S	H
P	Y	Q	U	Ä	J	R	C	B	M	N	H	E	T	D	G
Ü	X	W	N	Ö	J	R	F	G	H	Z	U	B	O	P	F
A	C	E	G	E	B	O	R	G	E	N	H	E	I	T	D
S	I	C	H	E	R	H	E	I	T	W	E	T	U	V	S
S	V	R	G	L	K	P	Y	Q	V	B	N	U	I	O	A

Aufgabe
In dieser Buchstabenbox sind Wörter versteckt (senkrecht und waagrecht), die alle etwas mit dem Zusammenleben in der Familie zu tun haben. Finde diese Wörter heraus und markiere sie.

Entscheidungsspiel

Macht eine Zeitreise von 30 Jahren und stellt euch folgende Situationen vor:

1. Beispiel

Ihr habt mit der Familie im Urlaub eine Ferienwohnung gemietet. Bei der Aufgabenverteilung in der Familie wurde besprochen, dass die beiden Kinder für den Müll zuständig sind. Getrennte Müllentsorgung (Glas, Papier, Bio-Müll) ist etwa 300 Meter entfernt möglich. Das ist den Kindern zu umständlich.

2. Beispiel

Die Tochter (14) plant eine Geburtstagsfete mit Mädchen und Jungen aus der Klasse. Das Nachbarmädchen, mit dem sie manchmal Hausaufgaben macht und das ihr vor Mathe-Arbeiten hilft, will sie aber nicht einladen, da es in der Klasse eine Außenseiterin („Streberin") ist.

3. Beispiel

Der 6-jährige Sohn spielt häufig mit seinen Freunden auf dem Spielplatz in der Siedlung Fußball. Wegen des Abendessens soll er im Sommer spätestens um 18.30 Uhr zu Hause sein. Er kommt 20 Minuten später, weil er „bei dem wichtigen Spiel" nicht früher weggehen konnte.

aus: Bernd Werdich, Bundeszentrale für politische Bildung (Hrsg.), Zeitlupe Nr. 37/1999, S. 8

Aufgabe
Als Eltern sollt ihr Entscheidungen in den angegebenen Konfliktsituationen treffen. Schreibt (in Gruppen) eure Entscheidung nieder und begründet sie.

Stadt und Landkreise in Baden-Württemberg

Stadtkreise

1 Baden-Baden
2 Freiburg im Breisgau
3 Heidelberg
4 Heilbronn
5 Karlsruhe
6 Mannheim
7 Pforzheim
8 Stuttgart
9 Ulm

3

Mitwirkung in Schule und Gemeinde

Politik heißt mitbestimmen und mitgestalten. Viele Entscheidungen in der Schule und der Gemeinde sind beeinflussbar und veränderbar – wenn du es willst. Dazu musst du natürlich deine Interessen formulieren, Farbe bekennen, dich mit anderen zusammentun und auseinandersetzen. So kannst du wünschenswerte Ziele verwirklichen oder wenigstens Veränderungen erreichen.

Kompetenzen

Am Ende dieses Kapitels solltest du Folgendes können:

- verschiedene Formen der Mitwirkung in der Schule beschreiben
- am Beispiel von Klassensprecherwahlen und SMV-Arbeit Möglichkeiten demokratischer Interessenvertretung erklären
- Konfliktsituationen mit Hilfe von Rechtstexten untersuchen und klären
- Chancen und Möglichkeiten politischer Einflussnahme auf Gemeindeebene nennen und beurteilen
- darstellen, wie Politik in der Gemeinde funktioniert
- Aufgabenbereiche und Finanzen einer Gemeinde erläutern
- Angemessenheit des Wahlalters beurteilen

Was weißt du schon?

- Nenne jeweils drei Möglichkeiten, wie du
  a) das Schulleben mitgestalten und
  b) Einfluss auf die Politik in deiner Gemeinde nehmen kannst.
  Sammelt anschließend eure Ergebnisse.

3.1 Mitwirkung in der Schule

Wer soll Klassensprecher werden?

M 1 Die Situation nach den Ferien

Am ersten Tag nach den Sommerferien kommt Herr Busse, der Deutschlehrer der 8c, der auch Klassenlehrer ist, pünktlich in den Unterricht. Er begrüßt die Schülerinnen und Schüler, prüft, ob alle anwesend sind, erkundigt sich, wie es ihnen nach den Ferien geht, und stellt die Inhalte für den Deutschunterricht vor. Bevor er mit dem Unterricht beginnen kann, meldet sich Silke und erinnert an die anstehenden Wahlen zum Klassensprecher bzw. zur Klassensprecherin. Der neu in die Klasse gekommene Schüler Jan wendet sofort selbstbewusst ein, dass er seine neue Mitschülerinnen und Mitschüler noch nicht kennt. Da könne er gar nicht wissen, wer für das Amt geeignet sei. Herr Busse weist die Schülerinnen und Schüler auf das streng geregelte Verfahren hin: erst die Wahl und dann der Unterricht! Im Übrigen sei die Aufgabe des Klassensprechers oder der Klassensprecherin nicht so wichtig. Wichtig sei, dass man gut untereinander auskomme und daher sei es am günstigsten, wenn Lukas sich noch einmal bereit fände, das Amt zu übernehmen. Dann könne man sich die Wahl auch sparen. Die Unterrichtszeit im kommenden Schuljahr sei äußerst knapp. Auf den Einwand von Jan geht Herr Busse gar nicht ein.

M 2 Mitwirkung in der Schule

§ 62 Aufgaben

(1) Die Schülermitverantwortung dient der Pflege der Beteiligung der Schüler an der Gestaltung des Schullebens, des Gemeinschaftslebens an der Schule, der Erziehung der Schüler zu Selbständigkeit und Verantwortungsbewusstsein.

(2) Der Wirkungsbereich der Schülermitverantwortung ergibt sich aus der Aufgabe der Schule. Die Schüler haben in diesem Rahmen die Möglichkeit, ihre Interessen zu vertreten und durch selbstgewählte oder übertragene Aufgaben eigene Verantwortung zu übernehmen.

(3) Die Schülermitverantwortung ist von allen am Schulleben Beteiligten und den Schulaufsichtsbehörden zu unterstützen.

§ 65 Klassensprecher

(1) Von Klasse 5 an wählen die Schüler jeder Klasse aus ihrer Mitte zu Beginn des Schuljahres einen Klassensprecher und seinen Stellvertreter.

(2) Der Klassensprecher vertritt die Interessen der Schüler der Klasse und unterrichtet die Klassenschülerversammlung über alle Angelegenheiten, die für sie von allgemeiner Bedeutung sind.

Schulgesetz für Baden-Württemberg (SchG), Fassung vom 1. August 1983

M 3 Kandidatenprofile

Phung ist eine sehr gute, aber auch stille Schülerin. Sie ist selten im Unterricht aktiv, schreibt aber ausschließlich Einsen und Zweien. Sie ist sehr freundlich zu allen und bekommt immer gute Noten. Sie lässt auch andere in der Klassenarbeit und von ihren Hausaufgaben abschreiben. Phung ist zwar schüchtern, kommt aber mit allen gut aus. Ihre Schwester ist die Schülersprecherin.

Philipp ist ein recht guter Schüler, der sich in allen Fächern stark beteiligt. Vor allem die Lehrer mögen Philipp, weil er sehr zuverlässig ist und den Unterricht trägt. Wenn jemand krank geworden ist, wird Philipp beauftragt, die Hausaufgaben zu übermitteln. Viele Schüler bewundern ihn, weil er im örtlichen Sportverein ein erfolgreicher Fußballspieler ist, der auch bei überregionalen Turnieren eingesetzt wird. Die Schule geht bei Philipp aber trotzdem immer vor.

Tim ist ein hervorragender Schüler in Sport und Englisch. Seine Mutter ist Amerikanerin und Tim verbringt meistens die Ferien bei Verwandten in Chicago. Er hat immer die neueste Kleidung und tolle technische Geräte, gibt aber überhaupt nicht damit an. Tim ist sehr großzügig und lädt zu seinem Geburtstag die ganze Klasse zu sich nach Hause ein. Wenn es Konflikte in der Klasse gibt, dann versucht Tim sich immer neutral zu verhalten, so kommt er mit allen gut aus.

Lea ist eine mittelmäßige Schülerin, die aber in Diskussionen und bei der Projektarbeit sehr engagiert ist. Sie kleidet sich sehr lässig und hat guten Kontakt zu den älteren Schülerinnen und Schülern. In Konfliktfällen setzt sie sich sehr entschlossen für Schwächere ein. Einige Lehrer mögen Lea nicht sehr, weil sie häufig im Unterricht Musik hört oder Zeitung liest. Es wird auch behauptet, dass Lea raucht.

Aufgaben

1. Setzt euch mit der Meinung des Klassenlehrers Busse (M 1) auseinander, und notiert das Ergebnis.
2. Bearbeitet die folgenden Aufgaben zu M 3 nach dem Placemat-Verfahren (siehe Abbildung).
   a) Jeder schreibt in sein Feld, welchen der vier Klassensprecher-Kandidaten er wählen würde. Begründet eure Wahl, indem ihr die Eigenschaften notiert, die für euch wichtig sind. Notiert weitere Eigenschaften, die ein Klassensprecher eurer Auffassung nach haben sollte. Dreht das Blatt dann solange, bis alle die Notizen der anderen Gruppenmitglieder gelesen haben.
   b) Einigt euch dann in der Gruppe auf drei Eigenschaften, die ein Klassensprecher auf jeden Fall haben sollte. Diese schreibt ihr in das Mittelfeld des Blattes. Stellt das Ergebnis der Klasse vor.

Das Placemat („Platzdeckchen“)

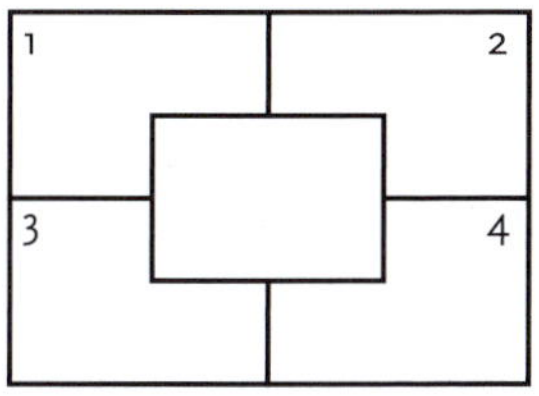

Wie wird der Klassensprecher gewählt?

M 4 Wie wird gewählt?

Die Schülerinnen und Schüler einer Klasse bilden die Klassenschülerversammlung. Sie wählt den Klassensprecher bzw. die Klassensprecherin und deren Stellvertreter. Die Wahl ist spätestens in der dritten Unterrichtswoche durchzuführen. Ein genauer Wahltermin muss in der Klasse abgesprochen werden. Die Wahl wird durch einen Wahlleiter durchgeführt. Entweder kann der bisherige Klassensprecher bzw. sein Stellvertreter die Wahl leiten oder die Schülerinnen und Schüler wählen einen Wahlvorstand. Wichtig ist, dass Schüler, die zur Wahl stehen, diesem Gremium nicht angehören dürfen.

Grundsätzlich sind die Wahlen zum Klassensprecher und Stellvertreter getrennt durchzuführen. Der Wahlleiter fragt nach Kandidaten und Kandidatinnen und notiert diese an der Tafel. Selbstverständlich darf man sich selber nennen oder auch Mitschülerinnen und Mitschülern vorschlagen. Die Vorgeschlagenen müssen allerdings bereit sein zu kandidieren und niemand darf dazu gezwungen werden. Die Wahlen sind geheim, jeder erhält also einen Stimmzettel und jeder hat gleich viel Stimmen. Niemand kann für einen anderen wählen. Niemand muss wählen, auch leere oder ungültige Stimmzettel können abgegeben werden. Die Stimmzettel werden eingesammelt und von Wahlhelfern, die die Klasse bestimmt, ausgezählt. Gewählt ist, wer die meisten Stimmen erhalten hat, bei Stimmengleichheit wird die Wahl wiederholt, danach entscheidet das Los. Zum Abschluss wird der Gewählte gefragt, ob er die Wahl annimmt.

M 5 Grundsätze einer fairen Wahl

1. Allgemeine Wahl: Alle Mitglieder der Gemeinschaft (Klasse, Schule, Land u. a.) sind wahlberechtigt, wenn sie die Voraussetzungen (Anmeldung, Wohnsitz, Alter) erfüllen. Niemand darf aus sozialen, politischen oder wirtschaftlichen Gründen ausgeschlossen werden.

2. Freie Wahl: Niemand darf zu einer bestimmten Wahlentscheidung gezwungen oder gedrängt werden. Nach der Wahl darf niemand wegen seiner Entscheidung benachteiligt werden.

3. Unmittelbare Wahl: Die Wähler geben ihre Stimme direkt für die Kandidaten oder Parteien ab. Es darf niemand dazwischen eingesetzt werden, z. B. „Wahlmänner", die dann deine Stimme für dich weitergeben.

4. Gleiche Wahl: Alle Wahlberechtigten haben gleich viele Stimmen. Jede Stimme zählt gleich viel.

5. Geheime Wahl: Jeder muss seine Stimme so abgeben können, dass niemand anderes feststellen kann, wie er gewählt hat.

M 6 Aufgaben des Klassensprechers

Welche Aufgaben sollte die Klassensprecherin oder der Klassensprecher wahrnehmen? Was sollte der Klassensprecher nicht sein? Die Klasse 8c hat dazu eine Liste verfasst.

Der Klassensprecher

- vertritt die Interessen der Schüler der Klasse;
- gibt Anregungen, Vorschläge und Wünsche einzelner Schüler oder der ganzen Klasse an Lehrer, Schulleiter oder Elternvertreter weiter;
- trägt Beschwerden und Kritik den Lehrern oder dem Schulleiter vor;
- unterstützt einzelne Schüler in der Wahrnehmung ihrer Rechte;
- vermittelt bei Streit unter Schülern;
- vermittelt bei Schwierigkeiten zwischen Klasse und Lehrer;
- leitet die Klassenschülerversammlung und beruft sie ein;
- leitet die Diskussion und sorgt dafür, dass Beschlüsse auch ausgeführt werden;
- nimmt an den Sitzungen des Schülerrates teil und informiert die Klasse darüber;
- wirkt bei Aufgaben mit, die der Schülerrat sich selber stellt;
- …

Der Klassensprecher darf nicht

- der verlängerte Arm des Klassenlehrers sein;
- der Aufpasser in der Pause sein;
- derjenige sein, der alles alleine machen soll;
- der Streber der Klasse sein;
- derjenige sein, der alle Probleme lösen kann;
- derjenige sein, der alle Dummheiten der Klasse mitmacht;
- ein „Supergenie" sein, das alle Ideen liefern soll;
- einer sein, den man wählt und dann im Stich lässt;
- einer sein, der nur mit dem Lehrer redet, wenn er Kritik anbringen muss;
- …

nach: ZippZapp, Das Praxisbuch für SMV- und Jugendarbeit

Aufgaben

1. Stelle mit Hilfe von M 4 fest, wann eine Klassensprecherwahl zu erfolgen hat und wie gewählt wird.
2. Fertigt in Partnerarbeit eine „Checkliste" für den Ablauf der Wahl an. Die Liste sollte in der richtigen Reihenfolge der einzelnen Handlungsschritte angelegt an. Berücksichtigt auch, worauf ihr achten müsst, damit die einzelnen Wahlrechtsgrundsätze (M 5) eingehalten sind.
3. Führt in der Klasse eine komplette Klassensprecherwahl nach dem Verfahren in M 4 durch. Es kandidieren die Schülerinnen und Schüler der 8c (Phung, Philipp, Tim, Lea).
4. Wählt aus M 6 drei Aufgaben aus, die euch besonders wichtig erscheinen, und begründet eure Entscheidung.

Wie werden die Interessen der Schülerschaft vertreten?

M 7 Mitarbeit in der Schülervertretung – Last oder Chance?

„Bist du blöd, so viel Freizeit für die Schule zu opfern!", bekomme ich oft zu hören. Ich finde es aber wichtig, meine Umwelt gestalten zu können und Dinge zu verbessern, die mich stören. Darum habe ich beschlossen, mich in der SMV zu engagieren.
Meike, 15

Nach einem halben Jahr als Schulsprecher bin ich zurückgetreten. Es hatte sich schnell herausgestellt, dass ich die ganze Arbeit alleine machen musste, obwohl wir zu dritt waren. Schließlich habe ich dann das Handtuch geworfen.
Stefan, 18

Die SMV-Arbeit bietet mir die Chance, meine Fähigkeiten zu entwickeln, mich selbst zu verwirklichen. Durch meine Position werde ich von anderen Schülerinnen und Schülern respektiert und auch von den Lehrern anerkannt.
Tao, 14

M 8 Grundlagen der Schülermitwirkung

§ 66 Schülerrat

(2) Der Schülerrat ist für alle Fragen der Schülermitverantwortung zuständig, welche die Schule in ihrer Gesamtheit angehen. Der Schulleiter unterrichtet den Schülerrat über Angelegenheiten, die für die Schülermitverantwortung von allgemeiner Bedeutung sind.

Schulgesetz für Baden-Württemberg (SchG), Fassung vom 1. August 1983

§ 1 Grundsätze

(6) Schüler dürfen wegen ihrer Tätigkeit in der SMV weder bevorzugt noch benachteiligt werden. [...]

§ 7 Aufgaben der SMV

(2) Die Schülermitverantwortung und ihre Organe stellen sich ihre Aufgaben selbst, soweit sie nicht durch das Schulgesetz oder sonstige Rechtsvorschriften festgelegt sind. Dazu gehören insbesondere:

1. Gemeinschaftsaufgaben der Schüler. Insbesondere soll die Schülermitverantwortung die fachlichen, sportlichen, kulturellen, sozialen und politischen Interessen der Schüler fördern. Sie kann dafür eigene Veranstaltungen durchführen. Diese müssen allen zugänglich sein und dürfen nicht einseitig den Zielsetzungen bestimmter politischer, konfessioneller oder weltanschaulicher Gruppen dienen;

2. die Aufgabe der Organe der Schülermitverantwortung, sich aus dem Schulleben ergebende Interessen der Schüler zu vertreten.

(3) Der SMV ist Gelegenheit zu geben, in allen dafür geeigneten Aufgabenbereichen der Schule mitzuarbeiten. Dies schließt die Vertretung der Schüler in der Schulkonferenz ein. [...]

§ 8 Klassenschülerversammlung

(1) Die Schülermitverantwortung baut auf der Arbeit in den einzelnen Klassen auf. Dazu gehört es auch, dass die einzelnen Schüler ihre Anregungen, Vorschläge und Wünsche,

die das Schulleben und den Unterricht betreffen, und ihre Einwände, wenn sie sich ungerecht beurteilt fühlen, mit den einzelnen Lehrern besprechen. […]

(3) Die Klasse, die eine Besprechung über schulische und unterrichtliche Fragen wünscht, erhält auf Antrag des Klassensprechers beim Klassenlehrer anstelle einer Unterrichtsstunde eine Verfügungsstunde, die im Allgemeinen in Anwesenheit des Klassenlehrers oder eines anderen Lehrers stattfindet. Im Antrag ist das Beratungsthema anzugeben und zu begründen. […]

§ 11 Unterstützung der SMV

(1) Der Schulleiter sorgt im Rahmen des Möglichen dafür, dass für die Veranstaltungen der Schülermitverantwortung geeignete Räume und dass für ihre Arbeit die erforderliche Zeit zur Verfügung stehen. Der Stundenplan der Schule ist, wenn es stundenplantechnisch nicht unmöglich ist, so zu gestalten, dass zur Durchführung von SMV-Veranstaltungen regelmäßig eine Stunde von Unterrichtsveranstaltungen freigehalten wird. […]

(3) Schulleiter, Verbindungslehrer und Schülersprecher sprechen untereinander Zeitpunkt und Ablauf der regelmäßigen Informationsgespräche gemäß § 67 Abs. 2 des Schulgesetzes ab, die im Allgemeinen monatlich stattfinden sollen. Eine Tagesordnung hierfür ist nicht erforderlich.

§ 15 Bekanntmachungen

(1) […] Soweit möglich, soll der SMV ein eigenes „Schwarzes Brett" zur Verfügung gestellt werden. Sonstige Anschläge der SMV bedürfen der vorherigen Genehmigung des Schulleiters; das Gleiche gilt für die Verteilung von Schriften und Flugblättern auf dem Schulgrundstück. Der Schulleiter muss die Ablehnung der Genehmigung begründen.

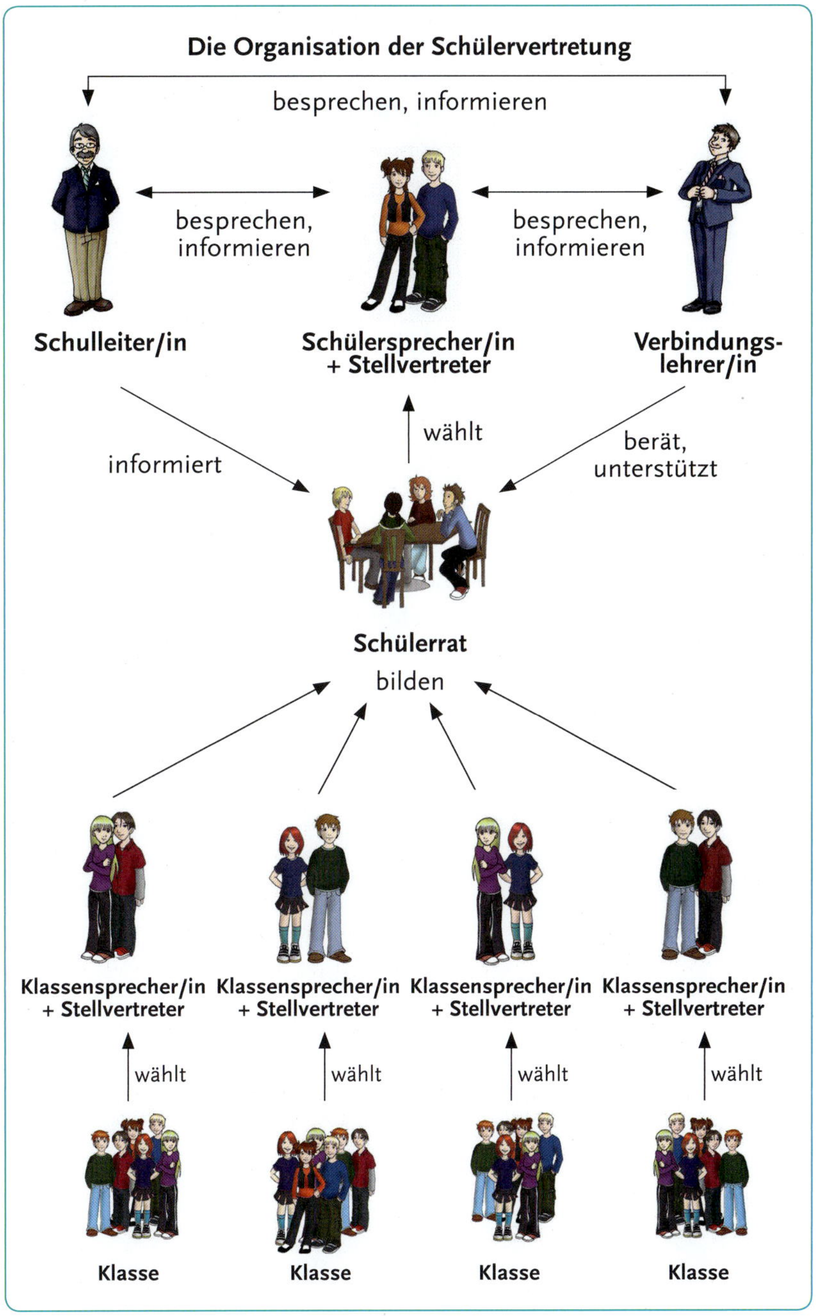

Die SMV-Satzung kann vorsehen, dass der Schülersprecher und ein Stellvertreter von den Schülern einer Schule direkt gewählt wird.

SMV-Verordnung des Landes Baden-Württemberg, zuletzt geänd. am 11.11.2009

M 9 Geht das so? Konflikte in der Schule

1 Pia, die Klassensprecherin der 9 b, will in einer Verfügungsstunde über eine wichtige Sitzung des Schülerrats berichten. Frau Müller, ihre Biologie- und Klassenlehrerin, möchte aber lieber mit dem Unterricht weitermachen, da in letzter Zeit so viel Unterricht ausgefallen ist.

2 Die Mitglieder des Schülerrats wollen sich in der Schule treffen, um über das geplante Sommerfest und den „Charity-Walk" zu sprechen. Sie fragen den Hausmeister, ob er ihnen am Nachmittag nach dem Unterricht einen Raum zur Verfügung stellen kann. Dieser lehnt ab.

3 Die Kurse in der Oberstufe sind dieses Jahr komisch zusammengestellt worden. Markus, der Schülersprecher, will vom Schulleiter wissen, weshalb dies so ist. Der Schulleiter hat gerade keine Zeit und sagt nur: „Das hat schon alles seine Richtigkeit!"

4 Die SMV verteilt ein Flugblatt, auf dem Karikaturen von Schülern und Lehrer abgebildet sind. Manche Schüler und Lehrer fühlen sich ungerecht behandelt und beschweren sich beim Schulleiter. Dieser sieht das Flugblatt zum ersten Mal.

5 Die SMV bereitet eine Podiumsdiskussion zum Thema „Jugendkriminalität" vor. Eingeladen sind Vertreter der regierenden Parteien. Den Einwand, man müsse auch Vertreter der Opposition einladen, lehnt die Mehrheit ab.

6 Marius hat sich als Klassensprecher lange Zeit in der SMV engagiert und dabei auch immer wieder gegen seinen Klassenlehrer durchgesetzt. In letzter Zeit wird Marius von ihm auffallend häufig abgefragt.

Aufgaben

1. Nimm zu den Aussagen in M 7 Stellung.
2. Erläutere, weshalb der Schülerrat ein wichtiges Gremium für die Schülerschaft ist (M 8, M 9).
3. Überprüfe mit Hilfe der Auszüge aus dem Schulgesetz und der SMV-Verordnung, welche Lösungsmöglichkeiten es für die beschriebenen Konfliktfälle gibt (M 8 – M 10). Begründe deine Entscheidung in einer kurzen Beratungsnotiz.

zu Aufgabe 3
Arbeitet in Gruppen. Jede Gruppe bearbeitet einen Fall.

M 10 Rechtstexte verstehen

Der Aufbau von Gesetzestexten

Gesetze enthalten eine Vielzahl von Regelungen, Bestimmungen und Definitionen. Sie sind deshalb oft in einer sehr technischen und abstrakten Sprache formuliert. So unterschiedlich die Inhalte der einzelnen Gesetze sind, sie folgen doch einem einheitlichen Aufbau. Übergeordnete Abschnitte eines Gesetzes nennt man Paragrafen. Sie beginnen mit einem Paragrafenzeichen (§), sind fortlaufend nummeriert und haben eine Überschrift. Die Gliederung innerhalb der einzelnen Paragrafen erfolgt durch Absätze, zu erkennen an den Ziffern in runden Klammern. Manchmal sind auch die einzelnen Sätze innerhalb der Absätze noch nummeriert (hochgestellte Ziffern).

Schritte zum Verstehen von Gesetzestexten

- Die Überschriften der einzelnen Paragrafen geben einen Hinweis darauf, was geregelt wird.
- Für das Verständnis ist es hilfreich, immer auch die umgebenden Paragrafen zu lesen.
- Markiere zunächst dir unbekannte Begriffe und versuche, sie mit Hilfe eines Rechtslexikons oder des Gesetzestextes zu klären (Internettipp: *www.bpb.de* → Wissen→ Lexika)
- Unterscheide die Handelnden und die von einer Handlung Betroffenen.
- Welche Rechte, welche Pflichten werden erwähnt? Diese müssen auseinandergehalten werden.
- Markiere wichtige Aussagen mit einem Textmarker.

Beispiel

Schulgesetz Baden-Württemberg

§ 66 Schülerrat

(2) […] Der Schulleiter unterrichtet den Schülerrat über Angelegenheiten, die für die Schülermitverantwortung von allgemeiner Bedeutung sind.

[…]

Schülerrat = Gremium aus allen Klassensprechern und Stellvertretern

Pflicht: Wer?	Wozu?	Recht: Wer?
Schulleitung	Unterrichtung des Schülerrats über für SMV bedeutsame Angelegenheiten	Schülerrat

Wie können wir Konflikte in der Klasse lösen?

M 11 Ein Konflikt in der Klasse

Zwischen Michael und Fatih gab es schon seit längerem Spannungen. Immer wieder hatte sich Fatih über Michael lustig gemacht, weil dieser einen kleinen Sprachfehler hatte, den sonst eigentlich keiner bemerkte. In der letzten Pause gerieten die beiden dann richtig aneinander. Dabei beschimpfte Michael seinen Klassenkameraden mit den Worten „Du Scheiß-Ausländer".

M 12 Das Klassenklima

Ergänze den Fragebogen um weitere Aussagen zur Ermittlung des Klassenklimas.

	JA	NEIN
Ich fühle mich in meiner Klasse wohl		
Mitschüler lassen mich nicht zu Wort kommen		
Was ich sage oder mache, wird ständig von Mitschüler(innen) kritisiert		
Mitschüler wollen nicht mit mir zusammenarbeiten		
Ich werde von anderen wie Luft behandelt		
Mitschüler sprechen hinter meinem Rücken schlecht über mich		
Mitschüler machen mich vor anderen lächerlich		
Jemand macht mein Aussehen oder meine Kleidung lächerlich		
Ein Mitschüler droht mir mit körperlicher Gewalt		
Ich fühle mich von meinen Lehrern ernst genommen		
Ich bin schon häufiger von meinen Lehrern unfair behandelt worden		
...		

M 13 Wenn zwei sich streiten, ist das ein Fall für Annica

Annica ist Konfliktlotsin an ihrer Schule. Ihre Aufgabe: Streit schlichten und Frieden schaffen.

Annica ist 15 Jahre alt, sie geht in die 9. Klasse. Und manchmal kommt sie zu spät zum Unterricht. Wie andere auch. Nur: Annica darf das. Die 15-Jährige ist seit einem halben Jahr eine sogenannte Konfliktlotsin oder Mediatorin, wie es in der Fachsprache heißt. Übersetzt heißt das: Als Michael aus der 7. Klasse auf dem Schulhof seine Klassenkameraden mit „Scheiß-Ausländer" anbrüllte und dazu die Faust reckte, hatte Annica ihren ersten Fall. Sie sollte den Streit schlichten. Die Lehrer schickten die beiden Gegner zu ihr.

Annica hatte an diesem Tag im Mai

Sprechstunde – im ehemaligen Erste-Hilfe-Zimmer. Jeden Tag wartet hier in der Pause ein Zweier-Team der Schlichter darauf, dass entweder zwei Streitende freiwillig kommen oder die Lehrer Druck machen. Die große Pause reichte für Michael und seinen Klassenkameraden nicht. Eine weitere Pause und eine Sitzung nach der Schule waren notwendig. Eineinhalb Stunden dauerte das Gespräch insgesamt, bis die beiden Jungs friedlich auseinandergingen – „jeder im Gefühl, gewonnen zu haben", sagt Annica. „Wir haben die Lösung dann schriftlich in einem Vertrag festgehalten. Das Wichtigste ist, dass wir uns neutral verhalten."

nach: Matthias Eggert, in: fluter, September 2003, S.48 f.

M 14 Fünf Schritte zur Konfliktlösung

1. Schritt: Die Streitschlichter erklären den Streitenden wichtige Regeln. Dazu zählen:

- Wenn einer spricht, hört der andere ihm zu und unterbricht ihn nicht.
- Jeder sagt, was er denkt, offen und ehrlich.
- Beleidigungen sind strengstens verboten.

2. Schritt: Jeder erhält die Gelegenheit, die eigene Sicht des Streites ausführlich darzustellen. Bei Unklarheiten kann der Streitschlichter nachfragen.

3. Schritt: Der Schlichter fordert die Streitenden dazu auf, die Sichtweise des jeweils anderen einzunehmen und sich in dessen Gefühle zu versetzen. Beide sollen damit Verständnis füreinander entwickeln.

4. Schritt: Die Streitparteien entwickeln eigene Vorschläge zur Streitlösung und verständigen sich. Nur im Notfall bzw. auf Wunsch der jeweiligen Parteien können Vorschläge auch durch die Streitschlichter erfolgen.

5. Schritt: Die Lösung wird schriftlich festgehalten und von den Streitenden vertraglich besiegelt. Nach der Unterschrift reichen sich die ursprünglichen Kontrahenten zur Versöhnung die Hand.

Aufgaben

1. Nenne weitere typische Ursachen für Konflikte in der Klasse (M 11).
2. Ermittelt mit Hilfe des Fragebogens (anonym), wie das Klima in eurer Klasse ist. Wiederholt die Umfrage zu einem späteren Zeitpunkt und vergleicht die Ergebnisse (M 12).
3. Beschreibe die Arbeit eines Konfliktlosen (M 13).
4. Formuliert Vorschläge, wie der Streit zwischen Michael und Fatih gelöst werden könnte (M 11, M 14).
5. Arbeitet anschließend einen Streitschlichter-Vertrag für Michael und Fatih aus. Legt dazu genau fest, was in dem Vertrag stehen soll (M 14).

Was wir wissen

Klassensprecherin oder Klassensprecher
M 2, M 4 – M 6

Schülerinnen und Schüler haben im Schulalltag ganz eigene Interessen und Probleme. Eine wichtige Stellung bei der Interessenvertretung hat der Klassensprecher. Er sowie sein Stellvertreter werden von jeder Klasse zu Beginn des Schuljahres innerhalb der ersten drei Wochen gewählt. Der Klassensprecher vertritt die Klasse im Schülerrat. Er bringt die Anregungen der Klasse dort ein und berichtet der Klasse regelmäßig über die Sitzungen und Aktivitäten. Des Weiteren vertritt er seine Klasse gegenüber den Lehrkräften und wenn nötig auch gegenüber der Schulleitung. Der Klassensprecher muss kein Superstar sein. Er sollte aber eine ausgleichende Persönlichkeit sein und seine Meinung gut vertreten können.

Mitbestimmungsrechte von Schülern
M 8

Um ihre Interessen und Probleme gegenüber den Lehrern oder der Schulleitung einbringen zu können, haben Schülerinnen und Schüler bestimmte Mitspracherechte oder das Recht, in bestimmten Gremien vertreten zu sein. Diese Rechte sind im Schulgesetz für Baden-Württemberg und der Verordnung des Kultusministeriums über Einrichtung und Aufgaben der Schülermitverantwortung (SMV) geregelt. Das wichtigste Mitsprachegremium ist der Schülerrat, der sich aus allen Klassensprechern und Stellvertretern zusammensetzt. Er wählt den Schulsprecher und dessen Stellvertreter. Als Bindeglied zwischen Schulleitung und Klassenschülerschaften informiert er über die Angelegenheiten der Schule und vertritt die Interessen aller Schüler gegenüber der Schulleitung.

Konflikte

Im Schulleben kommt immer wieder zu Konflikten. Viele Konflikte lassen sich klar und verbindlich lösen, weil es rechtliche Regeln dafür gibt. Zu diesen Regeln gehören das Schulgesetz und die Schulordnung. Offene Gewalt oder Mobbing können das Klima in der Schule vergiften. Mobbing ist eine Form von Gewalt, sowohl körperlicher als auch seelischer. Viele Konflikte lassen sich entschärfen, wenn man einfache Verhaltensregeln beachtet. Pauschale Vorwürfe, Beleidigungen und Unterstellungen verhindern eine konstruktive Konfliktlösung. Positiv wirkt sich aus, wenn man respektvoll miteinander umgeht, dem anderen zuhört, ihn ausreden lässt und kompromissbereit ist.

Streitschlichtung
M 13, M 14

Vielfach ist es sinnvoll, wenn bei schwierigen Konflikten neutrale Streitschlichter vermitteln. Sie versuchen in Gesprächen, das Problem genau zu benennen, damit die Streitparteien auf dieser Basis eine Lösung selbst erarbeiten können, die beide Seiten akzeptieren. Die Lösung sollte schriftlich festgehalten werden, damit sie mehr Verbindlichkeit erhält.

Was wir können

Begriffsreihen

1. Klassensprecher | Schülersprecher | Schulleiter | Schülerrat

2. Geheime Wahl | Meinungsumfrage | Stimmzettel | Kandidaten

3. Konflikt | Lösung | Streitschlichter | Eltern

4. Gewalt | Mobbing | Klassenklima | Pause

Aufgabe
Welcher Begriff passt nicht in die Reihe? Begründe deine Entscheidung.

Qual der Wahl

In der 8 a stehen Wahlen zum Klassensprecher an. Frau Tönnes, die Lehrerin der 8 a, gibt vor der Wahl bekannt, dass nur die Stimmen der Schülerinnen und Schüler gezählt werden, die im Fach Politik mindestens die Zeugnisnote „befriedigend" hatten. Die Stimmen derjenigen mit der Note „sehr gut" zählen doppelt. Sie schlägt vor, dass die Wahl der Einfachheit halber durch Handzeichen entschieden werden soll. Die Kandidaten werden an die Tafel geschrieben und nacheinander aufgerufen. Die Wunschkandidaten von Frau Tönnes werden mit einem kleinen Sternchen markiert. Die Lehrerin zählt dann die per Handzeichen abgegebenen Stimmen. Derjenige, der die meisten Stimmen erhalten hat, gewinnt die Wahl. Der mit der zweithöchsten Stimmenzahl wird zum Stellvertreter ernannt.

Aufgabe
Prüft in Partnerarbeit, welche der Wahlrechtsgrundsätze in diesem Beispiel verletzt wurden. Beschreibt, wie deren Einhaltung bei der Klassensprecherwahl sichergestellt werden kann. Übertragt dazu die Tabelle in euer Heft.

Wahlrechtsgrundsätze	verletzt ja/nein	Begründung	Einhaltung sichern durch ...

3.2 Politik in der Gemeinde

Ein Streitfall in der Gemeinde

M 1 Lagerkoller in Metzingen

Wenn man auf der Bundesstraße 28 durch Metzingen fährt, sieht man auf der einen Seite Fachwerkhäuser mit Blumenrabatten und auf der anderen Seite Rabattschilder von Boss, Adidas und Joop. Auf der linken Seite sind die Straßen gepflastert, die Leute holen sich Schweinehals mit Kartoffelsalat am Mittagstisch der Metzgerei. Und auf der rechten Seite kommen Menschen bis aus Asien an den Rand der Schwäbischen Alb und rennen mit Coffee to go und Tüten durch die Läden. Mittlerweile kommen rund 2,5 Millionen Besucher im Jahr nach Metzingen, das selbst nur 22.000 Einwohner hat. Im Jahr 2008 plante die ortsansässige Firma Boss, ein zentrales Verteilungszentrum im Gewerbegebiet Metzingen zu errichten, eine Halle von 300 Meter Länge, fast 200 Meter Breite und 20 Meter Höhe. Boss wollte die Halle grün streichen und auf dem Dach einen Garten anlegen.

nach: Bernd Dörries, Süddeutsche Zeitung, 5.9.2008

M 2 Widerstand formiert sich

Bürgerinitiative

Ein von Parteien und Verbänden meist unabhängiger Zusammenschluss von Bürgern, die sich zu einer Aktionsgruppe zusammenfinden, um ein gemeinsames Ziel zu verfolgen. Meist richtet sich eine Bürgerinitiative gegen ein verkehrspolitisches Projekt (Bau einer Straße oder eines Flughafens) oder gegen die Bebauung von Naturschutzgebieten.
Im Unterschied zu politischen Parteien versuchen sie nicht, über Wahlen politische Macht zu erlangen.
Es gibt mehrere tausend Bürgerinitiativen in der Bundesrepublik Deutschland.

Der Metzinger Gemeinderat hat sich ein Bild von dem Gelände gemacht, an dem der Modekonzern Hugo Boss sein umstrittenes Distributionszentrum plant. So hatte eine Metzinger Bürgerinitiative zur Menschenkette auf dem möglichen Bauplatz aufgerufen. Rund fünfhundert Metzinger waren dem Aufruf der Bürgerinitiative gefolgt. Friedlich demonstrierten sie auf dem Baugelände im geplanten Gewerbegebiet Braike-Wangen zwischen Metzingen und Neuhausen. „Das Gelände ist eigentlich seit Jahrzehnten für mittelständische Unternehmen vorgesehen“, kritisiert David Reusch von der Bürgerinitiative. Es sind vor allem die Dimensionen des geplanten Bauwerks, die bei den Bürgern auf Kritik stoßen. Mit gelben Luftballons hatte der Gemeinderat die Eckpunkte des Gebäudes markieren lassen – weitaus größer als das Fußballstadion in Stuttgart, wie ein Demonstrant kritisiert. Auf der einen Seite Meinungsäußerung, auf der anderen Seite Meinungsbildung. Der Metzinger Gemeinderat hatte den Vor-Ort-Termin angesetzt, um sich im Gelände ein Bild vom geplanten Gebäude zu machen. „Unsere Aufgabe ist es, gewissenhaft abzuwägen zwischen Ökonomie und Ökologie“, betonte Oberbürgermeister Dieter Hauswirth. Noch sei nichts entschieden.

nach: http://www.rtf1.de/archiv/news-archive-27-4-2008.shtml (3. Mai 2008)

M 3 Kontrovers diskutiert: Soll in Metzingen ein Distributionszentrum gebaut werden?

Die Auseinandersetzung um den Bau des Distributionszentrums der Firma Boss in Metzingen drehte sich im Wesentlichen um diese Argumente:

Pro	Kontra
Die Schaffung von Arbeitsplätzen Es sind 400 neue Arbeitsplätze geplant. Es werden sowohl Ingenieure, Facharbeiter als auch angelernte Arbeiter eingestellt.	**Baukörper und Flächenverbrauch** Das Gebäude ist riesig, dominiert optisch das gesamte Tal und beeinträchtigt die Landschaft.
Steuereinnahmen Durch die Ansiedlung werden voraussichtlich die Steuereinnahmen weiter steigen.	**Verkehrsaufkommen** Es muss mit einem höheren Verkehrsaufkommen gerechnet werden, da LKWs die Waren an- und abliefern.
Naturschutz Das Klimagutachten weist nach, dass der Abfluss der Kaltluftströme nicht beeinträchtigt wird, da die Kaltluftschneisen frei gehalten werden.	**Gewerbegebiet** Da dies das letzte ausgewiesene Gewerbegebiet ist, haben andere Firmen wenig Möglichkeiten zu bauen, da die Firma Boss große Teile der Fläche beansprucht.

M 4 So steht Oberbürgermeister Hauswirth zum Bau des Distributionszentrums

Die Arbeitsplätze, die hier geschaffen werden, sind ein wichtiges Argument für den Bau des Distributionszentrums. [...] Viele Projekte im schulischen, sozialen, kulturellen und baulichen Bereich konnten bisher nur aufgrund der für eine Stadt unserer Größenordnung überdurchschnittlichen Steuereinnahmen realisiert werden. [...] Die Erziehung, Bildung und Betreuung unserer Kinder, aber auch die ambulante und stationäre Versorgung unserer Senioren, sowie die weitere Verbesserung unserer Infrastruktur stellt uns in den nächsten Jahren vor neue Herausforderungen, die wir nur bewältigen und finanzieren können, wenn Metzingen ein starker und attraktiver Wirtschaftsstandort bleibt.

Informationsblatt der Stadt Metzingen

M 5 So steht der Gemeinderat zum Bau des Distributionszentrums

Die Fraktionen im Gemeinderat haben (die) Argumente sorgfältig abgewogen. Mit einer breiten Mehrheit von 16 Ja-Stimmen bei 6 Nein-Stimmen und zwei Enthaltungen haben sich die Mitglieder des Gemeinderats für dieses Projekt entschieden.

Informationsblatt der Stadt Metzingen

Über den Bau des Distributionszentrums wurde schließlich per Bürgerentscheid entschieden. Vgl. dazu M 8.

Methode

M 6 Mit einfachen Modellen arbeiten – Konflikte analysieren

Die Menschen haben unterschiedliche Interessen und Wertvorstellungen. Dort, wo viele Menschen zusammen leben, kommt es deshalb immer wieder zu Konflikten. Natürlich ist nicht jeder Konflikt ein politischer Konflikt. Wenn sich zwei Nachbarn um einen Gartenzaun streiten, dann ist dies nicht von öffentlichem Interesse. Ein politischer Konflikt betrifft die Allgemeinheit viel stärker, z. B. wenn darüber entschieden werden muss, wofür die Gemeinde ihr Geld ausgeben soll oder man sich streitet, ob eine Straße gebaut werden soll oder nicht. Aufgabe der Politik ist es, für gesellschaftliche Konflikte eine gerechte und verbindliche Lösung zu finden, die von der Mehrheit akzeptiert werden kann. Die Konfliktlösung erfolgt so in geordneten Bahnen. Es kann hilfreich sein, Konflikte in einem Modell grafisch darzustellen. Ein Modell versucht, die Wirklichkeit vereinfacht abzubilden. Dabei wird nur das Wesentliche dargestellt, auf die Darstellung unwichtiger Einzelheiten wird verzichtet.

Folgende Leitfragen sollten beantwortet werden:

- Wer streitet sich mit wem? Welche unterschiedlichen Interessen haben die beteiligten Gruppen und welche Machtmittel haben sie zur Durchsetzung ihrer Interessen?
- Worum geht es? Worüber wird gestritten? Was ist das „Gut“, das so umstritten ist?
- Wie kann der Streit gelöst werden? Bedarf der Streit einer allgemein verbindlichen Lösung? Wer darf eine Entscheidung treffen (z. B. der Bürgermeister oder die Gemeindevertretung)?
- Wie kann ein gerechter Interessenausgleich aussehen?

Schema eines Konfliktmodells:

Fall: Eine Gemeinde hat beschlossen, einen Skaterpark zu errichten. Nun wird gestritten, wo dieser errichtet werden soll. Ein Standort in einem Wohngebiet wird diskutiert.

Was darf in einem Wohngebiet gebaut werden?

Interessen der Skater

- Wollen einen Skaterpark haben
- Skaterpark soll zentral sein und gut zu erreichen
- Wollen nicht ins Industriegebiet abgeschoben werden

Interessen der Anwohner

- Wollen den Skaterpark nicht in ihrem Wohngebiet haben
- Wollen nicht gestört werden und ihre Ruhe haben
- Skaterpark soll ins Industriegebiet
- Haben Angst, dass ihre Häuser an Wert verlieren

Konflikt

Hier sind die finanziellen Mittel vorhanden. Es geht um die Frage des Standorts.

M 7 Wie kann man sich einbringen?

einen Brief an den Bürgermeister oder die Gemeindevertretung schreiben	sich für einen Bürgerentscheid einsetzen	an einer Bürgerversammlung teilnehmen
an einer Demonstration teilnehmen	ein Ehrenamt übernehmen	ein Flugblatt verfassen
einen Infostand organisieren	einer Partei beitreten	Rechtsmittel einlegen
an einer Bürgerinitiative mitwirken	Unterschriften sammeln	wählen gehen
	Leserbrief an die Zeitung schreiben	Zeitung lesen
		Bürgersprechstunden nutzen

Aufgaben

1. Ob in Metzingen ein großes Distributionszentrum gebaut werden soll, war umstritten. Bewerte die in M 1 – M 5 genannten Argumente für und wider das Projekt. Gewichte die einzelnen Argumente und begründe deine Position.
2. Zeichne für den Streit um das Bauvorhaben in Metzingen ein Konfliktmodell wie in M 6 und fasse jeweils kurz zusammen, wie die Beteiligten zum dem Bauprojekt stehen.
3. Ordne die Beteilgungsformen in M 7 den Kategorien „sich informieren“, „seine eigene Meinung zum Ausdruck bringen“, „sich organisieren“ zu. Nimm Stellung, welche Beteiligungsformen du für besonders wirkungsvoll erachtest.

Entwirf ein Flugblatt, mit dem du für oder gegen den Bau des Distributionszentrums wirbst.

Brauchen wir (mehr) direkte Demokratie in der Gemeinde?

M 8 Der Bürgerentscheid zum Distributionszentrum in Metzingen

Eine Bürgerinitiative in Metzingen sammelte über 3.000 Unterschriften, um einen Bürgerentscheid über das geplante Distributionszentrum (vgl. dazu M 1 – M 5) herbeizuführen. Am 9.7.2008 sprach sich der Gemeinderat für einen Bürgerentscheid aus, der am 31.8.2008 stattfand.

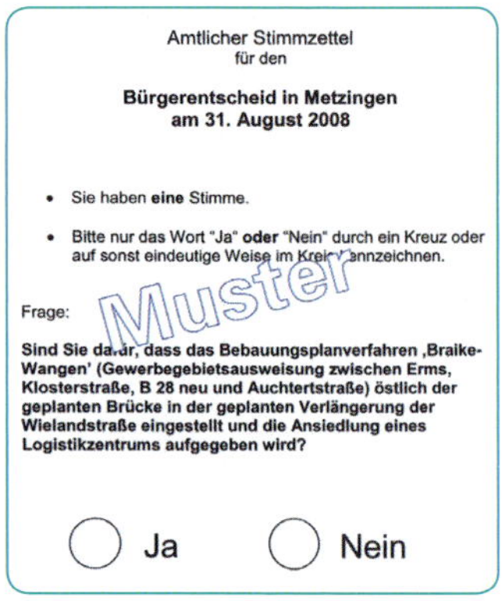

Amtlicher Stimmzettel
für den

**Bürgerentscheid in Metzingen
am 31. August 2008**

- Sie haben **eine** Stimme.
- Bitte nur das Wort "Ja" **oder** "Nein" durch ein Kreuz oder auf sonst eindeutige Weise im Kreis kennzeichnen.

Muster

Frage:

Sind Sie dafür, dass das Bebauungsplanverfahren ‚Braike-Wangen' (Gewerbegebietsausweisung zwischen Erms, Klosterstraße, B 28 neu und Auchtertstraße) östlich der geplanten Brücke in der geplanten Verlängerung der Wielandstraße eingestellt und die Ansiedlung eines Logistikzentrums aufgegeben wird?

○ Ja ○ Nein

Ergebnis Bürgerentscheid Metzingen	
Erforderliches Quorum:	4.112
Endergebnis:	
Abstimmungsberechtigte insges.:	16.448
Abgegebene Stimmen:	7.156
Ungültige Stimmen:	11
Gültige Stimmen:	7.145
Abstimmungsbeteiligung:	43,5 %
Ja-Stimmen:	4.372
Nein-Stimmen:	2.773

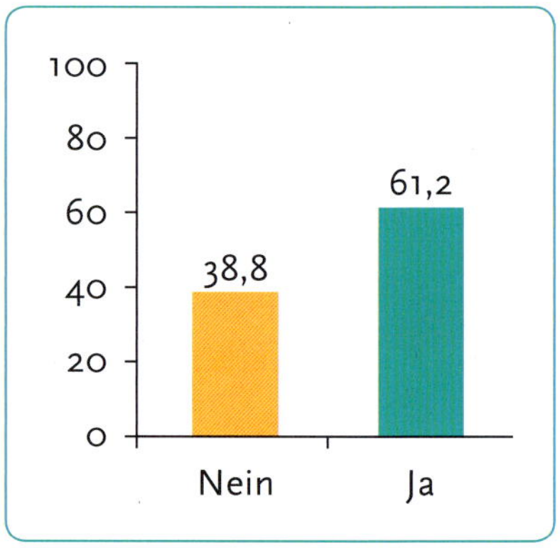

M 9 Formen der direkten Demokratie auf Gemeindeebene

In der Gemeindeordnung für Baden-Württemberg ist festgelegt, dass die Bürgerinnen und Bürger Bürgermeister und Gemeinderäte wählen dürfen, die ihre Interessen vertreten. Darüber hinaus sieht die Gemeindeordnung aber auch vor, dass die Bürgerinnen und Bürger auf direktem Wege Entscheidungen treffen.

§ 21 Bürgerentscheid, Bürgerbegehren

(3) Über eine Angelegenheit [...] der Gemeinde, für die der Gemeinderat zuständig ist, kann die Bürgerschaft einen Bürgerentscheid beantragen (Bürgerbegehren). [...] Das Bürgerbegehren muss die zur Entscheidung zu bringende Frage, eine Begründung und einen nach den gesetzlichen Bestimmungen durchführbaren Vorschlag für die Deckung der Kosten der verlangten Maßnahme enthalten. Es muss von mindestens 10 vom Hundert der Bürger unterzeichnet sein [...].

(6) Bei einem Bürgerentscheid ist die gestellte Frage in dem Sinne entschieden, in dem sie von der Mehrheit der gültigen Stimmen beantwortet wurde, sofern diese Mehrheit mindestens 25 vom Hundert der Stimmberechtigten beträgt. Bei Stimmengleichheit gilt die Frage als mit Nein beantwortet. Ist die nach Satz 1 erforderliche Mehrheit nicht erreicht worden, hat der Gemeinderat die Angelegenheit zu entscheiden.

(7) Der Bürgerentscheid hat die Wirkung eines endgültigen Beschlusses des Gemeinderats. Er kann innerhalb von drei Jahren nur durch einen neuen Bürgerentscheid abgeändert werden.

Gemeindeordnung Baden-Württemberg (GemO), zuletzt geändert am 9.11.2010

⊕

Überprüfe mit Hilfe von M 9, ob folgende Bürgerentscheide erfolgreich waren.

a) Eine Gemeinde hat 50.000 Stimmberechtigte. Bei einem Bürgerentscheid beteiligen sich 14.000 Bürger an der Abstimmung, davon stimmen 11.000 für und 3.000 gegen das Begehren.

b) In einem zweiten Bürgerentscheid in der gleichen Gemeinde beteiligen sich 16.000 Bürger an der Abstimmung, davon stimmen 13.000 für und 3.000 gegen das Begehren.

M 10 Zwei Formen der Demokratie

Es gibt unterschiedliche Formen der Demokratie. Eine Form ist die **direkte Demokratie**, bei der das Volk (z. B. in Gestalt einer Volksversammlung) die Staatsgewalt unmittelbar (das heißt direkt) ausübt. Es entscheidet mit Volksabstimmungen („Plebiszit") über alle politisch wichtigen Anliegen, einschließlich der Wahl und Abwahl wichtiger Amtsträger in Staat und Gesellschaft.

Im Gegensatz zur direkten Demokratie wird die Herrschaft in der **repräsentativen Demokratie** mittelbar (das heißt indirekt) über vom Volk gewählte „Abgeordnete" ausgeübt. Diese sind „Repräsentanten" des Volkes und sollen für dieses in eigener Verantwortung zeitlich befristet handeln, wobei ihr Auftrag sich in regelmäßig stattfindenden Wahlen bewähren muss und erneuert werden kann.

Direkt-Demokratie unter freiem Himmel: Volksabstimmung im Schweizer Kanton Appenzell-Innerrhoden.

M 11 Kontrovers diskutiert: direkte Demokratie

Demokratie heißt Regierung durch das Volk und für das Volk. Das Volk sollte also auch entscheiden können, wo es lang geht.

Viele Leute sind überfordert mit der Entscheidung politischer Fragen. Sie haben nicht die Zeit, sich ausreichend zu informieren.

Wenn Bürger selbst entscheiden (müssen) und dadurch direkt in die Verantwortung genommen werden, sind sie eher bereit, eventuelle negative Folgen zu ertragen.

Aktuelle Stimmungslagen beeinflussen das Ergebnis. Was ist, wenn in einer Volksabstimmung kurz nach dem Bekanntwerden eines schweren Verbrechens die Einführung der Todesstrafe beschlossen wird?

Politische Probleme sind kompliziert, sie lassen sich oft nicht einfach in eine Ja/Nein-Abstimmungsvorlage pressen.

Volksabstimmungen reduzieren die Gefahr, dass die Politiker abheben und sich zu weit von den Bürgerinnen und Bürgern entfernen.

Eva Rothfuss, http://www.jugendnetz.de (12.6.2011)

Im Deutschen Bundestag stimmen die Abgeordneten über ein Gesetz ab.

Aufgaben

1. Diskutiert vor dem Hintergrund des Metzinger Bürgerentscheids die Vor- und Nachteile direkter Demokratie (M 8 – M 11). Ordnet dazu die Argumente zunächst in Pro und Kontra.
2. Der Oberbürgermeister hatte sich klar für das Projekt ausgesprochen. Nach der Entscheidung der Bürger ist er zurückgetreten. Beurteilt seine Entscheidung (M 10, M 11).

Nach dem Bürgerentscheid

„Auch als kleiner Kommunalpolitiker muss man glaubhaft bleiben. Ich hänge zwar an meinem Amt, klebe aber nicht an meinem Sessel", sagte Oberbürgermeister Hauswirth Vertretern der Lokalpresse und trat von seinem Amt zurück.

Jugendgemeinderäte – mehr Mitbestimmung für Jugendliche?

M 12 Engagement für den Jugendgemeinderat

Ich möchte in den Jugendgemeinderat, weil ich meine Meinung sagen und den Jugendlichen Perspektiven zeigen möchte. Mir macht es Spaß, vor anderen Menschen zu sprechen.

Tamina Erkrad, 14 Jahre, Jacob-Haller-Realschule

Ich möchte mich im Jugendgemeinderat beteiligen, um Bolz-, Spiel- und Sportplätze für junge Menschen attraktiver zu machen und euer Ansprechpartner für Verbesserungsvorschläge in Neustadt zu werden.

Julia Roggensted, 14 Jahre, Neustadt-Gymnasium

Ich kandidiere für den Jugendgemeinderat, weil ich eure Interessen und Vorschläge gewissenhaft gegenüber der Stadt vertreten und mich für ganzjährige Freizeitangebote, z. B. eine Eisbahn, einsetzen werde.

Paolo Ricacelli, 16 Jahre, Neustadt-Gymnasium

Wir junge Menschen finden doch kein Gehör und die Politiker machen nur das, was die älteren Wähler wollen. Wir Jungen brauchen eine Stimme in der Gemeinde.

Jakob Erzberger, 11 Jahre, Jacob-Haller-Realschule

M 13 Beteiligungsrechte von Kindern und Jugendlichen in Baden-Württemberg

§ 41 a Beteiligung von Jugendlichen

(1) Die Gemeinde kann Jugendliche bei Planungen und Vorhaben, die ihre Interessen berühren, in angemessener Weise beteiligen. Sie kann einen Jugendgemeinderat oder eine andere Jugendvertretung einrichten. Die Mitglieder der Jugendvertretung sind ehrenamtlich tätig.

(2) Durch die Geschäftsordnung kann die Beteiligung von Mitgliedern der Jugendvertretung an den Sitzungen des Gemeinderats in Jugendangelegenheiten geregelt werden; insbesondere können ein Vorschlagsrecht und ein Anhörungsrecht vorgesehen werden.

Gemeindeordnung Baden-Württemberg (GemO), zuletzt geändert am 9.11.2010

M 14 Junge Bürgerinnen und Bürger mischen sich ein – der Jugendgemeinderat

Claudia Epple besuchte das Friedrich-List-Gymnasium in Reutlingen und war Mitglied im Jugendgemeinderat (JGR) der Stadt Reutlingen.

Claudia, warum engagierst du dich im Jugendgemeinderat?

Dieses Jugendgremium bietet mir die Möglichkeit, einen Einblick in die „kleine Politik" zu erhalten. Außerdem habe ich die Chance, verschiedene Entscheidungsabläufe einer Verwaltungsbehörde zu verfolgen. Interessant sind auch die Diskussionen mit den anderen Jugendgemeinderäten, die oft völlig unterschiedliche Ansichten haben. Darüber hinaus habe ich die Möglichkeit, in verschiedenen Ausschüssen mitzuarbeiten und hier begrenzte Themengebiete kennen zu lernen, konkrete Vorschläge für das Plenum zu entwerfen und diese auch durchzusetzen. Zudem bietet die Stadt Reutlingen den Jugendgemeinderäten die Teilnahme an zahlreichen Fortbildungen an. Hierbei habe ich an äußerst interessanten und lehrreichen Seminaren über Rhetorik, Körpersprache und Verhandlungstaktik teilgenommen.

Einige Menschen sagen, dass die Jugendgemeinderäte in den Gemeinden und Städten wenig zu sagen hätten. Stimmt das so?

Natürlich haben wir in der „großen Politik" nichts zu entscheiden. Doch bei jugendtypischen Themen werden wir von Anfang an mit einbezogen. Hier wird unser Votum respektiert. Darüber hinaus haben wir einen eigenen Haushaltsplan sowie finanzielle Mittel, mit denen wir sinnvoll und nachvollziehbar umgehen und der Stadt gegenüber Rechenschaft ablegen müssen. Unabhängig davon sprechen wir Themen an, die uns interessieren und haben jederzeit die Möglichkeit, mit unserer Vorsitzenden – der Oberbürgermeisterin –, den Gemeinderäten oder auch der Verwaltung, in direkten Kontakt zutreten.

Jugendgemeinderäte sollen dafür sorgen, dass die Interessen junger Menschen gehört werden. Was waren eure größten Erfolge bisher?

Die Einführung der Nachtbusse (anstelle von Taxis) zählt in jedem Falle zu einem der größten und wichtigsten Erfolge unseres Jugendgemeinderates. Auch die Vergrößerung der Skateranlage sowie die Ergänzung neuer Pipes, entgegen des ursprünglichen Vorschlages der Verwaltung, zählen zu unseren Highlights. Durch all' diese Aktionen ist der JGR in der Öffentlichkeit präsent und tritt somit auch für Außenstehende erkennbar in Erscheinung.

Interview: Erik Müller

Aufgaben

1. Stelle ausgehend von M 12 und M 14 zusammen, was aus der Sicht der Jugendlichen für ein Engagement im Jugendgemeinderat spricht.
2. Setzt euch in Gruppen zusammen und diskutiert, was ihr in eurer Stadt für Jugendliche verändern würdet. Präsentiert das Ergebnis in der Klasse oder im Jugendgemeinderat.
3. Ladet Mitglieder des Jugendgemeinderats in den Unterricht ein und diskutiert die Frage, ob Jugendliche ausreichend Einfluss auf die Kommunalpolitik haben (M 13, M 14).
4. „Wer sich nicht einmischt, der verliert sein Recht, sich zu beschweren." Nimm Stellung zu dieser Aussage.

Wählen mit 16 – soll das Wahlalter gesenkt werden?

M 15 Jugendforscher für Bremer Modell auf Bundesebene

Der 16-jährige Felix von Mülmann gibt am 22.5.2011 in Bremen seinen Stimmzettel für die Bürgerschaftswahl ab.

Nach den Bürgerschaftswahlen in Bremen fordert der Jugendforscher Klaus Hurrelmann die bundesweite Einführung des Wahlrechts ab 16 Jahren. In Bremen konnten erstmals bei einer Landtagswahl 16- und 17-Jährige ihre Stimme abgeben. Der „Neuen Presse" sagte Hurrelmann: „In einer Demokratie muss immer wieder kritisch hinterfragt werden, mit welchem Recht wir Teile der Bevölkerung von einer Wahl ausschließen." Die Entwicklung der Jugendlichen habe sich beschleunigt, man habe viel Verantwortung für seine Bildungslaufbahn, für das persönliche Leben, auch oft schon weitgehend für finanzielle Belange. „Das spricht dafür, das Wahlalter herunterzusetzen", so der Wissenschaftler.

http://www.radiobremen.de/politik/nachrichten/politikbremenwahlrecht102.html (24.5.2011)

M 16 Die Entwicklung des Wahlalters in Deutschland

Es war der 31. Juli des Jahres 1970, als die Abgeordneten des Deutschen Bundestages entschieden, das Mindestwahlalter, das bis dahin bei 21 Jahren lag, zu senken. Seitdem steht in Artikel 38 des Grundgesetzes: „Wahlberechtigt ist, wer das achtzehnte Lebensjahr vollendet hat." Die Geschichte der Demokratie ist auch eine Geschichte der Auseinandersetzung über das „richtige" Wahlalter. Trotz der Senkung des Wahlalters auf 18 Jahre blieb die Frage auf der politischen Tagesordnung und ist bis heute unterschiedlich geregelt. In einigen Bundesländern gibt es das Wahlrecht ab 16 auf kommunaler Ebene. Es wurde in Niedersachsen 1995 erstmals eingeführt.
Anschließend haben weitere fünf der 16 Bundesländer das Wahlalter auf Gemeindeebene herabgesetzt. In Baden-Württemberg dürfen jedoch nach wie vor nur 18-Jährige über die Zusammensetzung der Gemeinderäte abstimmen und bei Direktwahlen mitentscheiden, wer neuer Bürgermeister wird. Auch bei Landtags-, Bundestags- und Europawahlen gilt nach wie vor bundesweit das Wahlrecht ab 18 Jahren – mit einer Ausnahme: In Bremen dürfen seit 2011 16- und 17-Jährige die Bürgerschaft (vergleichbar mit einer Landtagswahl) mitwählen. Als erster Staat in Europa hat unser Nachbar Österreich 2007 das Wahlalter generell auf 16 Jahre gesenkt – und damit gute Erfahrung gemacht. Die Diskussion um das richtige Wahlalter wird deshalb auch bei uns weitergehen.

Wahlalter international

ab 16	Österreich, Brasilien, Nicaragua, Kuba, in Bosnien-Herzegowina, Slowenien, Kroatien bei Berufstätigkeit
ab 17	Seychellen, Indonesien
ab 18	fast weltweit
ab 20	Japan, Südkorea
ab 21	Fidschi, Gabun, Kuwait

M 17 Das Jugendwahlrecht in der Diskussion

Auch viele Erwachsene sind „politische Analphabeten" und leicht beeinflussbar. Warum sollte man von Jugendlichen höhere Qualifikationen fordern? Sie müssen heute schon sehr früh Entscheidungen treffen und Verantwortung übernehmen.

16-Jährige sind politisch unreif. Auch wenn sie heute einen höheren Bildungsstand haben als früher, sind sie noch nicht fähig, sich ein vernünftiges Urteil in einer Welt zu bilden, die immer komplizierter wird. Deshalb sind sie leicht manipulierbar.

Demokratie darf Jugendliche nicht ausschließen. Repräsentative Wahlstatistiken zeigen: Das Wahlverhalten von Erstwählern weicht nicht eklatant von dem anderer Bevölkerungsteile ab. Die Ausgrenzung fördert erst die Neigung zur Radikalität.

Jugendliche haben eine Abneigung gegen Parteien und Mandatsträger. Deshalb neigen sie zu politischem Extremismus. Das ist eine Gefahr für die Stabilität der Demokratie.

16- und 17-Jährige haben existenzielle Interessen, die von Erwachsenen wenig oder gar nicht vertreten werden. Außerdem erhalten Jugendliche ab dem 16. Lebensjahr eine Reihe von Rechten zugesprochen wie zum Beispiel Ehefähigkeit, Eidesfähigkeit usw.

Wer wählen will, der muss auch volljährig und strafmündig sein. Wer strafrechtlich nicht voll verantwortlich ist für sein Verhalten, kann auch nicht verantwortlich sein für das Schicksal des Staates.

Jugendliche stehen Parteien, Mandatsträgern und Wahlen ablehnend gegenüber. Ein früherer Zugang zu Wahlen trifft deshalb die Interessen der Jugendlichen nicht. Es ist sinnvoller, die von Jugendlichen favorisierten Elemente direkter Politik auszubauen und ihnen die Chance zu geben, in Jugendparlamenten oder Anhörungen etc. zu Wort zu kommen.

Jugendliche haben das Gefühl, nicht ernst genommen zu werden. Die Politikverdrossenheit unter jungen Menschen wird abnehmen, wenn sie durch das aktive Wahlrecht in die politische Entscheidungsfindung einbezogen werden: Wer weiß, dass er etwas bewirken kann, hat auch mehr Interesse an Politik.

Valentin Nann, Der Streit ums Wahlalter, fluter, 28.5.2002

Aufgaben

1. Wann ist ein Mensch „reif" für die Demokratie? Markiert im Klassenraum eine Strecke von 0-18 Jahren (z. B. vom Fenster bis zur Tür). Jeder von euch platziert sich dort, wo dieser Zustand seiner persönlichen Meinung nach erreicht ist. Begründet euren Standpunkt.
2. Beschreibe Stand und Entwicklung des Wahlalters in Deutschland (M 16).
3. Diskutiert, ob das Wahlalter generell auf 16 Jahre gesenkt werden sollte (M 15 – M 17).

zu Aufgabe 3
Stelle zunächst Pro- und Kontraargumente stichwortartig gegenüber. Ergänze gegebenenfalls weitere Argumente.

Was wir wissen

Politische Beteiligung
M 7

Demokratie lebt vom Einsatz ihrer Bürger. Auch Jugendliche haben Möglichkeiten, ihre Ziele zu formulieren und sich politisch dafür zu engagieren. Man kann dazu Gespräche mit Mitschülern, Freunden, Eltern führen, an öffentlichen Diskussionen und Anhörungen teilnehmen, Leserbriefe an Zeitungen schreiben, eine Bürgerinitiative gründen, an einer Demonstration mitwirken, Mitglied von einem Verein oder einer Partei werden oder für das Jugendparlament kandidieren.

Direkte Demokratie
M 8, M 10, M 11

In Baden-Württemberg können Einwohner eine Bürgerversammlung beantragen, auf der wichtige Gemeindeangelegenheiten erörtert werden, oder einen Bürgerantrag stellen, den der Gemeinderat behandeln muss.

Die Gemeindeordnung räumt den Bürgerinnen und Bürgern darüber hinaus Möglichkeiten ein, direkt über politische Probleme abzustimmen. So kann der Gemeinderat mit Zweidrittelmehrheit beschließen, eine bestimmte Angelegenheit durch einen Bürgerentscheid zur Abstimmung zu stellen. Mit einem Bürgerbegehren, das von mindestens 10 % der Wahlberechtigten unterzeichnet sein muss, können die Bürgerinnen und Bürger selbst einen Bürgerentscheid beantragen. Der Bürgerentscheid ist verbindlich, wenn die Stimmenmehrheit mindestens 25 % der Wahlberechtigten repräsentiert.

Jugendgemeinderäte
M 13

Die Gemeinden sind zudem verpflichtet, Kinder und Jugendliche in Entscheidungsverfahren, die sie betreffen, mit einzubeziehen. In vielen Gemeinden gibt es daher Jugendgemeinderäte. Aufgabe der Jugendgemeinderäte ist es, die Interessen von Jugendlichen gegenüber den politischen Verantwortlichen (z. B. den Gemeinderatsmitgliedern oder dem Bürgermeister) zu vertreten und den Dialog zu fördern. In der Regel können Vertreter der Jugendgemeinderäte ihre Anliegen direkt im Gemeinderat vortragen.

Wahlen
M 16, M 17

Wahlen gelten als die wichtigste Form der (indirekten) politischen Einflussnahme, denn damit werden die Mehrheits- und Machtverhältnisse eines repräsentativen Gremiums (Gemeinderat oder Parlament) festgelegt. Zwar sind die Repräsentanten (Gemeinderatsmitglieder, Abgeordnete) in ihren Entscheidungen frei, sie müssen aber die Interessen ihrer Wählerschaft vertreten, wenn sie wiedergewählt werden wollen. Jugendliche können in Baden-Württemberg erst ab dem 18. Lebensjahr an Kommunalwahlen teilnehmen. Befürworter einer Absenkung des Wahlalters sagen, dass Jugendliche sich bereits früh für Politik interessieren und über ihre Zukunft mitbestimmen wollen. Gegner des Wahlrechts mit 16 behaupten, dass Jugendliche noch nicht reif genug sind, um fundierte politische Urteile zu bilden.

Wie politisch ist die Jugend in Deutschland?

Klaus Hurrelmann ist ein deutscher Sozialwissenschaftler. Er leitet die Shell-Studie, bei der Sichtweisen, Stimmungen und Erwartungen von Jugendlichen in Deutschland ermittelt werden. Die letzte Studie wurde 2010 veröffentlicht.

ZEIT ONLINE: Was ist ihre Prognose: Wie tickt die Jugend 2010? [...]
Hurrelmann: Zu unserer Überraschung: ungeheuer sachlich. „Pragmatische Generation", haben wir sie 2006 genannt. Es gab damals eine unheimlich hohe Bereitschaft, in die eigene Bildung zu investieren. Man konnte von einer auffallend hohen Karriereorientiertheit sprechen, fast von einem Schuss Opportunismus[1]. Nach Kritik und Unzufriedenheit mussten wir fast mit der Lupe suchen. Was wir allerdings festgestellt haben, war ein ziemlich hoher Angstpegel. 50 Prozent der Jugendlichen spürten Druck im Alltag.
ZEIT ONLINE: Dabei war 2006 die Krise noch nicht einmal so allgegenwärtig wie heute ...
Hurrelmann: Eben. Eine Vermutung ist, dass der gefühlte Druck zugenommen haben dürfte.
ZEIT ONLINE: Irgendwann muss sich doch der Druck entladen oder ein Ventil suchen. Rechnen sie mit einer Repolitisierung oder gar Radikalisierung der Jugend?
Hurrelmann: Es gibt verschiedene Ventile: Das abgespaltene untere Fünftel der Generation ist aggressiver als früher. Sie suchen Sündenböcke, verarbeiten den Druck nach außen. Es ist sicher kein Zufall, dass fremdenfeindliche Gewalt zunimmt. Auch die jüngsten linken Ausschreitungen, etwa in Berlin, weisen allgemein auf ein gestiegenes Gewaltpotenzial bei den Jüngeren hin. Andere weichen vor dem Druck aus, nehmen Drogen, flüchten sich in Computerspiele. Ebenfalls ansteigend und noch wenig untersucht ist die Anzahl depressiver Jugendlicher.
ZEIT ONLINE: Aber politisch ...
Hurrelmann: Politisch im klassischen Sinn ist die heutige Jugend nicht. Im Gegenteil. Das Interesse für Politik ist auf einem historischen Tiefpunkt: Heute schätzt sich nur noch ein Drittel als politisch ein, in den siebziger Jahren waren es noch zwei Drittel einer Generation. Aber, meine Hypothese ist: Das Politische wird wieder zunehmen.
ZEIT ONLINE: Wieso?
Hurrelmann: Es gibt neuen Zündstoff: etwa durch die doppelten Abiturjahrgänge in Folge der Gymnasial-Verkürzung auf acht Jahre, die jetzt die Schulen verlassen. Dadurch [...] kommt es zu einem großen Konkurrenzkampf und zu einer Verstopfung der Uni-Zugänge. Nicht einmal mehr die Besten eines Jahrgangs können sich sicher sein, den bevorzugten Studienplatz zu erhalten. Das provoziert eine Gegenbewegung, wie wir in diesem Wintersemester bei den Hochschul-Streiks gesehen haben.
Interview: Michael Schlieben, Zeit online, 17.3.2010

[1] *Opportunismus = eine günstige Gelegenheit ohne Rücksicht auf andere ausnützen*

Aufgaben

1. Fasse die zentralen Aussagen von Klaus Hurrelmann zusammen.
2. Nimm Stellung und verfasse einen Leserbrief, der sich mit der Frage „Wie politisch ist die Jugend in Deutschland?" befasst.

3.3 Wer entscheidet in der Gemeinde?

Welche Aufgaben hat die Gemeinde?

M 1 Die Gemeinde betrifft uns

Ansicht des Rathauses der Universitätsstadt Tübingen

Jeder lebt in einer Stadt oder Gemeinde („Kommune") und nimmt täglich ihre Leistungen in Anspruch. Ob wir mit dem Bus fahren, zur Schule gehen, das Schwimmbad oder die Bibliothek besuchen – die Gemeinden regeln alle Angelegenheiten der örtlichen Gemeinschaft. So steht es im Grundgesetz. Rechtlich werden Gemeinden als Gebietskörperschaften bezeichnet. Die Landtage erlassen die Gemeindeordnungen, in der die wichtigsten gesetzlichen Bestimmungen wie z. B. das Wahlrecht oder die Rechte der Gemeindevertretung festgelegt sind. Diese gelten auch für Städte. Das Land Baden-Württemberg ist in neun Stadtkreise und 35 Landkreise gegliedert. Insgesamt gibt es 1101 Gemeinden. Die Rechte und Pflichten der Gemeinden werden vor allem in der baden-württembergischen Landesverfassung (§§ 69–76) und in der baden-württembergischen Gemeindeordnung (GemO) festgelegt. In § 1 GemO sind die Gemeinden als „Grundlage und Glied des demokratischen Staates" beschrieben. Die zwölf einwohnerreichsten Gemeinden sind Stuttgart, Mannheim, Karlsruhe, Freiburg, Heidelberg, Heilbronn, Ulm, Pforzheim, Reutlingen, Esslingen, Ludwigsburg und Tübingen. In § 3 GemO sind als besondere Gemeindetypen Stadtkreise und Große Kreisstädte erwähnt. Sie unterscheiden sich von den verbleibenden Gemeinden durch die vollständige oder teilweise Übernahme von Kreisaufgaben. In Baden-Württemberg sind neun Gemeinden zu Stadtkreisen und 91 Gemeinden zu Großen Kreisstädten erklärt worden.

M 2 Wofür ist die Gemeinde zuständig?

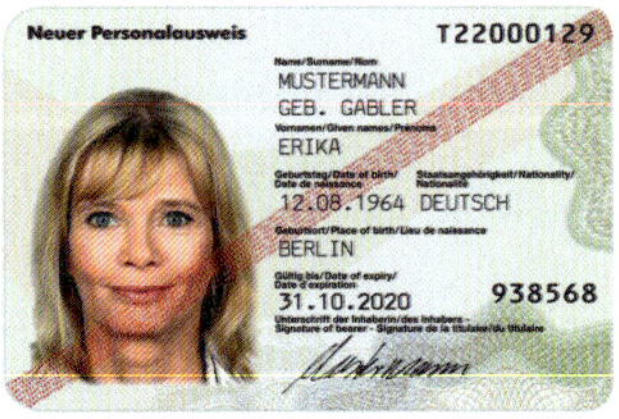

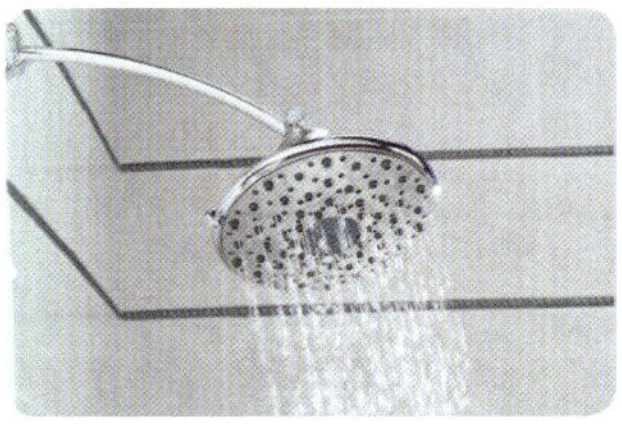

Die Gemeinde sorgt für Wasser und Energie, für Verkehrswege und deren Beleuchtung, kümmert sich um ein öffentliches Angebot für den Personennahverkehr; sie beseitigt Abwässer und Müll, baut Schulen, Kindergärten und Seniorenheime, unterhält Krankenhäuser und Friedhöfe, Gemeindehallen und Museen, Volkshochschulen und Theater. Sie bietet Freizeiteinrichtungen wie Parks und Schwimmbäder an. Die Gemeinde erschließt Gewerbegebiete und versucht, Betriebe zu gewinnen, die sich ansiedeln wollen. Auf diese Weise kümmert sie sich auch um Arbeitsplätze. Sie baut auch selbst Wohnungen. Einige dieser Aufgaben muss die Gemeinde erfüllen, bei anderen Aufgaben kann sie selbst entscheiden, ob sie dies möchte. Deshalb unterscheidet man:

<table>
<tr><th colspan="2">Pflichtaufgaben</th><th>Freiwillige Aufgaben</th></tr>
<tr><td colspan="2">Die Kommunen sind verpflichtet, die Grundversorgung der Bevölkerung mit öffentlichen Einrichtungen sicherzustellen. Zur Sicherstellung dieser Grundversorgung sind viele Aufgaben zu erledigen, die den Kommunen vom Bund oder dem Land gesetzlich auferlegt oder übertragen worden sind.
Es gibt zwei Arten von Pflichtaufgaben:</td><td rowspan="2">Freiwillige Aufgaben sind Aufgaben, bei denen die Kommune selbst entscheidet, ob und in welcher Form sie tätig wird. Im Gegensatz zu den Pflichtaufgaben stellt sich die Kommune die freiwilligen Aufgaben selbst.</td></tr>
<tr><td>Die „weisungsfreien Pflichtaufgaben“, bei denen die Kommune nur darüber entscheiden kann, wie sie die Aufgaben erledigt.</td><td>Die Pflichtaufgaben zur „Erfüllung nach Weisung“, bei denen die Kommune keinen Entscheidungsspielraum hat, wie die Aufgaben erledigt werden sollen.</td></tr>
<tr><td>z. B. Verkehrswege, öffentlicher Nahverkehr, Energie- und Wasserversorgung, Müllentsorgung, Katastrophenschutz …</td><td>z. B. Einwohnermeldeangelegenheiten oder die Durchführung von Wahlen</td><td>z. B. Beratungsstellen, Museen, Bibliotheken, Jugendeinrichtungen Sportplätze, Freibäder, Freizeitangebote, Tierparks und vieles mehr</td></tr>
</table>

Aufgaben

1. Ordne die Bilder den einzelnen Aufgabenbereichen zu (M 1, M 2).
2. Erstellt in Gruppen ein Porträt eurer Stadt / Gemeinde, und gestaltet dazu eine Wandzeitung. Die Wandzeitung könnt ihr auch mit selbst gemachten Fotos aus eurer Stadt / Gemeinde versehen.
3. Schreibt auf, was in eurer Stadt fehlt oder noch verbessert werden kann.

zu Aufgabe 1
Sammle weitere Aufgaben der Gemeinde und ordne sie den Aufgabentypen in M 2 zu.

Wie kommen die Politiker ins Rathaus?

M 3 Wahlkampf – was ist das?

Egal ob Bürgermeister / Gemeinderat – jeder, der ins Rathaus gelangen will, muss sich der Wahl durch die Bürgerinnen und Bürger einer Gemeinde stellen. Die verschiedenen Kandidaten kämpfen im Wahlkampf um Wählerstimmen. Dazu müssen sie die Wählerinnen und Wähler von sich und ihrem Programm überzeugen. Im Wahlkampf findet eine ganz intensive Auseinandersetzung über die politischen Streitfragen statt. Die Bürgerinnen und Bürger können sich auf Wahlkampfveranstaltungen, durch Plakate oder Informationsstände der Parteien einen Überblick über die Kandidaten und ihre Einstellungen und Ziele verschaffen. Wahlkampf auf kommunaler Ebene zeichnet sich auch dadurch aus, dass die Persönlichkeit der Kandidaten eine sehr große Rolle spielt und Fragen der Parteizugehörigkeit oft nicht so wichtig sind. In kleinen Gemeinden kennt fast jeder die Kandidaten persönlich. Diese können direkt gewählt werden.

Die Qual der Wahl – Kommunalwahlkampf in Stuttgart

M 4 Ganz schön kompliziert – die Kommunalwahl

Jeder Wähler hat so viele Stimmen, wie Gemeinderäte oder Kreisräte zu wählen sind. Die Anzahl der Räte richtet sich nach der Größe der Gemeinde. In einer Stadt wie z. B. Freiburg sind das 48. Grundsätzlich hat der Wähler oder die Wählerin bei der Wahl zwei Möglichkeiten:

Er oder sie kann den Stimmzettel unverändert abgeben. Damit erhält jede Bewerberin und jeder Bewerber auf dem Stimmzettel (d. h. von einer Partei bzw. Wählervereinigung) jeweils eine Stimme. Er oder sie kann aber auch einen Stimmzettel verändern oder „à la carte" aus den verschiedenen Wahlvorschlägen zusammenstellen.

Kumulieren – Häufeln: Der Wähler muss nicht jedem Bewerber gleich viele Stimmen geben. Er kann Kandidaten, die er besonders gerne im Gemeinderat […] sehen möchte, stärker unterstützen und ihnen bis zu drei Stimmen geben. Dieses Anhäufeln von Stimmen nennt man kumulieren. Der Wähler darf allerdings nicht mehr Stimmen vergeben, als

zu Aufgabe 3
Formuliere weitere Aussagen zum Kommunalwahlrecht und lasse sie von deinem Nachbarn prüfen.

Amtlicher Stimmzettel für die Wahl des Gemeinderats in Kleinhausen Sie haben 8 Stimmen. Christliche Demokratische Union CDU	
101 Häberle, Karl Rechtsanwalt	1
102 Hausinger, Birgit Ärztin	
103 Seitennagel, Hubert Verwaltungsangestellter	(2)
104 Öztürk, Ahmed Unternehmer	
105 Kaiser, Alfred Landwirt	1
106 Settele, Margarete Hausfrau	
107 Teufel, Siglinde Erzieherin	
108 Wagner, Josef Einzelhändler	1
Engel, Heidi	2
Kappes, Günther	(1)

Wähler kumuliert

Wähler panaschiert

Amtlicher Stimmzettel für die Wahl des Gemeinderats in Kleinhausen Sie haben 8 Stimmen. Sozialdemokratische Partei Deutschlands SPD	
201 Schäfle, Robert Metzgermeister	
202 Hartinger, Susanne Sozialpädagogin	
203 Wölfel, Brigitte Lehrerin	
204 Bengen, Hanno Unternehmer	
205 Kappes, Günther Bäcker	
206 Seipelt, Helga Hausfrau	
207 Engel, Heidi Erzieherin	
208 Wischnewski, Josef Facharbeiter	

Stimmzettel unverändert – jeder Bewerber erhält eine Stimme

Tipp
Eine Probewahl kann man auf der Seite *www.demowahl.de* durchführen.

Für die Gemeindevertretung im Beispiel stehen 8 Sitze zur Wahl (Stimmzettel vereinfacht).

er insgesamt hat. Im Falle von Freiburg muss er also genau nachzählen, ob die Summe seiner Stimmen nicht mehr als 48 beträgt. Wer sich verzählt, stimmt ungültig ab.

Panaschieren – Mischen: Der Wähler ist nicht auf die Kandidaten eines Stimmzettels beschränkt. Er kann Bewerber verschiedener Stimmzettel mischen (panaschieren). In der Regel wird er einen oder mehrere Namen von einem anderen Wahlvorschlag in die freien Zeilen seines Stimmzettels schreiben. Wenn er will, kann er auch diesen Kandidaten mehrere Stimmen geben (kumulieren). Auch hier gilt: Wer mehr Stimmen vergibt, als Sitze zu vergeben sind, macht seine Wahl ungültig.

nach: Politik & Unterricht aktuell 15, Kommunalwahlen in Baden-Württemberg, 2009

Aufgaben

1. Erläutere, warum die Kandidaten Wahlkampf betreiben (M 3).
2. Recherchiere im Internet oder direkt im Rathaus:
   a) Wie viele Mitglieder hat der Gemeinderat in eurer Gemeinde?
   b) Welche Parteien und Wählergruppen sind im Gemeinderat vertreten?
3. Überprüft die folgenden Aussagen mit Hilfe von M 4. Verbessere ggf. falsche Aussagen.
   a) Man muss sich nicht für eine Partei entscheiden.
   b) Für jede Partei, die antritt, hat der Wähler eine Stimme.
   c) Kommunalwahlen sind oft Personenwahlen. Deswegen darf man auch einem Kandidaten drei Stimmen geben.

Wie funktioniert eine Gemeinde?

M 5 Der Gemeinderat – das Parlament der Gemeinde

Der Gemeinderat ist das „Hauptorgan der Gemeinde" (§ 24 Satz 1 GemO). Er ist die politische Vertretung der Bürgerschaft, die die „Grundsätze für die Verwaltung der Gemeinde fest(legt) [...] und über alle Angelegenheiten der Gemeinde (entscheidet), soweit nicht der Bürgermeister kraft Gesetzes zuständig ist" (§ 24 Satz 2 GemO). Dem Gemeinderat obliegt zudem die Kontrolle der Gemeindeverwaltung. Gemeinderäte sind ehrenamtlich tätig. Die Amtszeit der Gemeinderäte beträgt fünf Jahre. Sie werden in allgemeiner, unmittelbarer, freier, gleicher und geheimer Wahl durch die Bürger gewählt. Die Zahl der Gemeinderäte richtet sich nach der Einwohnerzahl der Gemeinde.

Die Sitzungen des Gemeinderats sind öffentlich. Unter dem Vorsitz des Bürgermeisters bzw. Oberbürgermeisters beraten und entscheiden die Gemeinderäte die Belange der Gemeinde. Der Gemeinderat ist einzuberufen, wenn es die Geschäftslage erfordert; er soll jedoch mindestens einmal im Monat einberufen werden. Der Gemeinderat beschließt durch Abstimmungen und Wahlen. Der Gemeinderat ist beschlussfähig, wenn mindestens die Hälfte aller Mitglieder anwesend und stimmberechtigt ist. Der Gemeinderat stimmt in der Regel offen ab. Die Beschlüsse werden mit Stimmenmehrheit gefasst. Der Bürgermeister hat Stimmrecht, bei Stimmengleichheit ist der Antrag abgelehnt.

Die wichtigsten Rechte des Gemeinderats sind:

- das Satzungsrecht (das „Gesetzgebungsrecht" der Gemeinde);
- das Etatrecht (der Gemeinderat entscheidet über den Haushalt und somit über die Ausgaben der Gemeinde)
- die Planungshoheit (die Gemeinden sind für die Bebauungspläne und Flächennutzungspläne zuständig) und
- die Personalhoheit (die Einstellung von Gemeindebediensteten).

http://www.kommunalwahl-bw.de/gemeinderat.html (12.10.2011, gekürzt)

Werte die lokale Tageszeitung aus und berichte über eine Abstimmung im Gemeinderat.

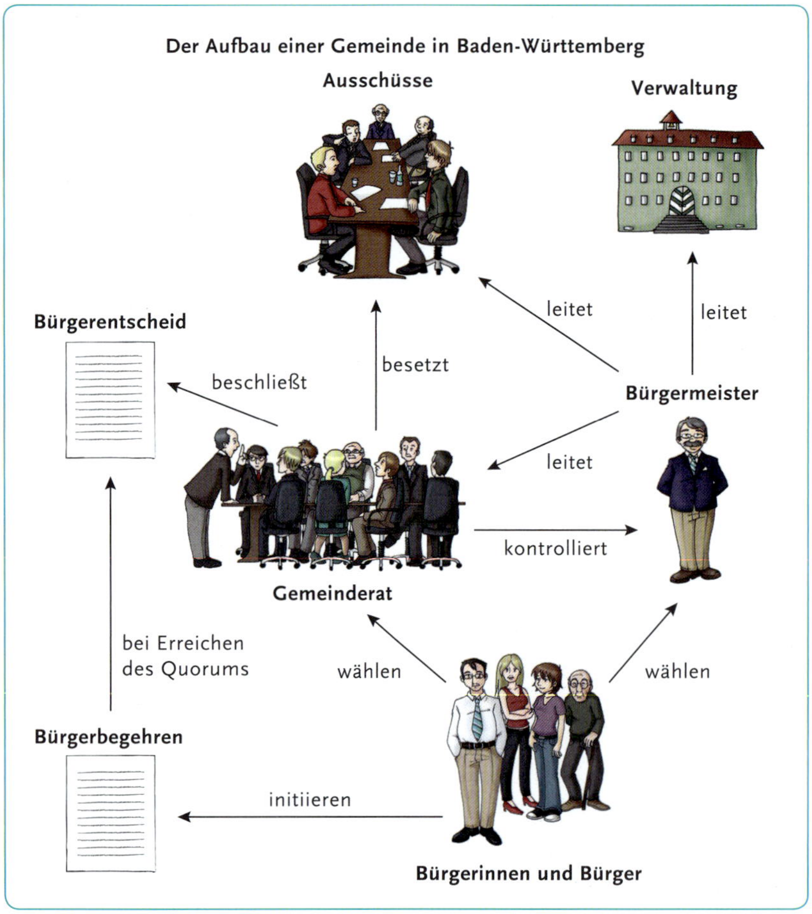

http://www.kommunalwahl-bw.de/gemeinderat.html (12.10.2011)

M 6 Der Bürgermeister – das Gemeindeoberhaupt

Zentraler Akteur auf der kommunalpolitischen Bühne ist der Bürgermeister. Wenn sich also zwei Baden-Württemberger über ihr „kleines Herrgöttle" unterhalten, so meinen sie meist ihr Gemeindeoberhaupt. Die besten Voraussetzungen für seine starke Position schafft die Süddeutsche Ratsverfassung, das kommunale Verfassungssystem in Baden-Württemberg. Das Gemeindeoberhaupt vereinigt in seinem Amt und seiner Position gleichzeitig drei Funktionen:

- er ist stimmberechtigter Vorsitzender des Gemeinderats und aller seiner Ausschüsse;
- er ist Chef einer auf ihn zugeschnittenen Verwaltung;
- er ist Repräsentant und Rechtsvertreter der Gemeinde.

Als einziges Mitglied des Gemeinderats ist der Bürgermeister in allen drei Phasen des kommunalen Geschehens entscheidend mit dabei: in der Phase der Entscheidungsvorbereitung, in der Phase der Vorbereitung und rechtsgültigen Entscheidung im Gemeinderat und in der Phase der Entscheidungsausführung. Ein weiterer Faktor stärkt die Position des Bürgermeisters: in Baden-Württemberg wählen die Bürger ihr Gemeindeoberhaupt selbst. Dieses Plebiszit verleiht dem jeweiligen Amtsinhaber im allgemeinen Verständnis eine „höhere Weihe". Die Direktwahl verstärkt die Durchsetzungskraft des Bürgermeisters, der als gewählter Repräsentant des Volkes vor den Rat treten und beanspruchen kann, seine Vorstellungen unter Berufung auf den Volkswillen durchzusetzen. Dies bietet einen Anreiz für starke, durchsetzungsfähige Persönlichkeiten. Machtfülle schafft dem baden-württembergischen Bürgermeister auch seine Präsenz als Polit-Profi. Die Gemeinderäte als „Teilzeitpolitiker" geraten da bisweilen in die schwächere Position. Bei den wachsenden Aufgaben der Städte und Gemeinden sind zunehmend aber kommunale Mandatsträger mit Fach- und Verwaltungskompetenz gefragt.

http://www.kommunalwahl-bw.de/gemeinderat.html (12.10.2011, gekürzt)

Aufgaben

1. Erläutere in einem Kurzvortrag den Aufbau und die Funktionsweise einer Gemeinde (M 5, M 6).
2. Nenne Gründe, warum der Bürgermeister gerne auch als „kleines Herrgöttle" bezeichnet wird (M 6).
3. Führt eine Expertenbefragung zu einem aktuellen Thema in eurer Gemeinde durch. Befragt dazu Mitglieder des Gemeinderats.

Methode

M 7 Ein Rollenspiel durchführen

Das Rollenspiel ist eine Methode, bei der Entscheidungssituationen auf der Grundlage vorgegebener Fakten nachgespielt werden können. Probleme oder Konflikte werden im Rollenspiel bearbeitet und es wird eine Lösung herbeigeführt. Zunächst werden die für das Spiel vorgesehenen Rollen verteilt (Gruppen) und auf Grundlage der Rollenkarten und der Spielsituation das wahrscheinliche Rollenverhalten der Spielteilnehmer erarbeitet. Die jeweilige Rollensituation wird innerhalb der Gruppen diskutiert, die Gruppenziele und -interessen festgelegt sowie Strategien zur Durchsetzung der Interessen erarbeitet. Die von den Gruppen bestimmten Spielteilnehmer schlüpfen dann in die definierten Rollen (möglich ist auch, nicht die eigenen Erarbeitungen, sondern die einer anderen Gruppe zu spielen, um die Spannung und Motivation zu erhöhen) und spielen die gegebene Situation. Dabei halten sie sich an den beschriebenen Ablauf. Gespielt wird im Klassenraum, die Spielsituation sollte aber mit den gegebenen Mitteln so gut wie möglich nachempfunden werden. Für die Auswertung des Spiels werden Beobachter bestimmt. Am Ende steht die gemeinsame Auswertung des Rollenspiels: Wie wurden die Rollen ausgefüllt? Wie entwickelte sich der Spielverlauf? Wie ist das Ergebnis zu bewerten? …

M 8 Ein Problem in der Gemeinde Beerenbach

Die Gemeinde Beerenbach hat ein Problem. Der Fußballplatz kann kaum noch genutzt werden und auch das Vereinsheim hat schon bessere Tage gesehen. Die Kosten sind beachtlich: 120.000 € müsste die Gemeinde berappen.
Gleichzeitig beklagen die örtlichen Handwerksbetriebe, dass sie sich vergrößern wollen, aber keine geeignete Gewerbeflächen finden. Sie haben bereits viele Gespräche mit dem Bürgermeister geführt und drohen nun offen, ihre Betriebe in eine andere Gemeinde zu verlagern. Auf die Gemeinde kommen für den Fall, dass sie das Gewerbegebiet erweitert, Ausgaben in Höhe von 220.000 € zu.
Es stehen aber im Haushaltsjahr nur 250.000 € zur Verfügung und so kann die Gemeinde auf keinen Fall beide Projekte verwirklichen. Sportplatz oder Gewerbegebiet – heute findet die entscheidende Sitzung des Gemeinderates statt, in der über die beiden Projekte abgestimmt werden soll. Anwesend sind der Bürgermeister, die gewählten Gemeinderäte, Vertreter des Jugendgemeinderats und Vertreter der örtlichen Tageszeitung.

Vertreter des Jugendgemeinderats

Ihr seid die beiden Vertreter des Jugendgemeinderats und tretet für die Rechte der Jugendlichen ein. Macht euch mit den beiden Projekten vertraut und formuliert eine schriftliche Stellungnahme. Abstimmen dürft ihr nicht. Ihr könnt aber Kontakt zur örtlichen Presse aufnehmen.

Bürgermeister

Du bist Bürgermeister und leitest die Sitzung des Rates. Du gehörst zwar der Partei des Wohlstands an, heute willst du dich aber erst einmal zurückhalten, um herauszufinden, wie die Stimmung im Rat ist. Die nächsten Bürgermeisterwahlen finden Anfang des kommenden Jahres statt.
Begrüße alle Anwesenden und stelle den Ablauf der Sitzung vor. Fasse noch einmal kurz die Problematik der heutigen Sitzung zusammen. Fordere zuerst die Vertreter des Jugendgemeinderats auf, ihren Standpunkt zu äußern. Anschließend haben die Vertreter der beiden Parteien die Möglichkeit, ihre Positionen zu äußern. Leite anschließend die Diskussion. Formuliere einen Antrag, was beschlossen werden soll, und führe die Abstimmung durch. Du selbst bist stimmberechtigt. Achte darauf, dass die Vertreter des Jugendgemeinderats nicht abstimmen dürfen. Verkünde das Ergebnis auf einer Pressekonferenz und beantworte die Fragen der Journalisten.

Presse

Ihr seid Journalisten (maximal zwei Vertreter) der örtlichen Zeitung. Die Leser eurer Zeitung haben den Streit in Beerenbach mit großem Interesse verfolgt. Täglich kommen neue Leserbriefe. Da die Sitzung des Rates öffentlich ist, könnt ihr die Debatte verfolgen und einen Bericht schreiben. Bei der anschließenden Pressekonferenz habt ihr die Möglichkeit, den Bürgermeister zu befragen. Formuliert anschließend einen Bericht, in dem ihr das Ergebnis und die Reaktionen der Betroffenen darstellt.

Partei des Wohlstands

Ihr seid die Vertreter der Partei des Wohlstands und entsendet vier Gemeinderäte. Nach vielen Gesprächen mit den örtlichen Handwerkern und Unternehmern seid ihr zum Ergebnis gekommen, dass Beerenbach dringend ein neues Gewerbegebiet braucht. Die Drohungen, dass die Unternehmen ins Nachbardorf abziehen könnten, nehmt ihr sehr ernst. Allerdings wisst ihr nicht, ob ihr euch in der Abstimmung durchsetzen könnt, obwohl ihr mit dem Bürgermeister über fünf Stimmen verfügt. Überlegt euch deshalb einen Kompromissvorschlag, den ihr in die Debatte einbringen könnt.

Partei der Jungen Familien

Ihr seid die Vertreter der Partei der Jungen Familien und entsendet drei Gemeinderäte. Nach vielen Gesprächen in der Nachbarschaft, in Schulen und Vereinen seid ihr zum Ergebnis gekommen, dass Beerenbach dringend neue Sportanlagen braucht. Die Drohungen, dass die Unternehmen ins Nachbardorf abziehen könnten, nehmt ihr nicht sehr ernst. Trotzdem formuliert ihr einen Kompromissvorschlag, den ihr in die Debatte einbringen könnt. Nur wenn ihr den Bürgermeister für eure Position gewinnen könnt, könnt ihr die Abstimmung für euch entscheiden.

Wie finanziert sich eine Gemeinde?

M 9 Leere Kassen im Stadtbad

Mester, Baaske Cartoons, Müllheim

M 10 Woher bekommt die Gemeinde Geld?

Alles das, was in der Gemeinde gestaltet, gebaut und unterhalten werden soll, kostet selbstverständlich Geld. Aber woher nimmt die Gemeinde das Geld für die vielfältigen Aufgaben? Einen Großteil davon erhält sie durch Steuern. Steuern sind allgemeine Abgaben der Bürger und Unternehmen, für die sie keine konkrete Gegenleistung erwarten können. Manche dieser Steuern erhebt die Gemeinde selbst, wie zum Beispiel die Gewerbesteuer für Unternehmen, die Grundsteuer für Hausbesitzer oder die Hundesteuer für Hundehalter. Von anderen Steuern, die das Land oder der Bund erheben, bekommt die Gemeinde einen Anteil. Außerdem bekommt die Gemeinde Zuschüsse von Bund und Land für konkrete Projekte. Wenn du ins Schwimmbad gehst und dort Eintritt bezahlst, zählt das auch zu den Einnahmen einer Gemeinde. Genauso wie die Gebühren für die Abwasserentsorgung und die Müllabfuhr. Auch das Geld für Strafzettel fließt in die Gemeindekasse. Wenn die Gemeinde nicht genügend Geld hat, um alle Ausgaben zu finanzieren, kann sie auch einen Kredit aufnehmen, d. h., dass sie sich zusätzlich Geld z. B. von einer Bank leihen muss.

M 11 Übersichtlich soll es sein – der Haushalt einer Gemeinde

Um vernünftig planen zu können, erstellt die Gemeinde für jedes Jahr eine Übersicht der geplanten Ausgaben und der erwarteten Einnahmen. Diese Übersicht wird „Haushalt" genannt. Der Haushaltsplan gilt jeweils für den Zeitraum vom 1. Januar bis zum 31. Dezember. Er ist ein Arbeits- und Wirtschaftsplan, der verdeutlicht, welche Vorhaben eine Gemeinde verwirklichen möchte und wo sie ihre Schwerpunkte setzt (z. B. Wirtschaft oder Soziales). Der Gemeinderat muss diesem Plan zustimmen. Der Haushalt ist deshalb auch so wichtig, weil Gemeindevertreter und Bürger schwarz auf weiß sehen können, wofür die Gemeinde das Geld der Bürgerinnen und Bürger ausgibt. Der Haushalt einer Gemeinde setzt sich aus zwei Einzelhaushalten zusammen: dem Verwaltungshaushalt und dem Vermögenshaushalt.

Im **Verwaltungshaushalt** werden alle laufenden, d.h. regelmäßig wiederkehrende Ausgaben und Einnahmen erfasst. Finanziert werden diese Ausgaben v. a. über Steuereinnahmen, staatliche Zuweisungen an die Gemeinde und Verwaltungs- und Betriebseinnahmen (z. B. Eintrittsgelder). Im **Vermögenshaushalt** werden demgegenüber nicht regelmäßige Ausgaben und Einnahmen erfasst, sondern Ausgaben, die ein längerfristig oder gar dauerhaft nutzbares Vermögen schaffen. Während Kosten für Personal jedes Jahr wiederkehren, schaffen Investitionen, z. B. in Straßen, ein Vermögen, von dem die Stadt über viele Jahre profitieren kann. Oft achten die Menschen in einer Gemeinde ganz besonders auf den Vermögenshaushalt, geht es hier doch um große Projekte wie Baumaßnahmen oder Anschaffungen.

Der Haushalt der Stadt Baselberg

Verwaltungshaushalt			
Einnahmen	**€**	**Ausgaben**	**€**
Gewerbe- und Grundsteuer	43,4 Mio.		
Gemeindeanteil an der Einkommens- und Umsatzsteuer	34,8 Mio.		
Staatliche Zuweisungen	21,2 Mio.		
Verwaltungs- und Betriebseinnahmen	35,9 Mio.	Sonstige Ausgaben	15,3 Mio
Summe			
Vermögenshaushalt			
Einnahmen	**€**	**Ausgaben**	**€**
Zuweisungen durch Bund und Land	7,6 Mio.		
Entnahme aus Rücklagen	7,4 Mio.		
Kreditaufnahme	3,3 Mio.		
Summe			

M 12 Die Ausgaben der Stadt Baselberg

Aufgaben

1. Verfasse zur Karikatur M 9 einen kurzen Dialog zwischen Kassiererin und Besuchern des Stadtbads.
2. Erläutere, woher eine Gemeinde Geld bekommt (M 10). Kennst du weitere Einnahmequellen?
3. Entscheide zuerst, ob es sich bei den einzelnen Posten um wiederkehrende Ausgaben handelt oder nicht. Ordne die Ausgaben dann dem Verwaltungshaushalt oder dem Vermögenshaushalt zu und begründe deine Entscheidung (M 11, M 12).
4. Die Gemeinde Baselberg bekommt ein Problem: Aufgrund einer Wirtschaftskrise brechen die Einnahmen aus der Gewerbe- und der Einkommenssteuer um 4 Mio. € ein. Die Gemeinde muss jetzt sparen. Bildet Gruppen und versetzt euch in die Rolle von Gemeinderatsmitgliedern. Überlegt, welcher Haushalt zuerst betroffen ist und welche Vorhaben ihr streichen oder kürzen wollt. Berücksichtigt dabei, dass ihr als gewählte Gemeinderatsmitglieder für alle Bürgerinnen und Bürger verantwortliche Entscheidungen treffen müsst. Präsentiert und diskutiert eure Pläne in der Klasse (M 12).

Methode

M 13 Eine Erkundung vorbereiten

Was ist eine Erkundung?

Bei einer Erkundung geht man aus der Schule heraus und versucht etwas an anderen Orten „auszukundschaften“. Zunächst ist es erforderlich, ein klares Thema und eine Fragestellung zu haben. Dann kann überlegt werden, welcher Ort geeignet ist, um den Menschen zu begegnen, die die richtigen Informationen „aus erster Hand“ geben können. Eine Erkundung ist nie spontan, sondern immer gut geplant. Während der Erkundung braucht man Medien, zumindest einen Stift und Notizblock, besser noch ein Aufnahmegerät und eine Kamera. Das Ergebnis der Erkundung sollte aufbereitet und präsentiert werden.

1. Schritt: Was wollen wir herausfinden?

Am Anfang stehen die Fragen, die durch die Erkundung beantwortet werden sollen. Stellt zunächst eine übergeordnete Frage und entwickelt daraus mehrere Teilfragen.

2. Schritt: Vorbereitung

Eine gute Vorbereitung und eine geeignete Ausstattung sind die Voraussetzung für eine gelungene Erkundung. Klärt vorab folgende Fragen:

1. Welche Erkundungsorte sind geeignet (Rathaus, Schulverwaltungsamt u.a.)?
2. Wann kann der Ort aufgesucht werden?
3. Wie melden wir unseren Besuch an?
4. Welche Fragen sollen wem gestellt werden? (Interviewleitfaden entwickeln)
5. Was lohnt sich zu dokumentieren? (Interviews, Räume, Schilder, Szenen, Baustellen u.a.)
6. Wie soll dokumentiert werden? (Notizen, Digitalbilder, Tonaufnahmen u.a.)

3. Schritt: Der Erkundungsgang

Wenn ihr den Erkundungsort aufsucht, ist es wichtig, sich zunächst selbst vorzustellen und das eigene Vorhaben zu beschreiben. Möglicherweise wird ein Repräsentant (z.B. ein Rathausangestellter oder ein Ratsmitglied) euch zunächst einen Überblick geben. Danach könnt ihr eure Fragen stellen und die ausgewählten Stellen aufsuchen.

4. Schritt: Dokumentation

Dokumentiert die Ergebnisse in Form eines Zeitungsberichts. Wählt eine passende Überschrift, die Interesse weckt. Der Bericht kann auch Teile eines Interviews und Bilder enthalten.

5. Mögliche Erkundungsziele

- Bürgermeisteramt: Der Tagesablauf eines Bürgermeisters
- Rathaus: Wer, was, wo?
- Ausschuss für Schule und Kultur: Was ist für die Schulen geplant?
- Besuch einer Ratssitzung
- Stadtmarketing: Was macht die Stadt attraktiv?

Was wir wissen

Aufgaben der Gemeinde
M 1, M 2

Die Aufgaben einer Gemeinde sind umfassend und betreffen das tägliche Leben. Dazu gehören Pflichtaufgaben (z. B. Trinkwasserversorgung, Energieversorgung, Abfallentsorgung, Unterhalt von Straßen ...) und freiwillige Aufgaben (Freibäder, Sporthallen, Theater, Bibliotheken ...). Im Auftrag von Bund und Land muss die Gemeinde darüber hinaus als untere Verwaltungsbehörde staatliche Aufgaben erfüllen (Pass- und Meldewesen, Gesundheitsämter, Katastrophenschutz, Durchführung von Wahlen ...).

Kommunalwahlen
M 3, M 4

Auch auf kommunaler Ebene werben die verschiedenen Parteien und Kandidaten mit ihren Programmen um Wählerstimmen. Eine Besonderheit bei den Kommunalwahlen ist, dass man die Stimmen auf verschiedene Kandidaten (auch von unterschiedlichen Parteien) verteilen (panaschieren) oder einem Kandidaten bis zu drei Stimmen geben kann (kumulieren).

Der Gemeinderat
M 5

Der Gemeinderat (in Städten: Stadtrat) ist das Hauptorgan der Gemeinde. Er entscheidet über wichtige Fragen, die die Gemeinde betreffen, z. B. über den Gemeindehaushalt und die Höhe der gemeindlichen Abgaben. Die Ratsmitglieder sind ehrenamtlich tätig und werden von der wahlberechtigten Bevölkerung auf fünf Jahre gewählt.

Der Bürgermeister
M 6

Die Bürgermeisterin oder der Bürgermeister leitet die Gemeindeverwaltung. Er hat im Gemeinderat kraft seines Amtes Antrags-, Rede- und Stimmrecht. Der Bürgermeister informiert die Einwohner über wichtige Angelegenheiten der Gemeinde und repräsentiert die Gemeinde nach außen. Er hat also eine herausragende Stellung in der Gemeinde. Er wird auf acht Jahre von den stimmberechtigten Einwohnern direkt gewählt.

Die Finanzen der Gemeinde
M 10, M 11

Um ihre Aufgaben zu finanzieren, brauchen die Gemeinden Geld. Sie sind berechtigt, Steuern (Grund- und Gewerbesteuern, Hundesteuer, Vergnügungssteuer u. a.), Verwaltungsgebühren (als Gegenleistungen für Amtshandlungen wie z. B. die Ausstellung eines Reisepasses), Benutzungsgebühren (für die Inanspruchnahme öffentlicher Einrichtungen wie z. B. Abwasserbeseitigung, Bibliotheken oder Freibäder) sowie Beiträge (z. B. für Investitionen in die Infrastruktur) zu erheben. Zusätzlich erhalten sie Anteile aus dem Steueraufkommen von Bund und Land und zweckgebundene Zuweisungen. Der Haushalt einer Gemeinde gibt Auskunft über die Zusammensetzung der Einnahmen und Ausgaben.

Ein Konflikt in der Gemeinde Platzenhorst

Die Gemeinde Platzenhorst muss sparen. Wie vielen anderen Gemeinden auch, fehlt ihr das Geld, um alle kommunalen Angebote finanzieren zu können. Besonders kostspielig ist die Bibliothek, die sich der Ort seit langem leistet. Der Bürgermeister hat nun ein Sparprogramm vorgeschlagen, das auch Einschnitte bei der Bibliothek vorsieht. Die Öffnungszeiten werden kürzer, neue und aktuelle Bücher werden seltener gekauft, Comics, Tageszeitungen und Magazine ganz aus dem Programm gestrichen.

Immer mehr Gemeinde- und Stadtbibliotheken müssen schließen, weil den Gemeinden das Geld fehlt.

Das hat von Seiten der Eltern, aber auch der Schüler zu heftiger Kritik geführt, da sie das kulturelle Angebot sehr schätzen. Unterstützt wird der Bürgermeister aber von anderer Seite: Zum einen muss die Gemeinde dringend Parkplätze schaffen, damit die Kunden zu den Einzelhandelsgeschäften in der Innenstadt gelangen können. Diese Baumaßnahme ist nach Ansicht des Einzelhandels unverzichtbar, ansonsten müssen einige Geschäfte schließen. Zum anderen muss das Gewerbegebiet wachsen. Neue Betriebe wollen sich ansiedeln, die ja auch langfristig zu höheren Steuereinnahmen führen könnten.

Die Stimmung im Gemeinderat ist nicht ganz eindeutig, eine klare Mehrheit noch nicht absehbar. Dennoch beharrt der Bürgermeister auf seinem Sanierungskonzept.

Aufgaben

1. Analysiere den politischen Konflikt in der Gemeinde und stelle die Interessen der Beteiligten dar.
2. Erläutere, welche Möglichkeiten die verschiedenen Gruppen haben, Einfluss auf die Entscheidung zu nehmen.
3. Beurteile anschließend, wie die Chancen stehen, dass sie ihre Interessen durchsetzen können.
4. Formuliere mögliche Kompromissvorschläge zur Lösung des Konflikts.

Manch-
mal wird einem die
Frage gestellt, welche drei Dinge
man auf eine einsame Insel mitnehmen wür-
de. Für Daniel Defoes Helden im berühmten Roman
„Robinson Crusoe" (1719) ist diese Frage bitterer Ernst. Der
junge Engländer kann sich als einziger Überlebender eines Schiff-
bruchs auf eine einsame Insel retten.

Nachdem ich mein Gemüt mit der erfreulichen Seite meiner Lage getröstet hatte, [...] schwand meine Freude bald wieder, und ich fand meine Errettung, kurz gesagt, furchtbar, denn ich war durchnässt, hatte keine Kleidung zu wechseln oder irgendetwas Ess- oder Trinkbares [...]. Mit einem Wort, ich hatte nichts bei mir außer einem Messer, einer Tabakspfeife und ein bisschen Tabak in der Dose. Ich ging ungefähr eine Achtelmeile vom Ufer fort, um Trinkwasser zu suchen; zu meiner großen Freude fand ich auch welches, und nachdem ich getrunken hatte, nahm ich ein wenig Tabak in den Mund, um dem Hunger vorzubeugen.

Daniel Defoe, Robinson Crusoe, Erster Teil, München 1981, übersetzt von Lore Krüger, S. 68 ff.

Robinson gelingt es schließlich, das gestrandete Schiff zu erreichen und mit Hilfe eines Floßes Gegenstände auf die Insel zu transportieren.

4

Jugendliche als Konsumenten

Jeden Tag treffen Menschen sehr viele Entscheidungen, die zum großen Bereich des Wirtschaftens, der Ökonomie, gehören. Was kann ich mir vom nächsten Taschengeld leisten? Soll ich sparen oder Geld ausgeben? Welches Produkt soll ich kaufen? Wie alles aus deiner Sicht als Verbraucher zusammenhängt, erfährst du in diesem Kapitel.

Kompetenzen

Am Ende dieses Kapitels solltest du Folgendes können:

- erklären, warum wir wirtschaften und grundlegende ökonomische Fachbegriffe anwenden
- erläutern, wie sich Preise auf Märkten bilden
- Tabellen und Grafiken auswerten
- einen Haushaltsplan erstellen und führen
- Wert des Sparens und Gefahren der Verschuldung darstellen
- Möglichkeiten des Verbraucherschutzes beschreiben und dessen Notwendigkeit beurteilen
- verschiedene Einflüsse auf Kaufentscheidungen kennen und eine verantwortliche Konsumentscheidung treffen

Was weißt du schon?

- Stelle ein Warenmagazin für Robinson zusammen und ordne die Güter nach ihrer Dringlichkeit.
- Nenne Bedürfnisse, die sich Robinson wohl nicht erfüllen kann.

4.1 Was heißt Wirtschaften?

Das Grundproblem – knappe Güter und grenzenlose Bedürfnisse

M 1 Ich überlegte mir, was ich am dringlichsten brauchte ...

[N]achdem ich gründlich darüber nachgedacht hatte, was ich am nötigsten brauchte, holte ich mir zunächst die drei Seemannskisten, die ich aufgebrochen und geleert hatte, und ließ sie auf das Floß hinab; die erste davon füllte ich mit Vorräten, und zwar mit Brot, Reis [...]. Nach langem Suchen fand ich die Kiste des Schiffszimmermanns, die tatsächlich eine nützliche Beute und damals wertvoller für mich war als eine Schiffsladung Gold. [...] Als nächstes kümmerte ich mich um Waffen und Munition. In der großen Kajüte hingen zwei ausgezeichnete Vogelflinten und zwei Pistolen; diese sicherte ich mir [...]. Trotz meiner Annahme, ich hätte die Kajüte so gründlich durchsucht, dass nichts mehr zu finden war, entdeckte ich ein Spind mit Schubladen und in einer davon drei Rasiermesser, eine große Schere sowie 10 oder 12 gute Messer und Gabeln; in einer anderen fand ich ungefähr sechsunddreißig Pfund in Bargeld, einige europäische und brasilianische Münzen sowie spanische Pesos, ein paar in Gold, ein paar in Silber. Ich lächelte innerlich bei dem Anblick des Geldes. „Oh du Rauschmittel", sagte ich laut, „wozu bist du nütze? Es lohnt nicht einmal dass ich dich vom Boden aufhebe [...]."

Daniel Defoe, Robinson Crusoe, Erster Teil, München 1981, übersetzt von Lore Krüger, S. 68 ff.

M 2 Leben im Schlaraffenland

Pieter Brueghel, Das Schlaraffenland (1567)

Die Menschen im legendären Schlaraffenland kennen keine Arbeit. Alles, was sie brauchen, ist im Überfluss vorhanden. Wenn sie hungrig sind, öffnen sie ihre Münder und schon fliegt die leckerste Speise in ihren Rachen. Sind sie durstig, fließt das köstlichste Getränk ihre Kehle hinunter. Das Klima ist so ausgeglichen, dass die Menschen weder Bekleidung noch Behausung benötigen. Da es keine gefährlichen Tiere gibt, benötigen sie auch keinen Schutz vor ihnen. Das Faulenzen ist im Schlaraffenland eine Tugend, deshalb sieht man viele Schlaraffianer unter schönen Bäumen liegen.

M 3 Die Erde – kein Schlaraffenland

Eigentlich ist das Leben ganz einfach. Wenn man Hunger hat, muss man was essen, wenn man Durst hat, etwas trinken. Außerdem braucht man ein Dach über dem Kopf, das einen gegen die Unbilden des Wetters schützt.

Der Mensch hat also Grundbedürfnisse, die er befriedigen muss, die grundsätzlichsten sind sicherlich Nahrung und Schutz. Um diese Bedürfnisse zu befriedigen, muss er allerdings aktiv werden. [...] Auch die Steinzeitmenschen haben schon gewirtschaftet. Wirtschaft ist nämlich nichts anderes als eine planmäßige Auseinandersetzung des Menschen mit der Natur, um die eigenen Bedürfnisse zu befriedigen. Der Mensch hat keine Wahl, ob er „an der Wirtschaft teilnehmen" möchte oder nicht. Wenn er seine Grundbedürfnisse nicht befriedigt, kann er nicht existieren, er verhungert, verdurstet, erfriert. [...] Sobald die elementaren Notwendigkeiten befriedigt sind, entstehen weitere materielle und kulturelle Bedürfnisse.

Eckard Stratenschulte, Wirtschaft in Deutschland, Bonn 2006, S. 18

M 4 Die Rangordnung der menschlichen Bedürfnisse

Die Stufenleiter der Bedürfnisse wurde von dem amerikanischen Forscher Abraham Maslow (1908 – 1970) entwickelt. Die ersten vier Bedürfnisse nennt Maslow auch „Defizitbedürfnisse", da sie ein Gefühl des Mangels hervorrufen und negative Folgen wie z. B. Krankheit zu erwarten sind, wenn diese Bedürfnisse nicht ausreichend befriedigt werden. Wenn ein Bedürfnis erfüllt ist, tritt das nächst höhere an seine Stelle. Je höher das Bedürfnis, desto später in der Entwicklung einer Person entsteht es, und desto weniger wichtig ist es für das reine Überleben, denn es kann leichter aufgeschoben werden.

Aufgaben

1. Ordne die Bedürfnisse Robinsons (M 1) und die Bedürfnisse, die sich aus deinem zusammengestellten Warenmagazin ergeben, den Stufen in M 4 zu.
2. Erläutere, welche Bedürfnisstufen Robinson auf der Insel wohl kaum erklimmen kann (M 1, M 4).
3. Stelle dar, worin sich die Situation auf der Insel bzw. der Erde von der im Schlaraffenland unterscheidet (M 1 – M 4).
4. Diskutiert, ob das Leben auf Schlaraffia für euch erstrebenswert erscheint.
5. Robinson (M 1) hält nicht viel von den Geldstücken, die er findet, obwohl diese auf der Insel rar sind. Gib eine Erklärung dafür.

Knappe Güter – wie handeln wir?

M 5 Knappheit und das ökonomische Prinzip

Sauberes Trinkwasser – aus einem ehemals freien Gut ist ein knappes Gut geworden.

Maximalprinizip

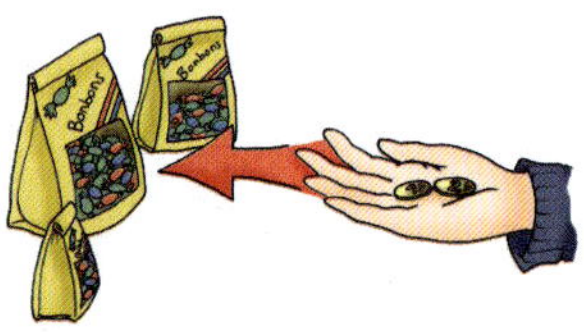

Minimalprinizip

Um überleben zu können, braucht der Mensch ausreichend Nahrung, Kleidung, Behausung und Ausbildung. Zur Befriedigung solcher Grundbedürfnisse benötigt der Mensch Güter bzw. Mittel, die ihm von der Natur in der Regel nicht frei, d. h. ausreichend und konsumreif, zur Verfügung gestellt werden. Man spricht deshalb von knappen Gütern. Die Knappheit von Gütern zur Bedürfnisbefriedigung ist der Grund dafür, dass Menschen wirtschaftlich handeln. Im Mittelpunkt des Lebens steht deshalb die Anstrengung, sich Güter zur Bedürfnisbefriedigung zu beschaffen, was nichts anderes ist als eine Umschreibung von menschlicher Arbeit.

Da die Güter zur Bedürfnisbefriedigung knapp sind, muss der Mensch sich die vorhandenen Mittel einteilen. Wirtschaften heißt insofern angesichts knapper Güter, eine möglichst optimale Verwendung der vorhandenen Mittel anzustreben. Wir handeln dann nach dem sogenannten „ökonomischen Prinzip". Das ökonomische Prinzip hat zwei Ausprägungen: Wenn wir mit unserem Taschengeld versuchen, möglichst viele Bedürfnisse zu befriedigen, handeln wir nach dem Maximalprinzip. Wenn wir ein Bedürfnis, z. B. den Kauf einer Limonade, mit dem geringsten Mitteleinsatz befriedigen, handeln wir nach dem Minimalprinzip.

In unserer heutigen Gesellschaft spielt neben der Befriedigung der Grund- oder Existenzbedürfnisse eine Vielzahl weiterer Bedürfnisse eine immer wichtigere Rolle. Denken wir an den Wunsch nach modischer Kleidung, schönen Einrichtungsgegenständen, besonderem Essen, Musikhören, Konzerte zu besuchen, Urlaubsreisen zu machen etc. Wenn diese Wünsche nicht erfüllt werden, empfinden wir dies als Mangel. Unser Bestreben ist es, diesen Mangel zu beseitigen, indem wir das Bedürfnis befriedigen. Grundsätzlich empfindet jeder Mensch Bedürfnisse unterschiedlich dringlich. So verwendet ein Jugendlicher sein Taschengeld hauptsächlich für sein Handy, während ein anderer ein Großteil seiner Mittel für seinen Lieblingssport ausgibt.

M 6 Welche Güter gibt es?

Nur sehr wenige Güter sind unbegrenzt vorhanden, d. h. frei verfügbar. Zu diesen freien Gütern zählen Wind, Sonnenlicht oder Meerwasser. Sie kosten kein Geld.

Im Gegensatz zu den freien Gütern ist die große Mehrheit der Güter, die wir zum Leben brauchen, knapp. Man nennt sie wirtschaftliche Güter, weil ihre Herstellung Kosten verursacht. Sie haben einen Preis. Bei den wirtschaftlichen Gütern gilt es zwischen Sachgütern, Dienstleistungen und Rechten zu unterscheiden. Sachgüter sind dingliche Güter (Waren), die zur Herstellung anderer Güter (Produktionsgüter) benötigt werden oder ge- und verbraucht (Konsumgüter) werden können. Dienstleistungen können wir nicht sehen oder anfassen. Wir nehmen sie in Anspruch, wenn wir zum Frisör gehen oder auf der Bank Geld abheben. Auch für Rechte müssen wir bezahlen, z. B. für das Recht, ein Musikstück aus dem Internet herunterladen und anhören zu dürfen.

M 7 Wirtschaftliches Handeln im Alltag

Matthias hat 500 € für seinen Urlaub gespart und sucht nun im Internet nach einem Angebot, das ihm einen möglichst langen Urlaub in einem möglichst weit entfernten Land ermöglicht.

Die Bahnstrecke zwischen Nürnberg und München soll zu einem möglichst niedrigen Preis ausgebaut werden, um sie mit einer Höchstgeschwindigkeit von 320 km/h befahrbar zu machen.

In einer Jeans-Fabrik werden Bluejeans hergestellt. In der Fertigungsabteilung wird versucht, möglichst viele Jeansteile aus den Stofflagen auszuschneiden. Die unterschiedlichen Teile und Größen werden daher mit Hilfe eines Computers zu einem optimalen Gesamtschnittbild zusammengestellt.

Eine Werft benötigt für die Produktion seiner Schiffe sehr viel Strom, da die meisten Maschinen relativ alt sind. Die Unternehmensleitung beschließt gemeinsam mit den Mitarbeitern, neue Maschinen zu kaufen, die bei gleicher Leistung weniger Strom als die alten Maschinen benötigen.

Aufgaben

1. Veranschauliche den Zusammenhang zwischen Knappheit und Handeln nach dem ökonomischen Prinzip durch ein Schaubild (M 5).
2. Erstelle für die einzelnen Güterarten, wie sie in M 6 beschrieben sind, eine übersichtliche Struktur (zum Beispiel ein Baumdiagramm), und nenne jeweils ein weiteres Beispiel.
3. Erläutere, nach welchem ökonomischen Prinzip die Menschen in M 7 handeln. Finde weitere Beispiele für das Handeln nach dem Maximalprinzip und Minimalprinzip aus deinem Alltag (M 7).
4. Zur Wiederholung: In Kapitel 1.2 hast du erfahren, dass Wirtschaften heißt, sich zwischen verschiedenen Alternativen zu entscheiden. Dabei spielen persönliche Kosten und Nutzeneinschätzungen eine Rolle. Erläutere mögliche Alternativkosten für Matthias in M 7.

zu Aufgabe 2
Auch Dienstleistungen lassen sich nach Konsum- und Produktionsgütern unterscheiden. Finde Beispiele dafür.

Welche Rolle spielt Geld in der Wirtschaft?

M 8 Wirtschaften ohne Geld – ist das möglich?

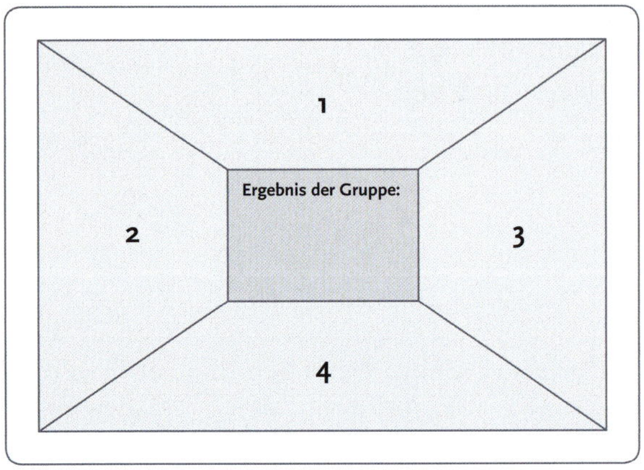

Im Raum steht die Frage, ob es heute möglich wäre, ohne Geld zu wirtschaften. Zunächst werden Vierergruppen gebildet. Jede Gruppe erhält ein Placemat oder Schreibgitter, die einzelnen Gruppenmitglieder erhalten eine Nummer (1 – 4). In einer Stillarbeitsphase beantwortet jeder für sich die Ausgangsfrage, indem er die wichtigsten Argumente notiert und diese auf die Seite des Rechtecks im Placemat schreibt, dessen Nummer er beim Durchzählen erhalten hat. Die Gruppe einigt sich anschließend auf die vier wichtigsten Aspekte und schreibt diese in die Mitte des Rechtecks.

Die Gruppe, die als erste fertig ist, schreibt ihre Ergebnisse an die Tafel. Die anderen Gruppen ergänzen nur noch, sodass in kurzer Zeit sämtliche Gedanken der Klasse ohne Doppelungen als Ergebnis vorhanden sind.

M 9 Entstehung und Aufgaben des Geldes

Aus der Zeit, als die Münzen erfunden wurden, stammt die berühmte griechische Sage „König Midas". Lies die Geschichte (z. B. *www.blikk.it* → Suchfenster: König Midas) und berichte, welche Erfahrungen mit Geld und Gold die Menschen seinerzeit in dieser Geschichte verarbeiteten.

Die Geschichte des Geldes beginnt mit dem Natural- oder Warengeld, welches in allen Kulturen und Epochen vorzufinden war. Naturalgeld konnten wertvolle, nützliche oder schöne Dinge sein, zum Beispiel Steingeld in Mikronesien, Ring- und Schmuckgeld in Neu-Guinea und im Süd-Pazifik, Muschelgeld in Afrika und China. Aspekte der Lagerfähigkeit und der leichten Transportierbarkeit spielten bereits früh, auch in Hinblick auf die Möglichkeit, Werte aufzubewahren, eine Rolle bei der Wahl des Materials. Das erste geprägte Geld, die Münze, bestand aus Elektrum, einer natürlichen Legierung von Gold und Silber, die um 500 v. Chr. vom Perserkönig Darius mit einem Stempel geprägt wurde. Später wurde das Warengeld durch Metallgeld (Kupfer, Silber und Gold) verdrängt. Es wurde zuerst gewogen, später in Recheneinheiten bewertet. Papiergeld entstand als Stellvertreter für Münzgeld. Es war ursprünglich nicht als Ergänzung zu Münzen gedacht, sondern als deren Ersatz bei Mangel an Münzen. Papiergeld waren Wertpapiere mit der Aufforderung an ihren Herausgeber, dem Inhaber auf Verlangen den Gegenwert in Münzen auszuzahlen. Das erste europäische Papiergeld wurde 1483 in Spanien als Ersatz für fehlendes Münzgeld ausgegeben. Das Vertrauen in Papiergeld beruhte ursprünglich darauf, dass es von jedermann jederzeit in Münzgeld umgetauscht werden konnte. Dieses Vertrauen war durch ausreichende Bestände an Münzgeld in den Schatzkammern des Herausgebers begründet.

Um sich die Bedeutung des Geldes heute und seine Funktionen zu veranschaulichen, sollte man sich vergegenwärtigen, wie die Menschen ihre Transaktionen abwickeln mussten, bevor es Geld gab. Ohne Geld waren sie gezwungen, Waren oder Dienstleistungen direkt gegen andere Waren oder Dienstleistungen zu tauschen. Obwohl eine solche Tauschwirtschaft eine gewisse Arbeitsteilung zulässt, stößt sie an praktische Grenzen; außerdem verursacht jeder Tausch von Gütern sogenannte Transaktionskosten von erheblichem Ausmaß.

Das offensichtlichste Problem einer Tauschwirtschaft besteht darin, dass die Menschen einen Handelspartner finden müssen, der genau die Ware oder Dienstleistung wünscht, die sie anbieten, und gleichzeitig zu bieten hat, was sie für ihr Angebot haben wollen. Mit anderen Worten, ein erfolgreicher Tausch erfordert eine wechselseitige Bedürfnisübereinstimmung. Eine solche Tauschwirtschaft brächte daher erhebliche Kosten (Transaktionskosten) mit sich, die mit der Suche nach dem passenden Handelspartner, dem Warten und Lagern, zusammenhängen. Um die mit einer Tauschwirtschaft verbundenen Unannehmlichkeiten zu vermeiden, kann eine der Waren als Tauschmittel verwendet werden. Diese einfache Form des Geldes [...] wird dann Warengeld genannt. Natürlich besteht eine Vorbedingung dafür, dass diese bestimmte Ware die Funktion des Geldes erfüllen kann, darin, dass sie in der gesamten Wirtschaft als Tauschmittel akzeptiert wird – sei es aus Tradition, aufgrund formloser Übereinkunft oder aufgrund eines Gesetzes.

Dabei liegt es auf der Hand, dass Waren, die als Tauschmittel dienen, einige ganz bestimmte Eigenschaften aufweisen sollten. Insbesondere sollten Gegenstände, die als Warengeld dienen, leicht zu tragen, langlebig und teilbar sein, und ihre Qualität sollte sich problemlos überprüfen lassen. Behält die als Geld verwendete Ware ihren Wert im Zeitverlauf, kann sie über eine längere Zeit gehalten werden. Dies ist ein besonders nützlicher Aspekt, denn er gestattet, den Verkaufsvorgang vom Kaufvorgang zu trennen. In diesem Fall erfüllt Geld die wichtige Funktion eines Wertaufbewahrungsmittels. Ebenso wichtig ist die Funktion des Geldes als Recheneinheit.

Die handelnden Menschen müssten immer das genaue Umtauschverhältnis bestimmen, zum Beispiel zwischen Broten und Haarschnitt oder zwischen Haarschnitt und Schuhen.

nach: Dieter Gerdesmeier, Preisstabilität: Warum ist sie für dich wichtig", Lehrerheft, Europäische Zentralbank, Frankfurt a. M. 2007, S. 15 ff.

Zahlungsmittel aus der Frühgeschichte: Kauri-Muscheln (rechts), Oliv-Muscheln (links oben), Kegelschneckenhäuschen (links unten).

Das lateinische Wort für Geld heißt pecunia – „Vermögen an Vieh" (von pecus: „Vieh") –, weil das erste römische Münzgeld den Wert eines Rindes verkörpern sollte.

Aufgaben

1. Jäger Paolo hat ein Reh erlegt. Dabei ist sein Bogen zerbrochen. Jagdfreund Edgar hat zwar einen zweiten Bogen anzubieten, möchte jedoch nicht gegen ein Reh tauschen. Edgar sucht ein scharfes Messer mit einer langen Klinge. Schmied Wilhelm hat ein derartiges Messer angefertigt und hätte gern ein Reh dafür. Stelle mit Hilfe von Pfeilen einen Tauschvorgang dar, der alle drei beteiligten Personen zufriedenstellt, und diskutiere die damit verbundenen Schwierigkeiten (M 9).
2. Erläutere in einem Kurzvortrag Entstehung und Aufgaben des Geldes. Gehe dabei besonders darauf ein, inwiefern die Geldwirtschaft der Warentauschwirtschaft überlegen ist (M 9).

Wie kann man mit dem Taschengeld auskommen?

M 10 Wozu Taschengeld?

M 11 Einnahmen und Ausgaben Jugendlicher

Lesehilfe:
64 % aller Befragten (= 100 %) gaben an, ihr Taschengeld für Süßigkeiten, Kekse zu verwenden.

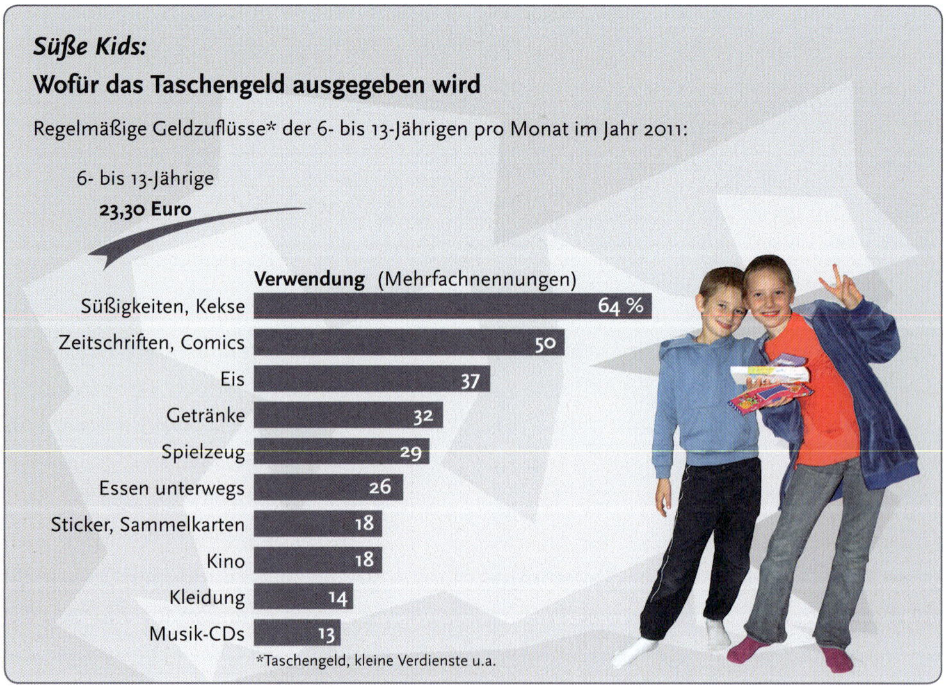

Globus Grafik 2293; Quelle: KidsVA 2011

Methode

M 12 Einen Haushaltsplan erstellen

Um die eigenen Finanzen im Blick zu behalten und nicht in die „Schuldenfalle“ zu geraten, empfiehlt sich die Erstellung eines Haushaltsplans. Ergänze die Tabelle um deine persönlichen Geldquellen und Ausgabeposten. Ziehst du von den Einnahmen die Ausgaben ab, erhältst du den Saldo. Ist dieser positiv, hast du einen Überschuss, ist er negativ, ein Defizit.

Zeitraum (z.B. Woche, Monat):			
Einnahmen		**Ausgaben**	
Taschengeld		Süßigkeiten	
Nebenjob		Kino	
Geldgeschenke		Kleidung	
...		...	
		Sparen	
Gesamt		Gesamt	
Einnahmen – Ausgaben (Saldo) =			

Rechne einmalig erhaltene Geldbeträge und feststehende Ausgabeposten auf die Bezugsgröße deines Haushaltsplans um (Woche / Monat). Hier kannst du auch schätzen.

M 13 Rasenmähen für eine CD?

Gerlinde Unverzagt hat mehrere Erziehungsratgeber verfasst. Spiegel Online sprach mit der Autorin.

SPIEGEL ONLINE: Wie bringt man Kindern bei, Verantwortung zu übernehmen?

Unverzagt: Das Taschengeld ist eine prima Spielwiese, um den Umgang mit Geld zu lernen. [...] Weil die Eltern für alles Notwendige sorgen, kaufen die Kids viele Sachen, die eigentlich überflüssig sind. An diesem Punkt muss man einhaken. Kinder müssen lernen, dass man für Geld arbeiten muss. Insofern wäre es sinnvoll, das Taschengeld an bestimmte Voraussetzungen zu knüpfen, die ein Kind erbringen muss.

SPIEGEL ONLINE: Also Rasenmähen für eine CD?

Unverzagt: Das ist vom Alter abhängig, aber warum sollen sich 13-Jährige nicht Geld durch Babysitten verdienen. Es ist wichtig, dass Kinder den Zusammenhang zwischen Leistung und Geld erkennen können, um dann die Möglichkeit zu haben, zu entscheiden, ob das, was sie haben wollen, auch wirklich den Einsatz wert ist.

Interview: Sabine Hoffmann, Der Spiegel, 3.12.2001

Aufgaben

1. Führt die Diskussion aus M 10 in der Klasse fort. Welches „Taschengeld-Modell“ haltet ihr für das beste?
2. Vergleiche die Grafik zur Taschengeldverwendung in M 11 mit deinem eigenen Konsumverhalten.
3. Erstelle einen Haushaltsplan über einen Zeitraum von zwei Wochen. Halte sämtliche Einnahmen und Ausgaben fest (M 12).
4. Sollten Jugendliche für ihr Taschengeld Arbeiten im Haushalt übernehmen? Sammelt zunächst Argumente, und diskutiert die Frage anschließend in der Klasse (M 13).

Schulden machen – auf Raten in die Pleite?

M 14 Leben im Soll

M 15 Warum verschulden sich Jugendliche?

Verschuldung
bedeutet, dass man alle Forderungen in absehbarer Zeit tilgen kann. Die Aufnahme eines Kredites und damit eine Verschuldung ist ein normaler wirtschaftlicher Vorgang und sagt noch nichts über die Zahlungsfähigkeit an sich aus.

Überschuldung
Hier sind die monatlichen Gesamtausgaben beständig höher als die Summe der Einnahmen mit der Folge, dass sich die Forderungen stetig erhöhen und unmöglich begleichen lassen.

Gründe für die Verschuldung von Jugendlichen gibt es viele. Hier ist auch das Verhalten der Erwachsenen, insbesondere der Eltern, zu nennen. Kinder sehen, wie ihre Eltern sorglos mit Krediten und Schulden umgehen. In einem solchen Umfeld schrecken Schulden und die damit verbundenen Konsequenzen nicht ab. Erwachsene wie Jugendliche werden täglich zum Kauf von Konsumgütern durch Werbung animiert. Was Nachbarn, Bekannte oder Freunde konsumieren und kaufen, möchte man ebenso haben, weil man glaubt, sonst nicht mithalten zu können und nicht den erwünschten gesellschaftlichen Status zu besitzen (Statusdenken). Gerade bei Jugendlichen übt häufig der Freundes- und Bekanntenkreis versteckt oder offen Druck aus: Wenn man dazu gehören will, muss auch genügend Geld für z. B. Markenklamotten, I-Phone, Urlaubsreisen vorhanden sein. Kinder und Jugendliche verlieren leicht den Überblick über ihre finanzielle Situation, weil sie sich ihr Haushaltsbudget nicht ausrechnen und es ihnen die Banken teilweise leicht machen, das Konto zu überziehen oder nach der Volljährigkeit Kredite aufzunehmen. Für viele ist es sehr schwer, aus eigener Kraft aus der Schuldenspirale herauszukommen, weil es in aller Regel nur über Einschränkungen des Konsums und/oder höhere Einnahmen und Einteilung der vorhandenen Geldmittel möglich ist. Hilfen bieten die Schuldnerberatungsstellen. Die Beratung ist kostenlos. Bei einem Gespräch können Experten die Situation des Schuldners analysieren und mögliche Lösungswege erarbeiten.

M 16 Die Rolle der Banken

Für unerfahrene Bankkunden dürfte das überraschend sein: Sie bringen Geld zur Bank und zahlen es auf ihr Konto ein. Aber ihr Geld bleibt dort gar nicht liegen. Es wird zwar in Büchern und auf dem Kontoauszug vermerkt, dass der Kunde einen Betrag auf sein Konto eingezahlt hat. Aber das Geld wird gleich weiter verliehen. Die Bank arbeitet damit und macht mit dem Geld Geschäfte [...]. Es kann sich sogar zufällig Folgendes ergeben: Ein Arbeiter zahlt einen 100-Euro-Schein auf sein Konto ein. Die Bank verleiht den Schein an den Chef des Arbeiters. Der Chef gibt ihn später dem Arbeiter, der ihn wieder auf sein Girokonto einbezahlt. Das Girokonto des Arbeiters wächst, die Schulden des Chefs wachsen und die Bank macht gute Geschäfte. Und das alles mit einem einzigen 100-Euro-Schein. [...] Eine der wichtigsten Tätigkeiten der Bank ist das Kreditgeschäft – so nennt man es, wenn Banken Geld verleihen und dafür einen Zins nehmen. Der Zins ist der Preis, den die Banken für das Geldverleihen verlangen: Ein Kunde bekommt beispielsweise 100 € von der Bank für ein Jahr geliehen und muss dann 110 € zurückzahlen. Die Differenz zwischen dem geliehenen und dem zurückzuzahlenden Geld ist der Zins. Er ist der Grund, weswegen die Vergabe von Krediten für die Bank ein Geschäft ist. [...] Wenn gewöhnliche Banken Geld brauchen, holen sie sich die Scheine bei der Zentralbank auf Kredit. Der Zins für diesen Kredit, den die Zentralbank erhebt, heißt Leitzins. Das ist der wichtigste Zins überhaupt.

Winand von Petersdorff, Das Geld reicht nie, 2. Aufl., Frankfurt a.M. 2008, S. 97, 106

Bankdienstleistungen
- Abwicklung von Zahlungsvorgängen (bargeldloses Zahlen Überweisungen, Daueraufträge)
- Angebote für Geldanlagen, Vermögensbildung (Sparbuch, Sparbrief, Aktien, ...)
- Finanzierung der Produktion und des Konsums (Vergabe von kurz- oder langfristigen Krediten)
- Sonstige Dienstleistungen (z. B. Vermögensverwaltung)

Aufgaben

1. Diskutiert, für welchen der Konsumwünsche die Aufnahme eines Kredits sinnvoll sein könnte (M 14).
2. Nenne Gründe, warum sich Jugendliche verschulden. Formuliert Ratschläge, wie eine Überschuldung vermieden werden kann (M 15).
3. Erläutere, wie eine Bank funktioniert (M 16).
4. Julia (18) möchte sich einen gebrauchten Kleinwagen kaufen. Sie nimmt von ihrer Bank für ein Jahr einen Kredit in Höhe von 5.000 Euro auf. Die Bank berechnet dafür Zinsen in Höhe von 164 Euro. Die einmalige Bearbeitungsgebühr beträgt 1 % der Kreditsumme. Berechne die monatliche Rate (Tilgung + Zins).

Was wir wissen

Güter und Bedürfnisse
M 4, M 6

Auf der Erde stehen die Bedürfnisse der Menschen in einem Spannungsverhältnis zu den vorhandenen Gütern und Mitteln. Dies wird auch sehr deutlich beim gestrandeten Robinson. Es herrscht Knappheit an Gütern angesichts einer unbegrenzten Zahl von Bedürfnissen. Deshalb muss der Einzelne wirtschaftlich handeln. Wirtschaften heißt also allgemein, die vorhandenen Mittel zur Bedürfnisbefriedigung möglichst wirksam (effizient) einzusetzen (ökonomisches Prinzip). Bei Robinson geht es ums Überleben, deshalb bestimmen die Grund- und Sicherheitsbedürfnisse sein Handeln. Erst wenn diese Bedürfnisse befriedigt sind, wird Robinson sein Handeln auf darauf aufbauende Bedürfnisse, wie z. B. soziale Bedürfnisse, richten.

Knappheit als Prinzip wirtschaftlichen Handelns
M 5

Geldwirtschaft und die Funktionen des Geldes
M 9

Ohne Geld könnten wir heute nicht wirtschaften. Das Geld in Form von Bargeld, also Banknoten oder Münzen, ist Tausch- und Zahlungsmittel, es kann gespart werden und als Wertaufbewahrungsmittel dienen; schließlich ist es eine Recheneinheit, die als Maßstab für den Wert von Waren und Dienstleistungen benutzt wird. Das Geld stand nicht am Anfang des Wirtschaftens. Die ersten Formen des Wirtschaftens waren durch den Tauschhandel mit Naturalien bestimmt. Der Naturaltausch hatte gegenüber dem Geld den Nachteil, dass die Tauschgegenstände in der Regel nicht länger aufbewahrt werden konnten und als allgemeiner Wertmaßstab ungeeignet waren.

Haushaltsplan
M 12

In einem Haushaltsplan oder Budget werden die Einnahmen und die Ausgaben gegenübergestellt. Er dient dazu, sich einen Überblick über die finanzielle Lage zu verschaffen. Jugendliche verfügen über Taschengeldeinnahmen, die als Konsumausgaben einen wichtigen wirtschaftlichen Beitrag leisten. Deshalb werden Jugendliche von Unternehmen umworben.

Schulden machen und Sparen
M 15

Wer seine Ausgaben nicht mit den Einnahmen bestreiten kann, hat die Möglichkeit, z. B. bei einer Bank einen Kredit aufzunehmen. Ein Kredit ist „geliehenes Geld“, das man nach einer vereinbarten Frist wieder zurückzahlen muss. Außerdem muss man für einen Kredit meist teuer bezahlen. Immer mehr Jugendliche haben bereits Schulden, die große Belastungen für die Zukunft bedeuten, weil sie in der Regel dazu führen, dass der Schuldner seine Ausgaben einschränken oder seine Einnahmen durch zusätzliche Arbeit steigern muss. Problematisch ist, wenn die Einnahmen dauerhaft nicht ausreichen, die Schulden zurückzuzahlen. Dann droht die Überschuldung. Sparen bedeutet, auf Konsum zu verzichten, und ermöglicht finanzielle Handlungsspielräume und mehr Sicherheit für die Zukunft.

Banken
M 16

Banken übernehmen im Wirtschaftsgeschehen wichtige Aufgaben: Sie wickeln Zahlungsvorgänge über Konten ab, machen Angebote für Geldanlagen und Kredite und beraten über alle Geldangelegenheiten.

Eine „Begriffslandkarte“ erstellen

Eine Begriffslandkarte (Concept-Map) eignet sich dazu, Begriffe und ihre Beziehungen zueinander zweidimensional, wie Orte und Wege auf einer Landkarte, darzustellen. Auf diese Weise kann grafisch verdeutlicht werden, in welchen Beziehungen Begriffe zueinander stehen. Die Art des Zusammenhangs zwischen den Begriffen kann auf den Verbindungslinien festgehalten werden. Deshalb eignen sich Begriffslandkarten besonders zur Erschließung eines Themas bzw. zum Lernen und Wiederholen. Durch die Wissensstrukturierung und intensive Beschäftigung mit einzelnen Begriffen und Beziehungen verbessert sich die Behaltensleistung, und Wissenslücken sind einfacher zu erkennen. Die Concept-Map kann auch in Gruppenarbeit an einer Tafel erfolgen, wobei zunächst gemeinsam Begriffe gesammelt und anhand von einzelnen Karten oder Notizzetteln gemeinsam geordnet und verknüpft werden.

Aufgabe
Überlege genau, welche Zusammenhänge zwischen den abgebildeten Begriffen bestehen. Ordne die Begriffe dann sinnvoll auf einem Blatt Papier an (Nähe, Distanz, Gegensätze, ...). Ziehe Verbindungslinien. Beschrifte dann die Linien und schreibe gegebenenfalls weitere Informationen zu den Begriffen.

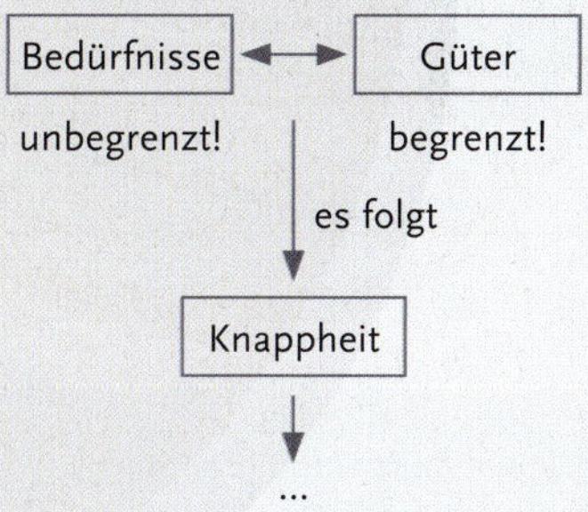

„Cast away“

In dem Film „Cast away“ strandet der Postangestellte Chuck Noland (gespielt von Tom Hanks) nach einem Flugzeugabsturz auf einer unbewohnten Insel. Er lebt in einer Höhle und lernt, sich mit Fischen und Früchten zu versorgen. Nach vier Jahren wagt er ohne jede Aussicht auf Erfolg die Flucht von der einsamen Insel.

Aufgaben
1. Erkläre mit Hilfe deines Wissens über die menschlichen Bedürfnisse, warum sich Noland zur Flucht von der Insel entschloss.
2. Noland schreibt nach seiner Rettung einen Brief, in dem er begründet, warum er auf der Insel kein Geld benötigte. Verfasse diesen Brief.

4.2 Konsum unter der Lupe – was das Konsumverhalten beeinflusst

Was soll ich kaufen?

M 1 Was ist entscheidend beim Handykauf?

Die Auswahl ist riesig. Doch wie findet man das passende Produkt?

Derzeit gibt es in Deutschland mehr Handys als Bundesbürger. Das bedeutet, dass viele Deutsche nicht nur ein, sondern gleich mehrere Mobiltelefone besitzen. Doch was sind die wichtigsten Auswahlkriterien beim Kauf eines neuen Handys? Eine aktuelle Studie des Marktforschungsunternehmens Konzept & Analyse unter 400 Probanden ging dieser Frage nach. Das überraschende Ergebnis: Bei den meisten Konsumenten (39 Prozent) entscheiden der Markenname und das Design darüber, welches Handy sie erwerben. Erst an zweiter Stelle steht die Funktionalität des Telefons. So machen 31 Prozent der Befragten ihre Kaufentscheidung von der technischen Ausstattung des Handys abhängig. Lediglich 16 Prozent der Konsumenten finden es am wichtigsten, dass das Mobiltelefon möglichst günstig ist beziehungsweise sie bei einem Vertragsabschluss nichts dazu bezahlen müssen.

Besonders interessant: Marke und Optik sind für Frauen noch wichtiger als für Männer (Frauen: 41 Prozent, Männer: 36 Prozent). Männer wiederum begründen ihre Entscheidung beim Handykauf stärker mit der technischen Ausstattung des Telefons (Frauen: 28 Prozent, Männer: 35 Prozent). Für Jugendliche haben der Herstellername und das Aussehen im Vergleich mit den älteren Altersgruppen die weitaus größte Bedeutung beim Kauf eines bestimmten Mobiltelefons. Über die Hälfte der 14- bis 17-Jährigen (52 Prozent) macht ihre Kaufentscheidung von diesen beiden Aspekten abhängig. Bei den Befragten über 60 Jahre entscheidet dagegen vor allem die Funktionalität beziehungsweise eine möglichst unkomplizierte Handhabung (39 Prozent) des Telefons über den Kauf.

http://www.inside-handy.de/news/13729.html (20.4.2010)

Aufgaben

1. Fasse die Auswahlkriterien für den Handykauf, die in M 1 genannt sind, zusammen. Ergänze gegebenenfalls weitere Kaufkriterien.
2. Bildet Vierer-Teams. Einigt euch im Team auf eine Prioritätenliste (Rangfolge) der Kaufkriterien.

M 2 Webquest – sich im Internet gezielt informieren

Fall 1

Dein Onkel will sich zum ersten Mal überhaupt ein Handy zulegen. Er hat keine Ahnung von all den technischen Details, schon gar keinen Überblick über die unterschiedlichen Tarife. Hilfe suchend wendet er sich an dich. Du empfiehlst ihm ein passendes Modell und einen geeigneten Tarif. Erläutere deinen Vorschlag in einem kurzen, aber anschaulichen Brief, dem noch eine illustrierte Seite beigefügt ist, damit der Onkel sich das Gerät und alle wichtigen Details wirklich vorstellen kann.

Fall 2

Dein Freund kennt sich schon ganz gut aus mit Handys. Er hat zur Konfirmation Geld geschenkt bekommen und möchte sich endlich ein Multimedia-Handy kaufen. Er muss allerdings seine Eltern noch von dem Gerät und dem Tarif überzeugen. Sucht ein geeignetes Gerät für ihn aus und macht einen Tarifvorschlag anhand eines selbst gestalteten Prospekts, den er dann auch seinen Eltern zeigen kann.

Arbeitsschritte bei einem Webquest

1. Arbeitet zu zweit oder zu dritt an einem Rechner.
2. Diskutiert zunächst, nach welchen Gesichtspunkten ihr die Handy-Angebote untersuchen wollt. Achtet darauf, dass ihr möglichst viele relevante Gesichtspunkte erfasst. Versetzt euch in die Perspektive eures Adressaten. Berücksichtigt dabei, welche Bedürfnisse, welche Erfahrungen und Vorkenntnisse, welche finanziellen Möglichkeiten die Person jeweils haben könnte. Überlegt euch, wozu die jeweilige Person das Handy benötigt oder wie sie es nutzen will. Entscheidet danach, welche Ausstattung jeweils notwendig oder geeignet sein könnte.
3. Recherchiert auf den angegebenen Seiten (siehe Quellen) die erforderlichen Informationen.
4. Erstellt einen arbeitsteiligen Zeitplan, damit ihr den Arbeitsprozess übersichtlich strukturieren und jederzeit verfolgen könnt.
5. Achtet darauf, dass ihr die zeitlichen Vorgaben einhaltet.
6. Gestaltet nun den Brief oder den Prospekt (wahlweise auch eine PowerPoint-Präsentation oder ein Plakat). Achtet darauf, dass ihr den Adressaten von eurem Vorschlag überzeugen wollt.
7. Vergleicht eure Ergebnisse und diskutiert über die unterschiedlichen Vorschläge.
8. Ermittelt jeweils einen Top-Vorschlag. Orientiert euch bei der Auswahl dabei an den Bewertungskriterien.

Quellen

Allgemeine Infos zu Handys

www.checked4you.de (Verbraucherzentrale NRW)
www.handywissen.info (Landesstelle Kinder- und Jugendschutz Sachsen-Anhalt e.V.)
www.handysektor.de (Landesanstalt für Medien NRW)

Testberichte/Vergleiche

www.inside-handy.de/handyvergleich/
www.chip.de/handy/
www.geizkragen.de
www.preisvergleich.de
www.blitztarif.de
www.handytarife.de
www.testberichte.de
www.test.de
www.oekotest.de

Bewertung der Ergebnisse

1. Wie weit sind die gestellten Aufgaben inhaltlich gelöst worden?
   - die Aufgaben/Probleme wurden nicht oder falsch gelöst
   - die Lösungen weisen noch Lücken auf
   - die Aufgaben wurden vollständig gelöst
2. Wie ist die Präsentation der Ergebnisse zu bewerten?
   - technischer Anspruch der Präsentation
   - inhaltliche Qualität und Strukturierung
   - Design, Layout, grafische und mediengerechte Darstellung
   - mündliche Kommentierung

Das Marktmodell – bestimmt der Preis den Kauf?

M 3 Die Märkte – der Markt

Rossmarkt um 1900

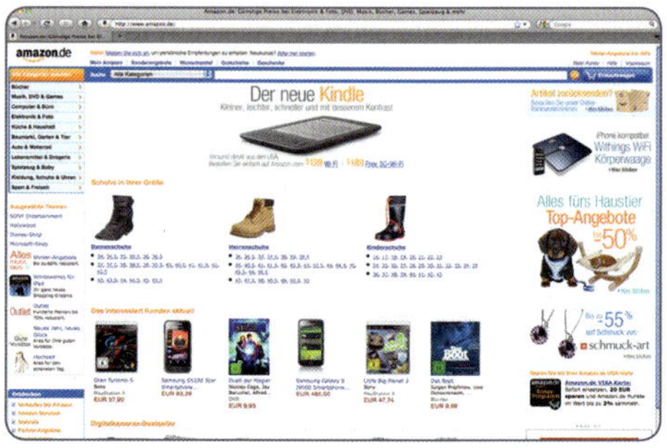

Virtueller Marktplatz

Börse in Frankfurt

Flohmarkt

Märkte sind eine der erstaunlichsten Entwicklungen der Menschheit. Es gab sie zu allen Zeiten und überall auf der Welt. Niemand hat jemals das Prinzip des Marktes „erfunden", die Menschen entwickelten es unbewusst, indem sie einfach ihren eigenen Bedürfnissen nachgingen. Es funktionierte auf den Wochenmärkten im Mittelalter nicht anders als auf den Basaren der arabischen Städte, auf Flohmärkten oder an den modernen Börsen: Wer etwas anzubieten hat, möchte dieses möglichst teuer verkaufen, wer etwas braucht, will dafür möglichst wenig bezahlen.

nach: Nikolaus Piper, Geschichte der Wirtschaft, Weinheim u. a. 2002, S. 52

M 4 Das Angebot – wieso sind die Regale im Supermarkt so voll?

In Deutschland entscheidet keine Regierung, kein Parlament und kein Beamter über die Sortimente im Supermarkt. Die Entscheidung trifft der Supermarktbesitzer. Er sorgt für genug Brot, Marmelade und Tiefkühlpizza. Die Entscheidung fällt er, weil er sich davon etwas verspricht: Er glaubt, die Waren verkaufen zu können und damit Geld zu verdienen.

Der Supermarktbesitzer muss dazu die Ware zunächst selbst einkaufen. Er kauft Marmelade zum Beispiel für 1 Euro das Glas ein und verkauft sie für 1,69 Euro. 69 Cent bleiben also erst einmal für ihn. Wenn er am Tag

30 Marmeladengläser verkauft, summiert sich das zu rund 20 Euro. [...] Geld bleibt für den Supermarkt-Chef unter einer Bedingung übrig: Er verkauft die Produkte teurer, als er sie einkauft. Der Kaufmann will Gewinn machen, und zwar möglichst viel davon: Gewinn ist der Rest, der übrig bleibt, wenn er von seinen gesamten Einnahmen seine gesamten Ausgaben abzieht. Kürzer gesagt: Gewinn gleich Einnahmen minus Ausgaben.
Ausgaben hat er nicht nur, weil er die Marmelade selbst beim Großhändler oder bei der Marmeladenfabrik einkaufen muss. Er muss auch seine Kassiererinnen bezahlen, den Strom für Licht und Heizung, die Preisetikettiermaschine und die Scannerkasse. Der Chef hat deshalb ein Ziel: Er will seine Preise für Marmelade und alle anderen Produkte so hoch setzen, dass für ihn möglichst viel Gewinn übrig bleibt. [...]
Ökonomen glauben, dass die Menschen von Grund auf eigennützig sind. Und sie nehmen an, dass dieser Eigennutz eine der Hauptursachen ist, warum ein Markt funktioniert: Der Kaufmann will viel Geld für sich und seine Familie einnehmen. Deswegen sucht er Produkte – Schokoladenriegel oder Tütensuppen, Zahnpasta oder Spaghetti –, die andere Menschen haben wollen. Er stellt sie ins Regal und bietet sie ihnen zum Verkauf an. Ganz schlicht ausgedrückt: Sein Egoismus macht die Regale voll. [...] Tütensuppen verkaufen ist für den Kaufmann nützlicher als Tütensuppen verschenken.
Das bedeutet nicht, dass Menschen im Weltbild der Ökonomen kaltherzig sind. Denn der Nutzen des einen ist nicht unbedingt der Schaden des anderen. Im Gegenteil: Der Händler liefert Tütensuppen, weil er auf mein Geld scharf ist. Ich gebe ihm mein Geld, weil ich auf seine Tütensuppen scharf bin. Beide, ich und er, sind wir nach dem Geschäft ein Stück zufriedener.

Winand von Petersdorff, Das Geld reicht nie, 2. Aufl., Frankfurt 2008, S. 16 – 20

M 5 Die Nachfrage – wie man Egoisten zähmt

Im Frühjahr 2007 tourte die Sängerin Beyoncé Knowles durch Deutschland. In vier Städten machte sie Station. Die Hallen fassten zehntausende Plätze. Die Karten kosteten zwischen 50 und 90 Euro. Das ist viel Geld für die zumeist 12 bis 16 Jahre alten Besucher. Trotzdem waren die Konzerte schnell ausverkauft.
Wie begehrt die Karten waren, zeigte sich im Internetauktionshaus Ebay, wo 70-Euro-Karten für 100 Euro gehandelt wurden. Vor der Frankfurter Festhalle standen am Konzerttag Leute, die ihre Karten für 150 bis 250 Euro weiter verkaufen wollten.
Die Karten waren knapp. Und mehr gab es nicht. Deshalb wetteiferten die Leute um die wenigen Karten, die noch da waren. Jeder versuchte, dem Kartenbesitzer mehr Geld zu bieten als die anderen. So stieg der Preis der Karte. Sie ging schließlich an den, der am meisten dafür bot.
Die Regel dazu lautet: Übersteigt die Nachfrage (nach Karten) das Angebot (an Karten), dann steigt der Preis solange, bis die überzähligen Nach-

frager abgesprungen sind und die Nachfrage (nach Karten) gleich dem Angebot (nach Karten) ist.

Wenn doch alle Beyoncé lieben, hätte sie möglicherweise die Tickets für ihre Konzerte noch teurer machen können, um mehr Geld zu verdienen. Warum hat sie das nicht gemacht? [...]

Wird Beyoncé zu teuer, verlieren selbst große Anhänger das Interesse an ihr. Denn sie wollen trotzdem weiter nicht aufs Handytelefonieren verzichten und trotzdem weiter ab und zu mal ins Kino gehen können. Die Freiheit der 1981 geborenen Sängerin, Tickets teuer zu machen, wird begrenzt durch das Taschengeld ihrer treuen Kunden. [...]

Grundsätzlich steht Beyoncé aber trotzdem vor folgendem Zwiespalt: Verlangt sie zu viel Geld für das Ticket, bricht ihr das Publikum weg. Verlangt sie zu wenig Geld, bricht ihr der Gewinn weg. Beyoncé muss genauso praktisch denken wie ein Bäcker oder ein Kaufmann. Das tut sie auch.

Offensichtlich hängen Preis und Nachfrage (Kaufwunsch) zusammen. Kunden kaufen etwas, wenn sie es haben wollen und wenn sie Geld dafür locker machen können. Der Anbieter hingegen setzt den Preis hoch genug, damit für ihn Gewinn bleibt, und so hoch wie gerade möglich, ohne Kunden abzuschrecken. Er will für sich das Beste herausholen: viel Gewinn.

Der Trost aus diesem Mechanismus lautet: Wir Kunden sind Verkäufern, Sängern und anderen Anbietern nicht hilflos ausgeliefert. Sie müssen aus Eigennutz unsere Wünsche und unsere Zahlungsbereitschaft ergründen und respektieren, damit sie nicht auf ihrer Ware sitzen bleiben.

Winand von Petersdorff, Das Geld reicht nie, 2. Aufl., Frankfurt 2008, S. 20-23

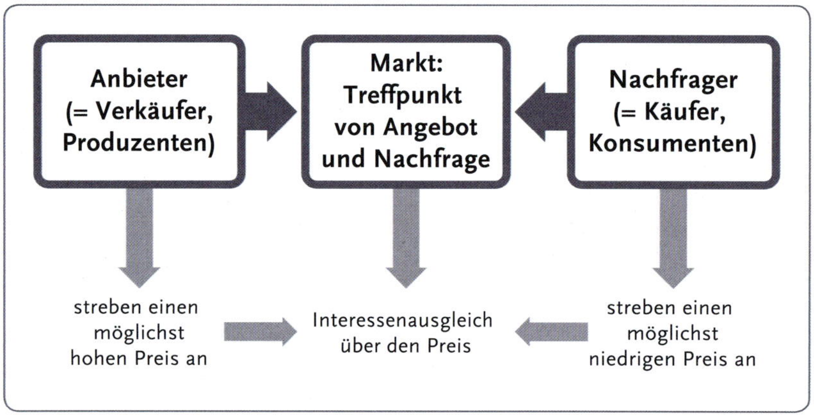

Aufgaben

1. Vergleiche die abgebildeten Märkte. Was haben sie gemeinsam, was unterscheidet sie (M 3)?
2. Erkläre, warum die Regale in Supermärkten so gut gefüllt sind und welche Rolle der Eigennutz der Menschen dabei spielt (M 4).
3. Erläutere, wie sich Preise bilden und welche Funktion sie haben (M 4 und M 5).

M 6 Zur Vertiefung: Preisbildung im Modell: „Preis-Mengen-Diagramm“

Ein paar Worte zur Methode

Ja, es gibt nichts Praktischeres als eine gute Theorie. Jedes Weltbild, jede Analyse folgt einer Theorie oder einem Modell. Anders könnte man die Realität nicht erfassen. Uns fehlte einfach die Handlungsgrundlage. Aber warum? Weil die Welt so „komplex“ ist, dass zu ihrem auch nur annähernden Verständnis eine – oft erschreckend – vereinfachte Darstellung nötig ist. [...] Es ist deshalb unsinnig, ein Modell zu kritisieren, weil es zu einfach und nicht „realistisch“ genug sei. Modelle sind naturgemäß nicht realistisch, und kein Ökonom ist so blind, das nicht zu sehen. Er überlegt sich ja gerade eine Theorie, um jene Phänomene, die zu komplex für unsere Hirne sind, in ihrem Kern zu erfassen; von daher auch die zwingende Notwendigkeit, sich eine vereinfachte, „unrealistische“ Darstellung dieser Phänomene auszudenken. Nach dieser Methode arbeiteten schon die Wissenschaftler im Mittelalter. Physiker verwenden extrem vereinfachte Modelle von Atomen, Wirtschaftswissenschaftler benutzen nicht weniger vereinfachte Modelle von Märkten.

Daraus lässt sich allerdings nicht ableiten, dass alle Theorien gleichermaßen gültig sind. Es gilt auch nicht, Modelle zu konstruieren, die so einfach sind, dass sie absurd werden. Oder, um es mit Paul Valery zu sagen: Was einfach ist, ist falsch, was komplex ist, ist nicht brauchbar. Eine Theorie sollte so gestaltet sein, dass darin alle unwichtigen Aspekte eines Phänomens unbeachtet bleiben. Das zu erreichen ist nicht nur eine Wissenschaft, sondern auch eine Kunst.

André Fourcans, Die Welt der Wirtschaft, 4. Aufl., Frankfurt 1999, S. 19 f.

Preisbildung unter der Lupe

Um das Prinzip der Preisbildung zu verstehen, bedient man sich eines Modells. In diesem Modell wird angenommen, dass sich Angebot und Nachfrage unabhängig voneinander bilden. Betrachten wir also zunächst die Nachfrageseite:

Für Schüler und Lehrer einer Schule soll ein Mittagessen angeboten werden. Jeden Donnerstag sollen Gemüseburger verkauft werden. Lehrer und Schüler stellen die Nachfrage auf dem Gemüseburgermarkt dar. Natürlich unterscheiden sich die Nachfrager: Manche haben mehr, manche weniger Hunger, einige haben mehr Geld für den Mittagstisch zur Verfügung als andere, nicht alle mögen Gemüseburger, für viele ist es ihr Leibgericht. Wie könnte sich also die Nachfrage nach den Bratlingen entwickeln? Nehmen wir an, 100 Schüler und Lehrer wären bereit, 3 € für ihren Gemüseburger auszugeben. Bei einem niedrigeren Preis von 2 € wären schon weitere 100 Schüler und Lehrer geneigt, den Mittagssnack zu kaufen. Nochmals 100 Schüler und Lehrer würden die Burger nachfragen, wenn der Preis dafür nur 1 € betragen würde.

Es ist einleuchtend, dass die Schüler und Lehrer, die bereit gewesen wären, 2 oder 3 € für den vegetarischen Burger auszugeben, auch für 1 € kaufen würden. Sie freuen sich lediglich, dass sie ihn so günstig bekommen. Wie man erkennen kann, ist die Nachfrage bei einem niedrigen Preis höher. Umgekehrt ist die Nachfrage geringer, wenn der Preis hoch ist. Deshalb addiert sich die Nachfrage der einzelnen Käufer mit abnehmendem Preis. Im Modell spricht man von der aggregierten (zusammengefassten) Nachfrage. Sie lässt sich grafisch so darstellen:

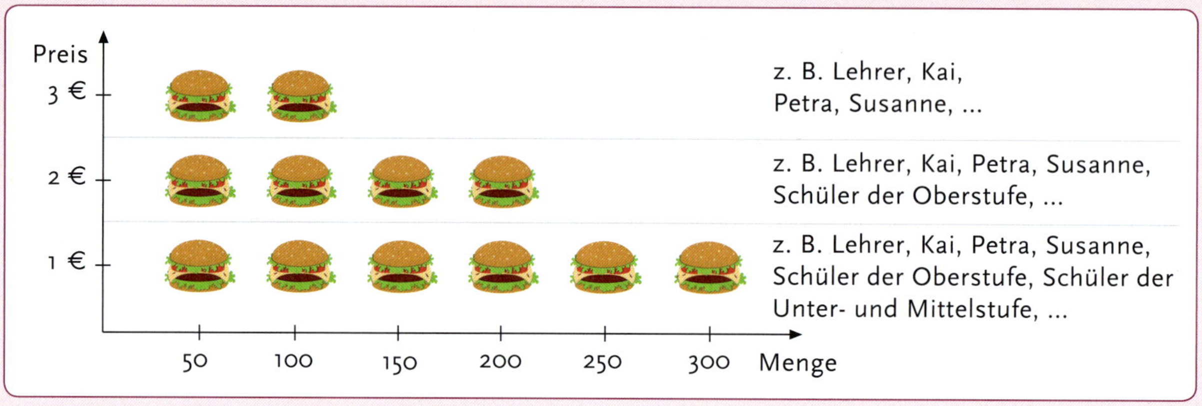

Ein gezeichneter Burger steht für 50 „echte" Burger.

Betrachten wir nun die Angebotsseite: Hausmeister, Eltern und ein Catering-Service wären bereit, die Gemüseburger anzubieten. Der Hausmeister, so nehmen wir an, könnte mit seiner Frau 100 vegetarische Bratlinge für 1 € verkaufen. Die Eltern könnten zusammen 100 Gemüseburger für 2 € anbieten, da ihr Herstellungsaufwand etwas größer wäre. Sie müssten sich abstimmen, wer wie viele Burger produziert, und den Transport zur Schule organisieren. Der Catering-Service mit hohen Personalkosten könnte weitere 100 Burger für 3 € anbieten. Selbstverständlich würden Hausmeister und Eltern auch für 3 € ihre Gemüseburger anbieten können. Hier addiert sich also das Angebot bei steigendem Preis. Man spricht vom aggregierten (zusammengefassten) Angebot. Je höher der Preis, desto größer ist die angebotene Menge. Je niedriger der Preis, desto geringer das Angebot, weil nur wenige Anbieter in der Lage sind, zu diesem Preis zu produzieren. Anbieter, die bei einem niedrigeren Preis nicht mehr gewinnbringend produzieren können, werden einfach vom Markt verdrängt. Die Angebotsseite im Beispiel lässt sich grafisch so darstellen:

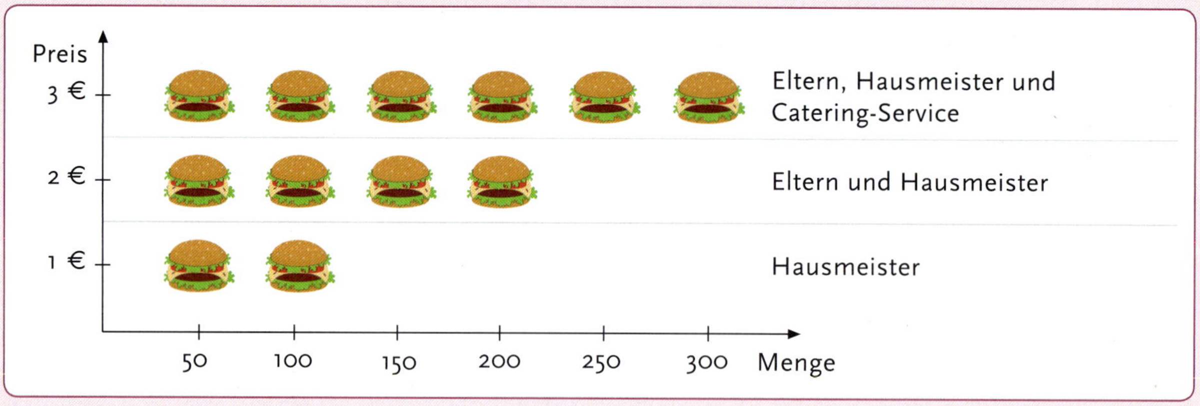

Ungleichgewichte von Angebot und Nachfrage

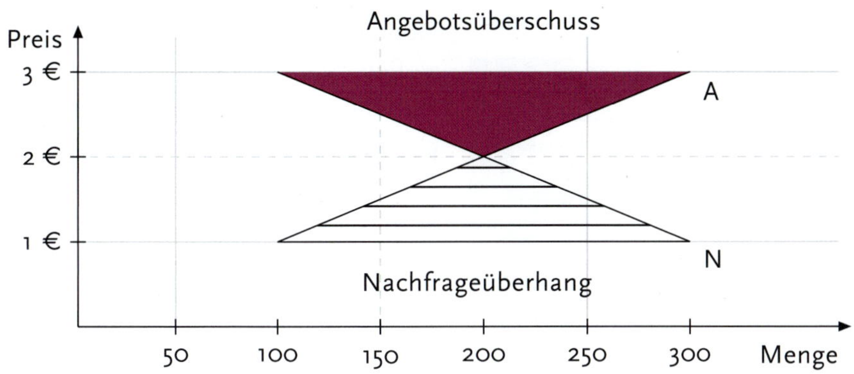

Ist der von den Anbietern festgesetze Preis höher als der Gleichgewichtspreis, so kommt es zu einer Nachfragelücke bzw. zu einem Angebotsüberschuss. Ist der Preis niedriger als der Gleichgewichtspreis, so kommt es zu einem Nachfrageüberhang.

Zum Preis von 3 € pro Gemüseburger beträgt die Nachfrage in der Schulkantine nur 100 Stück, angeboten würden jedoch 300 Burger. Die Differenz bezeichnet man als Angebotsüberschuss. Konkret bleiben diese Burger einfach übrig. Da sie nicht haltbar sind, werden die Anbieter sich überlegen, ob sie ihre Preispolitik (oder ihre Mengenpolitik) ändern. Sobald aber klar ist, dass diese Menge nur zu einem erheblich niedrigeren Preis verkäuflich ist, wird sich der Catering-Service zurückziehen. Für weniger als 3 €/Stück kann er seine Kosten nicht mehr decken. Das Angebot geht zurück, es bleiben Eltern und Hausmeister, die den Gemüseburger auch für einen Verkaufspreis von 2 € rentabel produzieren können.

Aufgaben

1. Übertrage die Werte und zeichne die Nachfragekurve (Liniendiagramm) und die Angebotskurve (Liniendiagramm) in ein Koordinatensystem ein (M 6).
2. Der Gleichgewichtspreis ist der Preis, zu dem sich die beiden Geraden schneiden. Hier ist der Umsatz (Menge x Preis) am höchsten. Bestimme den Gleichgewichtspreis, und berechne den Höchstumsatz.
3. Fasst in Gruppenarbeit in einer Tabelle zusammen, von welchen Faktoren die Bereitschaft, Gemüseburger zu kaufen und zu verkaufen, abhängig ist (M 6).
4. Überprüfe, ob die von dir zusammengestellten Einflussfaktoren auf Angebot und Nachfrage auch allgemein gelten.

+ Erkläre anhand der Grafik, was man unter einem Angebotsüberschuss bzw. einer Nachfragelücke versteht (M 6).

Wie wichtig ist die Marke?

M 7 Warum gibt es Jeans für 9 und für 900 Euro?

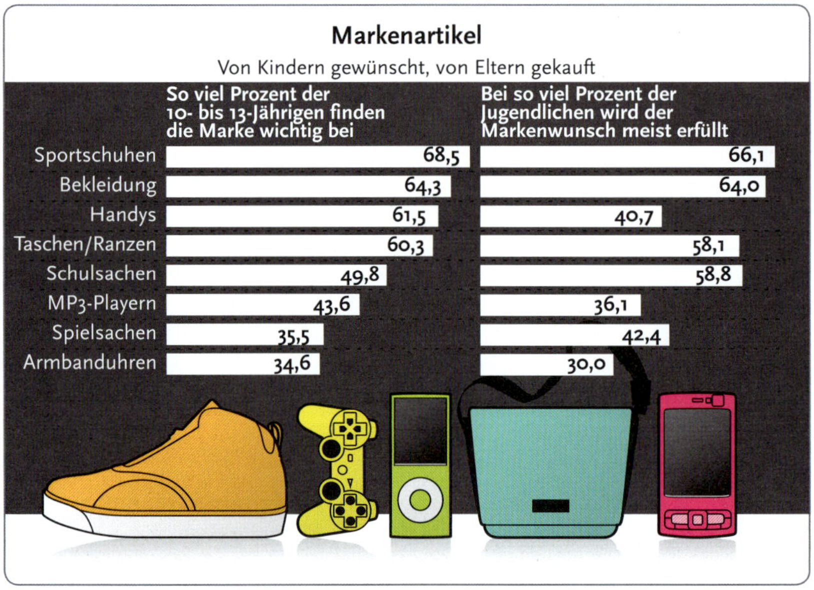

Quelle: KVA 2009, Globus-Grafik 3052

8,99 Euro für eine Jeans – solche Angebote finden wir immer wieder in den Prospekten der Discounter. Und gleichzeitig gibt es auf der Welt Läden, in denen Jeans mehr als 900 Euro kosten. Der Designer Roberto Cavalli verlangt sogar manchmal mehr als 2.000 Euro. Die Jeans unterscheiden sich durch ein paar Stickereien – und dadurch, dass die teuren oft deutlich älter aussehen. Trotzdem finden Jeans in beiden Preisklassen Käufer. Warum?

Weil auf der teuren Jeans auch ein Name aufgestickt ist, zum Beispiel der von Roberto Cavalli. Dass die Jeans von ihm kommt, macht sie für einige Käufer hundertmal so wertvoll wie die unbestickte Jeans vom Discounter: Cavallis Name ist zur Marke geworden. Und dass Markenartikel teuer sind, hat eine lange Tradition. Schon im alten Mesopotamien sollen Händler ihre Transportkrüge mit speziellen Siegeln markiert haben. Im Mittelalter wurde diese Praxis noch populärer: Sogar Käse zeigte spezielle Herkunftsmarken, und Michelangelo hinterließ auf seinen Werken seine Meistermarke. Der Grund war immer der gleiche: Der Verkäufer wollte den Preis für seine Ware in die Höhe treiben, indem er mit seinem Zeichen für die Qualität bürgte. [...] Doch blicken wir auf unsere Jeans: Sind Roberto Cavallis Hosen mehr als den 100-fachen Preis wert, weil sie länger halten? Sicher nicht. Angenommen, die Discounter-Jeans hält mindestens ein halbes Jahr: Dann müsste man die Cavalli-Jeans mindestens 50 Jahre tragen – und in dieser Zeit auch noch die Kleidergröße halten.

Es muss also noch etwas anderes geben, das uns dazu bringt, 900 Euro für eine Jeans auszugeben. [...]

Die Wissenschaftler sehen: Wenn wir einkaufen, findet im Gehirn ein Kampf statt. [...] Das Engelchen, das ist die Schmerzregion in der Nähe der Schläfen. Sie ärgert sich darüber, dass wir so viel Geld ausgeben wollen. Das Teufelchen ist das Lustzentrum, das zum Teil direkt hinter den Augen und zu einem anderen Teil tief im Gehirn sitzt. Dort hat nicht nur die Freude an gekauften Dingen ihre Heimat, sondern beispielsweise auch der Kick beim Drogenrausch. Die Entscheidung lässt sich recht einfach zusammenfassen: Wenn das Teufelchen im

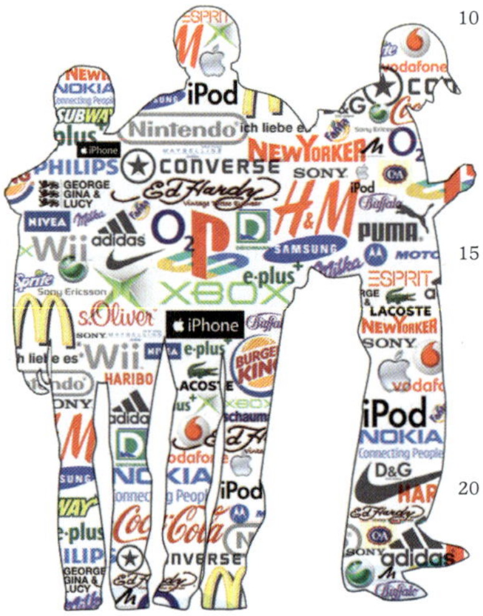

Lustzentrum aktiver ist als das Engelchen im Schmerzzentrum, dann schlagen wir zu.

[...] Und welche Belohnung verspricht nun die 900-Euro-Jeans? Individualismus. Sie grenzt die Käufer von all denen ab, die so eine Jeans nicht haben. Das sei eine der wichtigsten Belohnungen überhaupt. Die Abgrenzung kann an unterschiedlichen Eigenschaften erfolgen: Wir fühlen uns schlauer, cooler oder trendiger als andere. Oder eben reicher. Kurz gesagt – wir sind deshalb bereit, so viel Geld für die 900-Euro-Jeans zu zahlen, weil sie so teuer ist.

Patrick Bernau, Frankfurter Allgemeine Sonntagszeitung, 18.11.2007

M 8 Kontrovers diskutiert: Schulbekleidung gegen Markenterror?

Pro: stärkeres Gemeinschaftsgefühl

Der Hauptgrund für eine Schuluniform ist die Stärkung des Gemeinschaftsgefühls der Schüler untereinander. Das Bestreben, die Mitschüler durch teure Markenkleidung zu übertrumpfen, kann so besser unterbunden werden. Uniformen fördern den Ausdruck charakterlicher Individualität, die sich eben nicht auf teure Markenkleidung beschränkt. Auch die finanzielle Situation der einzelnen Schüler ist nicht gleich ablesbar. Besonders in Ländern mit starkem sozialen Gefälle schätzen Eltern, dass ihre Kinder für den Schulbesuch Schuluniformen tragen. Diese sind relativ preiswert zu erwerben. Hochwertige Kleidung können sich viele für ihre Kinder nicht leisten. Laut einer Studie der Universität Gießen lernen Schüler besser, welche einheitliche Kleidung tragen; außerdem sind sie rücksichtsvoller und können sich besser konzentrieren.

Kontra: Eingriff in Selbstbestimmungsrecht

Eine Schuluniformpflicht stellt einen Eingriff in das Selbstbestimmungsrecht der Kinder und ihrer Eltern dar. Da Erwachsene oft einen anderen Geschmack als Kinder oder Jugendliche haben, wird von Schülern bei der einheitlichen Kleidung ein langweiliger Stil befürchtet. Auch wird der Konkurrenzkampf durch Schuluniformen nur gelindert, nicht beendet, denn Schüler versuchen sich von anderen abzugrenzen, zum Beispiel mit auffälligem Haarschnitt, teuren Schuhen oder Schmuck. Man darf auch nicht übersehen, dass einheitliche Kleidung auch Konkurrenz und Konflikte zwischen verschiedenen Schulen und insbesondere Schultypen hervorrufen kann.

nach: wikipedia.de (Stichwort: Schuluniformen)

zu Aufgabe 2
Unterscheide zunächst die im Text genannten Argumente. Formuliere in eigenen Worten und ordne die Argumente anschließend nach ihrer Wichtigkeit.

Aufgaben

1. a) Sammle für dich die Produkte, bei denen du Wert auf eine bestimmte Marke legst. Vergleicht die Ergebnisse in der Klasse und versucht, eine Erklärung dafür zu finden.
   b) Arbeite die in M 7 genannten Gründe für die Bedeutung der Marke bei der Kaufentscheidung heraus und ergänze das Ergebnis aus Aufgabe a).
2. Diskutiert ausgehend von M 8 die Frage, ob einheitliche Schulkleidung ein Weg ist, um dem „Markenterror“ zu entgehen.

Brauchen wir Werbung?

M 9 Werbeslogans

Just do it.
Nichts ist unmöglich.
Have a break, have a ...
... sonst nichts.
Besser ankommen.
Think different.
... macht Kinder froh und Erwachsene ebenso.
Nicht immer, aber immer öfter.
Vorsprung durch Technik.
Quadratisch, praktisch, gut.
Die schönsten Pausen sind lila.
... und der Hunger ist gegessen.

M 10 Warum gibt es Werbung?

Werbung begegnet uns überall.

Wir begegnen Werbung überall: Auf Bahnhöfen, in Einkaufszentren, an Bushaltestellen und Plakatwänden, in Schaufenstern und als bunte Inszenierung auf den Straßen. Aber nicht nur außer Haus, auch in den Familien begegnen wir ihr, denn Zeitungen und Zeitschriften, Radio, Fernsehen und das Internet sind ihre wichtigsten Träger. Warum gibt es Werbung? Ganz allgemein dient Werbung dazu, die Verkaufszahlen eines Produktes zu steigern. Der Kunde soll über neue Produkte und deren Eigenschaften informiert und motiviert werden, sich näher mit dem Produkt auseinanderzusetzen und es schließlich zu kaufen. Dazu muss die Werbung den Kunden zunächst auf das Produkt aufmerksam machen, d.h. der Umworbene muss die Werbung zunächst hören oder sehen. Die Werbebotschaft, also die Grundaussage der Werbung, soll dem Umworbenen im Gedächtnis bleiben. Aufgrund der Werbung soll ein Kaufwunsch entstehen, weil der Umworbene mit der Ware positive Gefühle verbindet, die durch die Werbung vermittelt werden. Gute Werbung ist deshalb in der Regel nicht langweilig. Nicht zu vergessen ist, dass Werbung ein wichtiger Wirtschaftszweig ist, in dem über 600.000 Menschen arbeiten und der viele attraktive Berufsfelder bietet. Außerdem finanzieren sich die Medien zu einem nicht geringen Teil durch Werbeeinnahmen.

M 11 Werbung – zwei Meinungen

Methode

M 12 Werbung analysieren

Fernseh- oder Kinospots, Anzeigen in Zeitschriften, Bannerwerbung im Internet – abgesehen vom Radio ist das Bild das wichtigste Mittel der Werbung. Bilder werden besser erinnert und können Botschaften und Emotionen schneller vermitteln als Sprache. Bilder können in Bruchteilen von Sekunden erfasst werden und bleiben einem doch im Gedächtnis.

Bei der Analyse sollten folgende Punkte beachtet werden:

- Welches Produkt wird beworben?
- Wie wird das Produkt präsentiert (Personen, Text, Farben, Aufmachung, Gestaltung)?
- Welche Zielgruppe soll das Bild ansprechen?
- Welche Bedürfnisse und Gefühle werden angesprochen?
- Welche Sprache wurde gewählt?
- Wie lautet die Werbebotschaft, die vermittelt werden soll?
- Spricht dich die Werbung an?

Tipp: Die Methode der Verfremdung ermöglicht es, sich (Text-)Inhalte und Bilder anders zu erschließen. Beim Verfremden erzählt man einen Text oder eine Geschichte anders oder zeichnet ein Bild um, so dass damit gegen die Erwartungen der Zuhörenden, Lesenden oder Betrachtenden bewusst verstoßen wird. Das führt zu überraschenden Ergebnissen. Probiert es einfach mal aus. Oder ihr gestaltet selbst ein Werbeplakat für ein Produkt eurer Wahl.

Werbefaustformel AIDA
Werbung soll die Aufmerksamkeit des Kunden erregen (**a**ttention), sein Interesse an dem Produkt wecken (**i**nterest), zu einem Kaufwunsch führen (**d**esire) und schließlich eine Kaufhandlung auslösen (**a**ction).

Aufgaben

1. Ordne die Werbeslogans den einzelnen Produkten/Unternehmen zu. Kennst du weitere Slogans? Haben die Werbemacher ihre Ziele bei denen, die die Produkte kannten, erreicht (M 9)?
2. Brauchen wir Werbung? Sammelt zunächst Pro- und Kontra-Argumente. Ergänzt die Argumente dann mit Hilfe der Materialien M 10 und M 11.
3. Sammelt Werbeanzeigen und bringt sie mit in den Unterricht. Analysiert die Anzeigen mit Hilfe von M 12.

Wie wirkt Werbung?

M 13 Wie Kunden verführt werden – die geheime Macht der Sinne

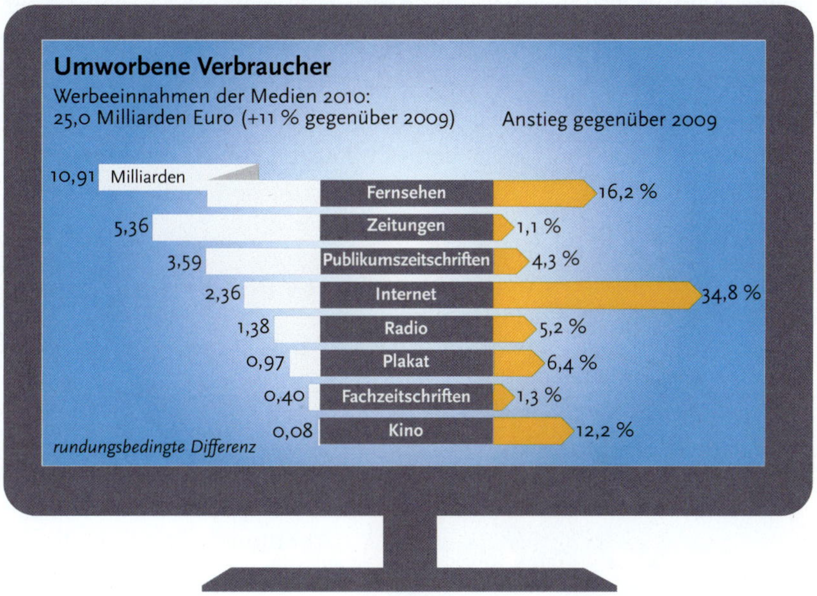

Quelle: Nielsen Media Research, Globus-Grafik 4016

Sehen, hören, riechen, fühlen - die Werbeindustrie rüstet zum Großangriff auf alle Sinne. Einer Studie zufolge hat jeder Deutsche ungefähr 3.000 Markenkontakte täglich, das heißt, er wird mit rund 3.000 Plakaten, Spammails, Fernsehspots oder Zeitungsanzeigen bombardiert. Logisch, dass die einzelnen Produkte in der Werbeflut untergehen. Deshalb will die Branche nun mit raffinierten Sinnesreizen die Aufmerksamkeit der Kunden lenken [...]. „Stellen Sie sich vor, Sie kommen abends an einem Schaufenster vorbei und interessieren sich für einige der Waren, die dort ausgestellt sind", sagt der Forschungsmanager von Philips, Ulrich Schiebel, während er auf das elegante Bekleidungsgeschäfts zuläuft. „Dann melden sich diese Waren, und das Fenster empfiehlt ihnen dazu passende andere Produkte." Kaum hat Schiebel die letzten Worte gesprochen, geht im Ladeninneren wie ein sanfter Spot an, der auf ein Paar schwarze Schuhe gerichtet ist. Der Trick: im Schaufenster des Ladens haben die Lichtingenieure unauffällig einige Kameras installiert, die die Blickrichtung des Passanten genau erfassen. [...] Und das Schaufenster kann noch mehr. Es kann zugleich Leinwand und Fenster sein, denn im Inneren des Ladens befinden sich mehrere Bildprojektoren, die Bilder der Kollektion auf die aufgeraute Scheibe projizieren. So entsteht ein Touchscreen, ein Bildschirm, der bei Berührung Daten anzeigt, ohne dass die Schaufensterfunktion verloren geht. „Mit dieser Technik kann sich der Kunde selbstständig durch das ganze Warensortiment klicken und sich auch abends oder sonntags über das Produktangebot informieren", erklärt Ulrich Schiebel. Ziel der Entwickler von Philips ist es, zu erkunden, wie man durch ein bestimmtes Beleuchtungsdesign und entsprechende technische Neuerungen die Aufmerksamkeit und das Konsumverhalten des Käufers beeinflussen kann. [...]. Darauf zielen auch andere, die Sinne stimulierende Maßnahmen ab, wie Düfte oder die Berieselung mit Musik. „Düfte können die Fantasie inspirieren, Gefühle entfachen und bei richtigem Einsatz über das Wohlbehagen der Kunden entscheiden", sagt Andrea Gröppel-Klein, die Direktorin des

Marketing
So bezeichnet man alle Maßnahmen im Unternehmen, die dem erfolgreichen Absatz von Gütern dienen.

Als ein englischer Supermarkt in seiner Weinabteilung deutsche Volksmusik abspielte, kauften die Kunden zu zwei Dritteln deutsche Weine, hörten sie französische Chansons, wurden zu 80 Prozent französische Tropfen gekauft.

Instituts für Konsum- und Verhaltensforschung an der Universität des Saarlands. Allerdings muss man beim Dufteinsatz vorsichtig sein. „So muss der Duft zwar bemerkbar sein, aber er darf auf keinen Fall überdosiert werden", sagt Gröppel-Klein. Ähnlich verhält es sich mit der Musik. Sie soll beim Einkaufen von störenden Geräuschen ablenken und auch eine oft als bedrückend empfundene Stille vermeiden. Doch nicht alle Kunden haben den gleichen Musikgeschmack. Deswegen darf die Musik in großen Kaufhäusern und Supermärkten auch nie zu aufdringlich sein. „Sonst kann sie ganz schnell zum Stressfaktor für den Kunden werden", meint Andrea Gröppel-Klein.

nach: Eckart Granitza, Stuttgarter Zeitung, 4.4.2008

M 14 James Bond – im Dienste der Werbung

Szene aus dem James-Bond-Film „Casino Royale". In vielen Filmen werden Produkte offen beworben. Diese Form der Werbung nennt man Product Placement.

Der Mann ist längst selbst ein Markenartikel: Bond, James Bond, seit mehr als 40 Jahren als Agent 007 im Dienste Ihrer Majestät. Im neuesten Abenteuer „Casino Royale" [...] macht der Geheimdienstler aber auch kräftig Werbung für andere. Mehr als ein Dutzend Firmen nutzten den ersten Auftritt des neuen Hauptdarstellers Daniel Craig, um ihre Produkte rund um den Globus noch ein wenig bekannter zu machen. Also rauscht Bond in einem Aston Martin DBS über die Straßen, telefoniert mit einem Sony Ericsson K800i und erledigt seine Gegner mit einer Waffe made in Germany, einer Walther-P99. Die Uhr stammt von Omega, die Smokings von der italienischen Edelmarke Brioni, und wenn sich der Agent gerade keinen Wodka Martini genehmigt, dann ist es erkennbar ein Heineken-Bier. Product Placement ist bei Bond längst nichts Neues mehr. Bereits die Macher des ersten Films „Dr. No" setzten Produkte bekannter Firmen ein. [...] Das bisherige Höchstmaß an Werbung wurde im vorigen Bond „Die Another Day" („Stirb an einem anderen Tag") erreicht. Die Produktionsfirma Eon und das Hollywood-Studio Sony Pictures sollen mit der gezielten Platzierung von Produkten, die Bond-Fans ins Auge fallen, eine dreistellige Millionensumme eingenommen haben. Genervte Kinobesucher tauften den Film wegen des vielen Kommerzes allerdings kurzerhand in „Buy Another Day" („Kauf an einem anderen Tag") um. Auch diesmal lässt sich die werbetreibende Wirtschaft die Chance nicht entgehen, den bekanntesten Geheimagenten der Welt und seine Vorliebe für schnelle Autos und technische Spielereien für ihre Zwecke zu nutzen. Beim Zentralverband der deutschen Werbewirtschaft heißt es allerdings, das Thema werde überschätzt. Sprecher Volker Nickel meint: „Kein Zuschauer wird ein Handy kaufen, nur weil James Bond damit telefoniert."

Birgit Heidsiek, hei/dpa, focus.de, 26.11.2006

M 15 Einkaufsfalle Supermarkt

Ein Einkauf im Supermarkt – eigentlich eine nüchterne Angelegenheit. Einkaufszettel raus, Liste abhaken, bezahlen – fertig! Doch ganz so einfach ist es nicht. Heerscharen von Experten beschäftigen sich damit, dass gerade das nicht passiert. Sie wollen, dass wir kaufen – und zwar mehr als wir uns vorgenommen haben. Um dies zu erreichen, entwickeln die Experten ausgefeilte Verkaufsstrategien, nach denen Supermärkte eingerichtet werden. Schon vor dem Markt geht's los. Die Einkaufswagen sind meist sehr groß. Und das nicht, weil wir Einkäufer so viel Platz brauchen, sondern damit unsere Einkäufe im Wagen nach weniger aussehen. So bekommen wir das Gefühl, dass noch etwas fehlt und wir ja gar nicht viel kaufen. Doch das ist nicht der einzige Verkaufstrick.

Die Bremszone

Um möglichst viel Zeit im Supermarkt zu verbringen, brauchen Kunden nicht nur bequeme und große Einkaufswagen, sondern auch etwas, das sie abbremst. Diese Aufgabe sollen Obst und Gemüse am Eingang erledigen. Einerseits müssen Kunden dort häufig hin, weil Obst und Gemüse nur bedingt auf Vorrat gekauft werden kann. Andererseits braucht die Auswahl Zeit und verlangsamt so das Tempo des Einkäufers. Die leuchtenden Farben der Früchte und des Gemüses regen zudem den Speichelfluss der Kunden an. Mit Appetit kaufen sie mehr.

IM SUPERMARKT DER ZUKUNFT

Karikatur: Rürup

Die Musik

Musik dient dazu, sich zu entspannen. So soll es in einem Supermarkt nie ganz still sein, da er sonst leblos wirken könnte. Forscher haben herausgefunden, dass Lieder, die 72 Bassschläge pro Minute haben – entsprechend dem Puls eines entspannten Menschen – am wirksamsten sind.

Die Beleuchtung

Im richtigen Licht wirkt alles viel appetitlicher. Obst und Gemüse sehen nicht nur im Sprühnebel frischer aus, sondern auch durch das Licht, das in diesem Teil des Supermarktes eher warm ist. In einem anderen Teil, der Fleischabteilung, wird rotes Licht eingesetzt. So sehen selbst blasse Fleischstücke frisch und saftig aus.

Tipp
Unter *www.wdr.de*, Suche nach Stichwort „Einkaufen“, findet sich eine Flash-Animation, die die Verkaufstricks im Supermarkt zeigt. Auch widmet sich die Sendung „pur+“ den Strategien im Supermarkt. Abzurufen unter *www.tivi.de* (Suche nach Stichwort „Supermarkt“).

Die Regale

Wissenschaftler gliedern die verschiedenen Ebenen von Regalen in vier Zonen auf. Produkte in Sichtzone (140 bis 180 Zentimeter) werden am meisten beachtet. Danach folgt die Greifzone (60 bis 140 Zentimeter). Am wenigsten werden Produkte in der Bückzone (bis 60 Zentimeter) und in der Reckzone (mehr als 180 Zentimeter) beachtet. Artikel, die immer wieder gebraucht werden, sind so häufig in der Bück- oder Reckzone zu finden. Das schadet ihnen nicht, denn sie werden sowieso gekauft. In der Greifzone werden Impulsartikel und Neuheiten angeboten. In der Sichtzone befinden sich wiederum die teuersten Artikel, weil sie am schnellsten gesehen und am bequemsten in den Einkaufswagen gelegt werden können.

Die Gangbreite

Sind die Gänge zu breit, können Kunden mit ihrem Einkaufswagen zu schnell durch den Laden gehen und werden kaum abgebremst. Sind die Gänge zu eng, können sich Kunden durch andere Kunden bedrängt und gestört fühlen. Eine Gangbreite von zwei Metern wird daher als ideal angesehen.

Sonderangebote

Oft ist der Gang durch den Markt mit Hindernissen versehen. So stehen Paletten im Weg, die dem Einkäufer vermitteln sollen, hier gebe es etwas nur für kurze Zeit, und er müsse schnell zugreifen. In einer Sonderzone vermutet man außerdem automatisch Sonderangebote. Und: Große Mengen wirken billig. Teilweise stehen die Waren auf leeren Kartons, um Fülle zu vermitteln. Kleine Warenmengen wirken exklusiv und daher auch teuer. Ein anderer Trick sind große Hinweisschilder. Auch wenn dort der normale Preis steht, signalisieren sie, er sei gesenkt worden.

Die Verpackung

Bei Großpackungen haben Kunden das Gefühl, den günstigsten Preis gefunden zu haben, da sie einen Mengenrabatt erwarten. Das ist oft der Fall, aber nicht immer. Einer Studie der Universität Hohenheim zufolge gibt es vor allem bei Süßwaren Preisaufschläge. Außerdem, so die Wissenschaftler, würden Großpackungen oft separat platziert, so dass ein direkter Preisvergleich erschwert sei.

Quengelware

Der Ort im Supermarkt, an dem Kunden zwangsläufig vorbei und häufig auch noch warten müssen, ist die Kasse. Rechts und links stehen Impulswaren – etwa Zeitschriften, Süßigkeiten, Alkohol, Zigaretten oder vermeintliche Angebote, die – einmal an der Kasse angekommen – überhaupt nicht mehr verglichen werden können. In der Bückzone ist die so genannte Quengelware (Schokolade, Kaugummis oder Bonbons) für Kinder platziert. Wer wartet, dem ist oft langweilig. Der fängt eben entweder an zu quengeln oder nimmt irgendetwas mit, von dem er vor einer Minute noch nicht wusste, dass er es braucht. Vielleicht auch, um nicht einfach nur Löcher in die Luft zu starren.

nach: Katrin Blum, Stuttgarter Zeitung, 17.3.2008

M 16 Grundriss eines Supermarktes

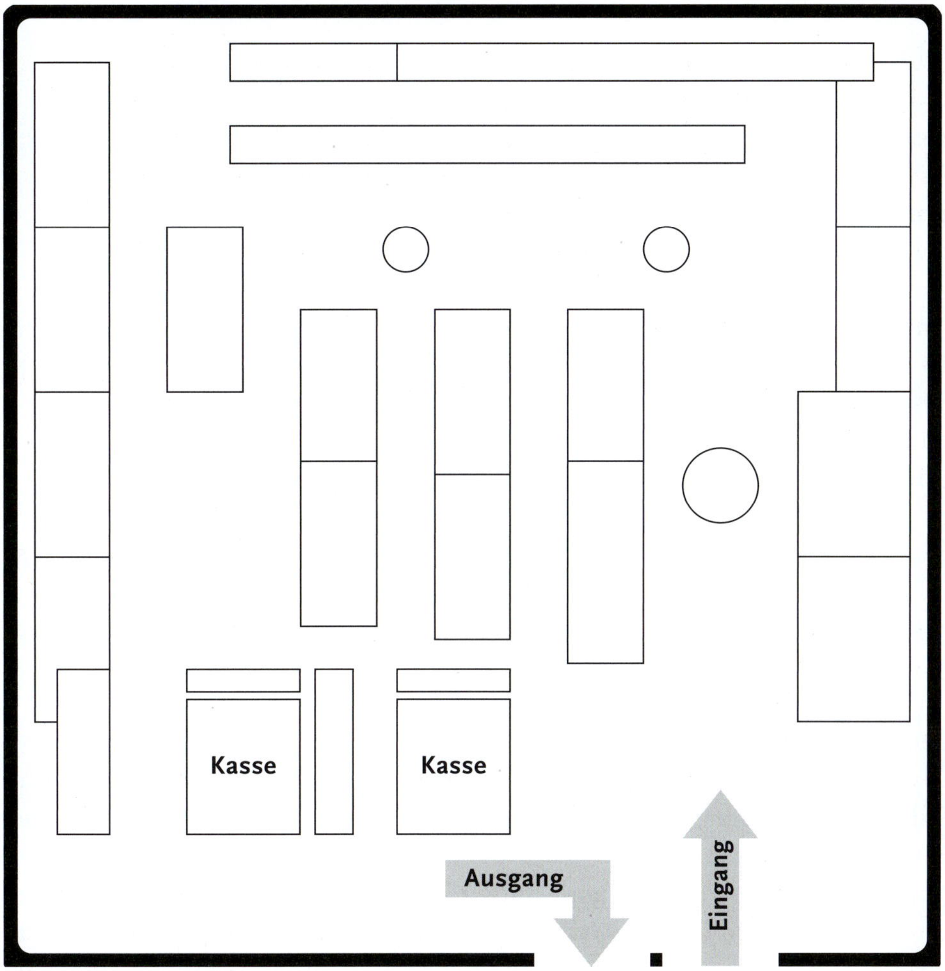

Käse

Frischfleisch

Obst

Milch

Süßigkeiten

Zahnstocher

Eis

Zucker

Spaghetti

Zeitungen und Zeitschriften

Tiefkühlkost

Gemüse

Toilettenpapier

Getränke

Aufgaben

1. Diskutiert in der Klasse, was wir als Konsumenten gegen die Verführungstricks der Marketingspezialisten tun können M 13.
2. „Kein Zuschauer wird ein Handy kaufen, nur weil James Bond damit telefoniert" (M 14, Zeile 53). Nimm Stellung zu dieser Aussage, und diskutiert in der Klasse darüber.
3. Wähle die drei deiner Meinung nach wirkungsvollsten Verkaufstricks, und begründe deine Entscheidung (M 15).
4. Du bist Filialleiter eines Supermarktes. Ordne die in der Randspalte verzeichneten Produkte so ein, dass sie sich möglichst gut verkaufen (M 16).
5. Erkundet einen Supermarkt und überprüft, welche Verkaufsstrategien angewandt werden.
6. Worauf sollte ein(e) kritische(r) Verbraucher(in) im Supermarkt achten? Stelle eine Liste mit Ratschlägen zusammen.

Umweltschutz – ein wichtiger Aspekt der Kaufentscheidung?

M 17 Wenn viele Menschen ...

„Wir wissen, dass der weiße Mann unsere Art nicht versteht. Er behandelt seine Mutter, die Erde, und seinen Bruder, den Himmel, wie Dinge zum Kaufen und Plündern, zum Verkaufen wie Schafe oder glänzende Perlen. Sein Hunger wird die Erde verschlingen und nichts zurücklassen als eine Wüste."
(Häuptling Seattle[1])

„Die Navajo-Indianer kamen mit 263 Gegenständen in ihrem Leben aus; wir haben heute 10.000 in unseren Haushalten, 100.000 im Warenangebot und dieses Angebot nimmt ständig zu."
(Alan During)

„Es ist genug da zur Befriedigung jedermanns Bedürfnisse, nicht jedoch zur Befriedigung jedermanns Gier"
(Mahatma Gandhi)

„Viele kleine Leute an vielen kleinen Orten, die viele kleine Schritte tun, können das Gesicht der Welt verändern."
(Afrikanisches Sprichwort)

[1] Adaption einer Rede, die Häuptling Seattle 1855 an den Präsidenten der Vereinigten Staaten gerichtet haben soll. Der Text ist eine Bearbeitung eines Redetextes, der erstmalig publiziert wurde im „Seattle Sunday Star" 1887 und später auch in der „Washington Historical Quaterly" erschienen ist. Die Rechte liegen bei der Dedo Weigert Film GmbH.

M 18 Weltreise einer Jeans

Um gute Gebrauchs-, Trage- und Pflegeeigenschaften zu erreichen, sind für eine Jeans viele Bearbeitungsschritte nötig. Die Baumwolle für die Herstellung einer Jeans wird in Kasachstan von Hand oder mit der Maschine geerntet. Anschließend wird die Baumwolle nach China versandt und dort mit schweizer Maschinen gesponnen, auf den Philippinen wird die Baumwolle mit blauem Farbstoff aus Deutschland gefärbt. In Polen wird sie mit deutschen Maschinen verwebt. Anschließend wird der Stoff nach Marseille transportiert, Washinglabel und Innenfutter stammen aus Frankreich, Knöpfe und Nieten aus Italien. Alle Zutaten werden nun erneut auf die Philippinen geflogen und dort zusammengenäht. Schnittmuster und Design stammen aus Deutschland. In Griechenland erfolgt noch die abschließende Bearbeitung der Jeans mit Bimssteinen, um ihr das typische Aussehen zu geben. Die fertige Jeans wird nach Deutschland transportiert und dort verkauft. Wenn sie nicht mehr getragen wird, kommt sie oft in die Altkleidersammlung. In Betrieben in den Niederlanden werden die Kleidungsstücke sortiert. Die Secondhand-Jeans wird nun eventuell auf dem afrikanischen Kontinent wieder verkauft und erneut getragen.

Dieter Simon, Eine Welt in der Schule, Heft 3/September 2001, S. 3

M 19 Belastungen durch die Produktionskette

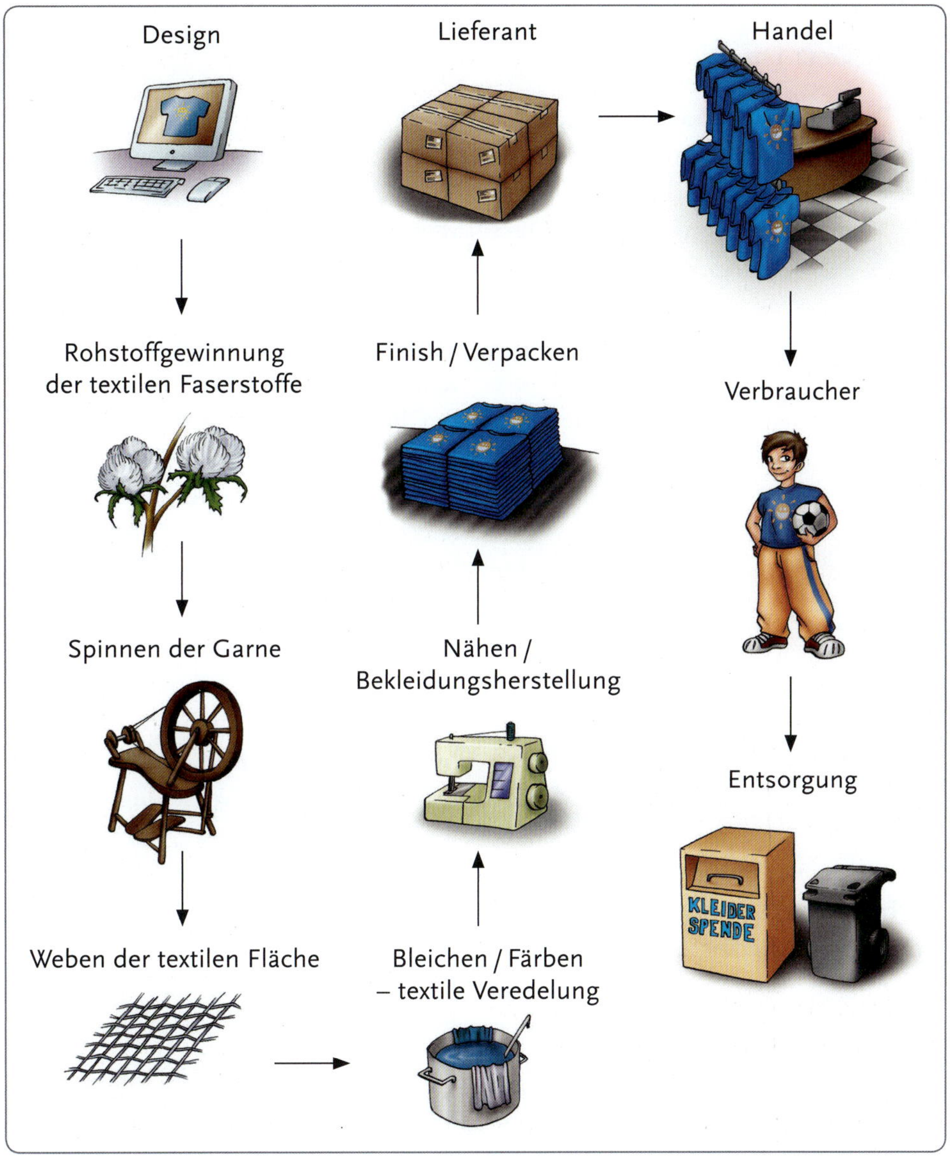

nach: http://www.fair-zieht-an.de/wp-content/uploads/textile_kette_MARA.png (6.3.2011)

Primärproduktion, Baumwolle: hoher Landschaftsverbrauch durch Baumwollanbau, hoher Einsatz von Insektiziden, Herbiziden und Entlaubungsmitteln, Einsatz von Konservierungsstoffen bei Transport und Lagerung von Baumwolle, hoher Wasserbedarf mit ökologisch negativen Folgen, Düngemitteleinsatz (Nitrifizierung des Bodens)

Produktion, von Fasern, Garnen, Flächengebilden: Energiebedarf beim Spinnen und Weben, Einsatz von Hilfsmitteln, die bei nachfolgenden Verarbeitungsschritten zu Emissionen führen, Staub- und Lärmbelästigungen, textile Abfälle

Veredelung: Einsatz großer Mengen an Textilhilfs- und Ausrüstungsmaterialien, Emissionen in die Umweltkompartimente Wasser und Luft, hoher Energieverbrauch, hoher Wasserbedarf, Klärschlammanfall

Gebrauch: mögliche humantoxikologische Wirkungen der Textilchemikalien auf den Verbraucher, Einsatz von Wasch- und Reinigungsmitteln, Verteilung ökologisch relevanter Stoffe durch Auswaschung (diffuser Eintrag in das Abwasser), Einsatz ökotoxischer Stoffe bei der chemischen Reinigung, hoher Energieeinsatz für die Jeanspflege (Waschen, Trocknen, Bügeln)

Entsorgung: Beanspruchung von Deponieraum, Emissionen bei Müllverbrennung und Deponie

Aufgaben

1. Verteilt vier Plakate mit jeweils einem Zitat im Klassenraum. Wählt ein Zitat aus, welches euch gefällt, und schreibt auf, was die Zitate mit dem Thema Konsum zu tun haben (M 17).
2. Fasse die Umweltbelastungen bei der Herstellung einer Jeans zusammen (M 18, M 19).
3. Diskutiert Möglichkeiten der Verringerung von Umweltbelastungen bei der Jeansproduktion (M 19).

Wie teuer ist billig?

M 20 Geiz ist geil, oder?

Die Textilkette Kik boomt auch in der Krise – mit konkurrenzlos niedrigen Preisen. Doch die Zeche zahlen junge Näherinnen in Bangladesch, unterbezahlte Beschäftigte und oft auch die Kunden.

Näherinnen in einer südostasiatischen Textilfabrik.

Vor 15 Jahren gründete Stefan Heinig den Textildiscounter Kik. Seither arbeitet der ehemalige Handelsassistent daran, die Preise zu drücken. Er verkauft den Deutschen die billigsten Klamotten, die es gibt. Heißt es. Jeans kosten bei Kik mitunter nur 2,99 Euro. Mit Hilfe der „Bild"-Zeitung deckte Heinig die Nation im Frühjahr mit „Volks-T-Shirts" ein, für 1,99 Euro. Hauptsache billig – mit dieser simplen Idee hat Heinig ein Geschäftsimperium aufgebaut, das trotz Krise immer weiter wächst. Selbst auf Sylt finden sich zwei Geschäfte der Billigkette, 2.800 Filialen in sechs Ländern gibt es mittlerweile, und es werden immer mehr. Der Umsatz des Unternehmens, das zum Tengelmann-Konzern gehört, lag im abgelaufenen Geschäftsjahr bei 1,1 Milliarden Euro.

Doch der Erfolg beruht auf einer Täuschung. Genau genommen sind Kiks Preise nicht billig – sie kommen Mitarbeiter, Zulieferer und oft auch Kunden teuer zu stehen. Den höchsten Preis für den hiesigen Geiz zahlen die Näherinnen in den Fabriken in Bangladesch. Fast die Hälfte der Waren stammt von dort. Es sind Mädchen wie Sathi Akhter, die für Heinigs vermeintliche „Volks"-Preise sorgen. Sathi Akhter ist 16 Jahre alt. Sie arbeitete in einer Kik-Zulieferfabrik in der Hauptstadt Dhaka, 10, 12, manchmal 16 Stunden pro Tag – für umgerechnet 25 Euro im Monat. Mit ihren Eltern und ihrem Bruder teilt sie sich einen knapp sechs Quadratmeter großen Verschlag als Wohnung. Frisches Wasser, erzählt Sathi Akhter, gebe es in der Fabrik nicht, oft nicht mal Spülwasser in den dreckigen Toiletten. Zusammen mit zwei Kolleginnen berichtet sie vom Fabrikmanager, der „regelmäßig zuschlage", zu spät bezahle und Überstunden oft gar nicht vergüte. Und davon, dass in der Fabrik Kinder unter 14 Jahren beschäftigt würden, was auch in Bangladesch verboten ist. Und dennoch: Selbst für solche Jobs findet sich immer irgendwer in diesem Land, in dem 156 Millionen Menschen leben und 35 Millionen hungern.

Nils Klawitter, Spiegel online, 26.9.2009

M 21 Was kann ein Einzelner tun?

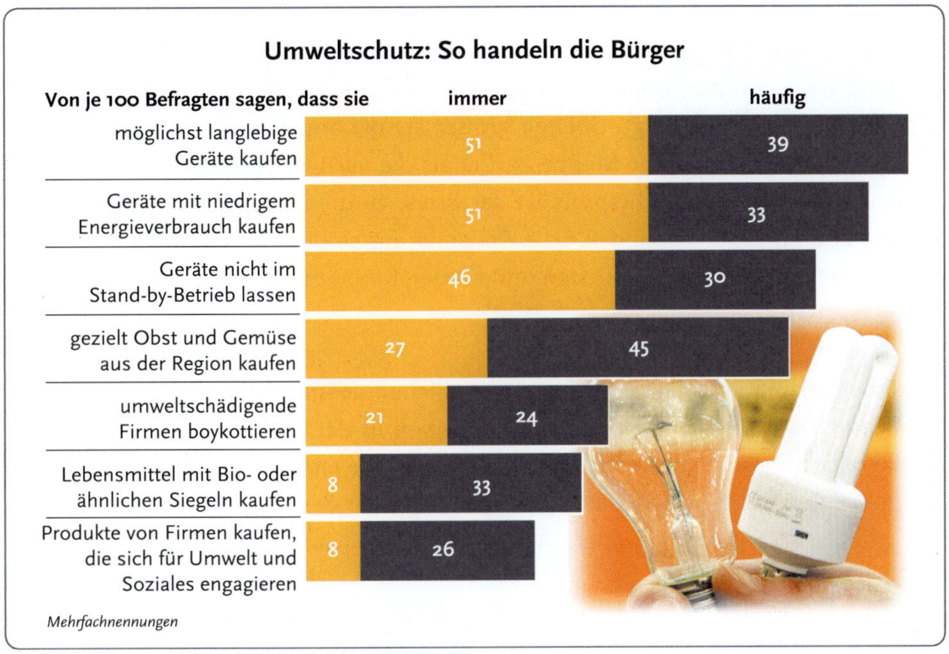

Quelle: BMU, Globus-Grafik 1307, Stand 2006

M 22 Fair gehandelte Produkte auf Erfolgskurs

Fair gehandelte Produkte sind weltweit weiter auf Erfolgskurs. Im vergangenen Jahr kauften die Verbraucher rund um den Globus Fairtrade-Produkte im Wert von 4,3 Milliarden Euro, ein Zuwachs von 26 Prozent. [...] Das teilten Transfair-Geschäftsführer Dieter Overath und Mathias Mogge von der Welthungerhilfe bei der internationalen Lebensmittelmesse Anuga mit. [...] Das Beispiel des vom Bürgerkrieg zermürbten Sierra Leone zeige, wie positiv faire Handelsalternativen die ländliche Entwicklung beeinflussen könnten, sagte Mogge [...]. „Lange produzierten die Bauern schlechte Qualität und verkauften ihre Ernte weit unter Wert an Zwischenhändler. Jetzt erzeugen sie gute Bioqualität und erhalten einen deutlich höheren Preis." Diesen Aufpreis zahlt der Endverbraucher. In den Handel mit Fairtrade-Produkten wie Kaffee, Kakao, Tee, Honig, Bananen oder Wein sind inzwischen Produzenten aus rund 80 Ländern einbezogen. Das Sortiment wächst ebenso wie die Zahl der Verkaufsstellen. [...] Ziel ist es, benachteiligte Produzentengruppen in Entwicklungsländern durch gerechte Preise, faire, feste Lieferverträge und menschenwürdige Arbeitsbedingungen nachhaltig zu unterstützen.

sk/dpa, Manager-Magazin, 10.10.2011

Fairtrade
So wird ein kontrollierter Handel bezeichnet, bei dem den Erzeugern meist unter Umgehung des Zwischenhandels ein von Fairtrade-Organisationen festgelegter Mindestpreis bezahlt wird, der über dem jeweiligen Weltmarktpreis angesetzt ist. Damit soll den Produzenten ein höheres und verlässlicheres Einkommen garantiert und die Einhaltung von Sozial- und Umweltstandards ermöglicht werden.

Aufgaben

1. Erläutere, warum billig manchmal teuer sein kann (M 20).
2. Verfasst in Gruppen einen Einkaufsratgeber für fairen, nachhaltigen Konsum. Stellt dann in der Klasse Produkte vor, die euren Kriterien entsprechen (M 21, M 22).

Was wir wissen

Die Kaufentscheidung

In die Entscheidung für den Kauf eines bestimmten Produkts fließen unterschiedliche Aspekte ein. Der Preis hat häufig den größten Einfluss auf die Kaufentscheidung. Wer etwas benötigt, will dafür möglichst wenig bezahlen. Ist aber die nachgefragte Menge größer als die angebotene, so steigt der Preis. Ist die angebotene Menge größer als die nachgefragte, dann sinkt der Preis. Der Gleichgewichtspreis ist der Preis, zu dem der größte Güterumsatz erfolgt. Entscheidend für die Preisbildung sind außerdem für den Produzenten die Produktionskosten und für den Konsumenten das Einkommen, über das er verfügt.

Preise
M 3 – M 6

Marken
M 7, M 8

Die Orientierung an Marken, die bei Jugendlichen ausgeprägt ist, wird vor allem durch die Anerkennung und das Ansehen in der Gruppe bestimmt. Markenprodukte sind somit auch Statussymbole. Die Nutzung der Güter zu ihrem Gebrauch tritt in den Hintergrund zu Gunsten des Nutzens, welcher z. B. aus der Anerkennung in der Gruppe gewonnen wird.

Werbung
M 10, M 11

Werbung ist fester Bestandteil unseres täglichen Lebens. Ziel jeder Werbung ist, wie der Name schon sagt, für ein Produkt zu werben, sodass es vom Kunden gekauft wird und Umsatz und Ertrag der Unternehmen steigen. Werbung informiert deshalb über die Eigenschaften des beworbenen Produkts und verschafft dem Konsumenten so einen Überblick über die angebotenen Güter. Zu beachten gilt jedoch, dass über ausgefeilte Strategien häufig „künstliche“ Bedürfnisse erzeugt, Preise verschleiert und die Nachteile eines Produktes verheimlicht werden. Der Konsument bezahlt die Werbung letztlich über höhere Produktpreise.

Ökologie
M 18, M 19

Jegliche Produktion und damit jeglicher Konsum haben Auswirkungen auf die Umwelt. So wurde ermittelt, dass eine Jeans auf ihrem Weg bis zum Verkauf Tausende von Kilometern zurückgelegt. Dies hat einen immensen Ressourcenverbrauch zur Folge. Für die Produktion werden außerdem viele umweltschädliche Chemikalien verwendet. Diese durch Transport und Produktion bedingten Umweltbelastungen werden auch als „ökologischer Rucksack“ eines Produktes bezeichnet.

Fairer Handel
M 22

Was kann der Konsument zum nachhaltigen Wirtschaften beitragen? Die Konsumenten können durch ihren Kauf oder Nichtkauf letztlich darüber entscheiden, was produziert wird. Entschließen sie sich zum Kauf fair gehandelter Produkte, werden auch solche produziert (Kauf als „Stimmabgabe“). In der Realität haben jedoch häufig andere Kaufkriterien (Preis, Prestige) Vorrang. Darüber hinaus ist es auch für den ökologisch aufgeklärten Konsumenten oft schwierig, genügend zuverlässige Informationen über die Sozial- und Umweltverträglichkeit von Produkten zu erhalten.

Simulation einer Kaufhandlung

Bei einer bewussten und überlegten Kaufentscheidung sind viele Kriterien zu beachten. Mit Hilfe einer Tabelle (Entscheidungsmatrix) können die Motive für die Wahl eines bestimmten Produkts besser verdeutlicht werden. Dazu müssen zunächst die für die Entscheidung bedeutsamen Kriterien ausgewählt werden (z. B. Preis, Qualität, Umweltverträglichkeit, ...). Für jedes Produkt sind allerdings andere Kriterien wichtig. Für jede Alternative (Produkt A, Produkt B, Produkt C, ...) gibt es eine Spalte in der Tabelle. In die Spalte einer Alternative wird bei jeder Merkmalsausprägung die Bewertung mit Punkten (von 1-5) eingetragen, wobei 1 die schlechteste, 5 die beste Bewertung ist. Anschließend werden die Bewertungen der Kriterien jeder Alternative addiert. Am besten schneidet die Alternative mit der höchsten Summe der Bewertungen ab.
Zur Vertiefung: Die einzelnen Kriterien können zusätzlich gewichtet werden. Dabei werden jedem Kriterium Prozentzahlen (z. B. Preis = 30 %) zugewiesen und mit den Bewertungen multipliziert. Die Summe der Gewichtungen muss 100 % betragen.

Beispiel für eine einfache Matrix:

	MP3-Player A	MP3-Player B	MP3-Player C
Preis	5	3	3
Display	5	4	2
Design/Marke	4	3	5
Speicher	3	5	1
Akkulaufzeit	3	2	2
Summe	20	17	13

Beispiel für eine Gewichtung:
Sarah hat viel Geld und viele Lieder. Sie gewichtet ihre Kriterien so: Preis 10 %, Display 10 %, Design 20 %, Speicher 40 %, Akku 20 %. Für sie wäre mit 370 Punkten Player B die Wahl.

Aufgabe

Erstellt in Gruppen für ein Produkt eurer Wahl eine Entscheidungsmatrix. Begründet eure Auswahl an Kriterien und die Vergabe der Bewertungen. Stellt eure Entscheidung in der Klasse vor.

4.3 Welchen Schutz braucht der Konsument?

Wie schützt das Recht den Konsumenten beim Kauf?

M 1 Der Kunde – König oder Bittsteller?

M 2 Laptopkauf mit Hindernissen

Die 18-jährige Maria hat im PC-Fachgeschäft „Xenia" ein Notebook gekauft. Allerdings hat sie wenig Freude daran: Selbst bei der Verwendung gängiger Programme stürzt das Notebook immer wieder ab. Sie bringt es daher zu „Xenia" zurück. „Dieses Notebook habe ich vorigen Monat als Sonderangebot bei Ihnen gekauft – und jetzt funktioniert es bereits nicht mehr!", wendet sich Maria an den Händler, Herrn Peze. „Nanu – was fehlt denn?", hakt Peze in überraschtem Ton nach. „Immer, wenn ich eine CD einlegen will, stürzt der Rechner ab und es geht nichts mehr". Herr Peze erinnert sich: Das Laptop stammte aus einer Lieferung, bei der es Probleme mit den Laufwerken gab. Mit einem listigen Lächeln bietet Herr Peze Maria an: „Ich werde es gerne für Sie einschicken – das dauert allerdings zwei Wochen und die Reparatur kostet Sie ca. 40 €!" Maria reißt jetzt langsam der Geduldsfaden. „Wie bitte? – Ich will ein neues Gerät von Ihnen und zwar schnell." „Aber junge Frau, nun übertreiben Sie doch nicht gleich", erwidert Peze in herablassendem Ton, „wir können doch auch nichts für solche Fehler! Und wie Sie wissen, war das ein sehr günstiges Gerät, da müssen Sie schon mit kleineren Problemen rechnen. Vielleicht haben ja auch Sie den Fehler verursacht. Sie nutzen das Gerät ja nun schon einige Wochen! Übrigens sehen unsere Vertragsbedingungen ausdrücklich vor, dass bei Sonderangeboten keine volle Gewährleistung übernommen werden kann. Wir könnten Ihnen aber sicher beim Preis für die Reparatur ein wenig entgegenkommen ..."

M 3 Vertragstypische Pflichten beim Kaufvertrag

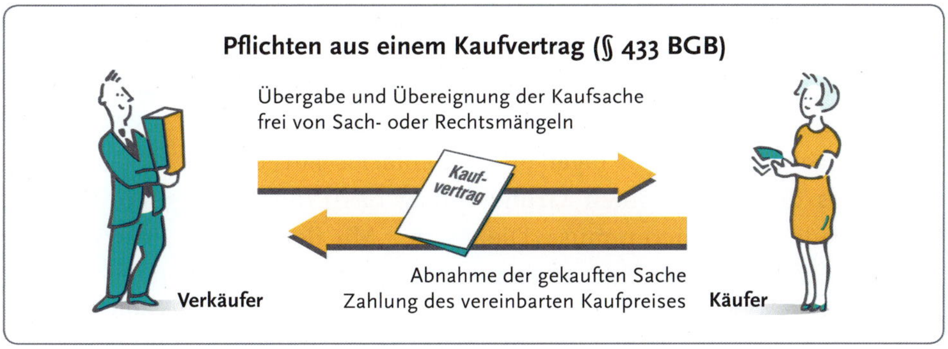

Bürgerliches Gesetzbuch
Es enthält die wichtigsten Regelungen, die das Zusammenleben der Bürger betreffen, z. B. zum Kaufvertrag, Familienrecht, Erbrecht.

M 4 Wie ist geregelt, wenn die Kaufsache einen Mangel hat?

Nach § 437 BGB kann der Käufer bei Mängeln vom Verkäufer verlangen:

- Nacherfüllung innerhalb angemessener Frist:
  - Beseitigung des Mangels durch Reparatur (Nachbesserung)
  - oder Lieferung einer mangelfreien Ware (Ersatzlieferung)
- Wird die Nacherfüllung verweigert oder schlägt sie fehl:
  - Rücktritt vom Vertrag (Rückgabe der Sache, Erstattung des Kaufpreises) oder
  - Minderung des Kaufpreises (Mangel nicht schwerwiegend)
- Schadensersatz (wenn z. B. durch die mangelhafte Sache ein Schaden entstanden ist)

§ 438 BGB regelt die Verjährungsfristen für den Verbrauchsgüterkauf. Danach gilt eine Frist von 2 Jahren, innerhalb derer die Ansprüche geltend gemacht werden müssen. Allerdings ändert sich nach 6 Monaten die Beweislast (§ 476 BGB). Ab diesem Zeitpunkt muss der Käufer nachweisen, dass die Sache bereits bei der Übergabe einen Mangel hatte.

Sachmangel
Ein Sachmangel liegt vor, wenn eine Sache bei Übergabe nicht die vertraglich vereinbarte oder übliche Beschaffenheit hat oder sich nicht für die vertraglich vorausgesetzte oder gewöhnliche Verwendung eignet.

M 5 Hannah und das neue Kleid

Hannah hat sich ein neues Kleid gekauft. Stolz zeigt sie es ihrer besten Freundin. Nach einer abfälligen Bemerkung über die Farbe gefällt Hannah das Kleid plötzlich auch nicht mehr. Kann sie es zum Händler zurückbringen? Kundenfreundliche Händler nehmen in der Regel Ware innerhalb einer bestimmten Frist (meist 14 Tage) zurück, wenn sie nicht benutzt ist. Dies ist eine freiwillige Leistung, rechtlich verpflichtet sind die Händler dazu nicht. Meist erhält man gegen Vorlage des Kassenbons einen Gutschein über den Kaufpreis, manche Händler zahlen aber auch den Kaufpreis wieder aus. Bei reduzierter Ware ist der Umtausch oft ausgeschlossen.

M 6 Rechte beim Kauf im Internet

Da der Kunde das Produkt beim Einkauf im Netz nur am Bildschirm sieht und nicht testen kann, räumt ihm der Gesetzgeber in § 355 des Bürgerlichen Gesetzbuches ein Widerrufs- und Rückgaberecht von 14 Tagen ein, ohne dass der Kunde einen Grund angeben oder reklamieren muss. Die Frist läuft meist ab dem Tag, an dem der Kunde die Ware erhält. Ausgeschlossen sind wenige Waren wie frische Lebensmittel, Heizöl, Arzneimittel, entsiegelte Software oder Sonderanfertigungen. Liegt der Warenwert über 40 Euro, muss der Verkäufer die Rücksendekosten tragen. Widerruf ist per Brief, E-Mail oder Fax möglich. Die Versandbestätigung sollte aufbewahrt werden. Als Widerruf gilt auch, wenn der Kunde die Ware innerhalb von 14 Tagen kommentarlos zurückschickt. Allerdings muss das Produkt in gutem Zustand sein. „Mit dem neuen Fahrrad kann man schon eine Probefahrt auf der Straße machen, den Waldweg sollte man aber meiden", sagt Online-Rechtsexperte Lutz Wilde von der Stiftung Warentest.

nach: Fabian Heckenberger, Süddeutsche Zeitung, 11.12.2010, S. 31

Aufgaben

1. Stimmt ab, welcher Auffassung von der Stellung des Konsumenten ihr spontan zustimmen würdet (M 1).
2. a) Fasse alle geäußerten Forderungen bzw. Argumente aus M 2 zusammen.
   b) Schreibe einen Brief an den Computerhändler, indem du ihm die rechtliche Problematik auseinandersetzt und ihn dazu aufforderst, entsprechend der gesetzlichen Regelungen zu handeln (M 2 – M 4).
3. Erkläre, wie sich das in M 5 beschriebene Umtauschrecht von den Rechten des Käufers bei Sachmängeln und den Rechten beim Internetkauf unterscheidet (M 4 – M 6).

Verfasse einen Dialog, wie er täglich beim Bäcker, z. B. beim Kauf eines Brotes, stattfindet. Gehe dabei darauf ein, wie Käufer und Verkäufer die Pflichten aus dem (mündlichen) Kaufvertrag erfüllen (M 3).

Können Jugendliche Kaufverträge abschließen?

M 7 Oliver und das Mountain-Bike

Der 14-jährige Oliver träumt schon lange von einem Mountain-Bike. Sein Fahrrad ist schon ziemlich alt und eigentlich viel zu klein. Nach dem letzten Freibadbesuch war die rostige Kette zur Erheiterung seiner Freunde bei voller Fahrt abgesprungen. Als Oliver beim Fahrradhändler ein tolles Angebot sieht, entschließt er sich kurzerhand, mit seinem Sparbuch, auf das seine Eltern monatlich 50 € Taschengeld einzahlen und über das er frei verfügen darf, zur Bank zu gehen. Er hebt 400 € ab und kauft sich das neue Rad, ein echtes „Schnäppchen", wie der Händler versichert. Olivers Freund Manuel findet das Rad toll, aber er meint, Oliver hätte das Rad alleine nicht kaufen dürfen.

Darf ein 14-Jähriger von seinem Taschengeld ein neues Fahrrad kaufen?

M 8 Was sagt das BGB zum Taschengeld?

§ 106 Beschränkte Geschäftsfähigkeit Minderjähriger
Ein Minderjähriger, der das siebente Lebensjahr vollendet hat, ist nach Maßgabe der §§ 107 bis 113 in der Geschäftsfähigkeit beschränkt.

§ 107 Einwilligung des gesetzlichen Vertreters
Der Minderjährige bedarf zu einer Willenserklärung, durch die er nicht lediglich einen rechtlichen Vorteil[1] erlangt, der Einwilligung seines gesetzlichen Vertreters.

§ 108 Vertragsschluss ohne Einwilligung
(1) Schließt der Minderjährige einen Vertrag ohne die erforderliche Einwilligung des gesetzlichen Vertreters, so hängt die Wirksamkeit des Vertrags von der Genehmigung des Vertreters ab. […]

§ 110 Bewirken der Leistung mit eigenen Mitteln
Ein von dem Minderjährigen ohne Zustimmung des gesetzlichen Vertreters geschlossener Vertrag gilt als von Anfang an wirksam, wenn der Minderjährige die vertragsmäßige Leistung mit Mitteln bewirkt, die ihm zu diesem Zwecke oder zur freien Verfügung von dem Vertreter oder mit dessen Zustimmung von einem Dritten überlassen worden sind.

[1] *z.B. durch eine Schenkung*

Rechtsfähigkeit
§1 Bürgerliches Gesetzbuch
Die Rechtsfähigkeit des Menschen beginnt mit der Vollendung der Geburt.

Unter Rechtsfähigkeit versteht man die Fähigkeit, Träger von Rechten und Pflichten zu sein.

Natürliche Personen	**Juristische Personen**
alle lebenden Menschen	z.B. Unternehmen, eingetragene Vereine

M 9 Stufen der Geschäftsfähigkeit

Geschäftsfähigkeit		
geschäftsunfähig	**beschränkt geschäftsfähig**	**voll geschäftsfähig**
Kinder unter 7 Jahren; geistig behinderte Menschen	Kinder und Jugendliche von 7 bis 18 Jahren	Volljährige (ab 18 Jahren)
Rechtsgeschäfte sind nichtig; kleinere Alltagsgeschäfte geistig behinderter Erwachsener gelten aber als wirksam	Taschengeld-Geschäfte sind wirksam; andere Rechtsgeschäfte nur mit Genehmigung der Eltern	Rechtsgeschäfte sind wirksam

M 10 Der Taschengeldparagraf

Eine Besonderheit hat der Gesetzgeber für Geschäfte des Minderjährigen, die er mit seinem Taschengeld schließt, geregelt. Nach § 110 BGB („Taschengeldparagraf") gilt ein von dem Minderjährigen geschlossener Vertrag als von Anfang an wirksam, wenn der Minderjährige seinen Teil der Leistung aus Mitteln erbringt, die ihm dafür von seinem gesetzlichen Vertreter zu freier Verfügung überlassen worden sind. Hierfür bedarf es also keiner Zustimmung in Form der Genehmigung durch den gesetzlichen Vertreter zur Wirksamkeit des Geschäfts. Aber auch dies gilt erst für den beschränkt geschäftsfähigen Minderjährigen.

Der Gesetzgeber geht bei Geschäften mit dem Taschengeld davon aus, dass die Eltern hierzu ihre Einwilligung (= zeitlich vor Abgabe der Willenserklärung liegende Zustimmung) durch das Überlassen des Geldes an den Minderjährigen geben. Allerdings kommt es im Einzelfall darauf an, ob sie auch gerade zu diesem Geschäft von vornherein ihre Zustimmung gegeben haben. Wenn sich der Minderjährige beispielsweise ein Klappmesser von seinem Taschengeld kauft, obwohl seine Eltern ihm dies ausdrücklich untersagt haben, haben sie ihre Zustimmung verweigert. Ein solches Geschäft wäre dann auch unwirksam. [...]

Die Genehmigung ist die Zustimmung, die erst nach Abgabe der Willenserklärung erfolgt. Bis zur Genehmigung durch den gesetzlichen Vertreter (meistens die Eltern) ist das Rechtsgeschäft schwebend unwirksam. Schwebende Unwirksamkeit eines Rechtsgeschäfts hat zur Folge, dass die Parteien aus dem Rechtsgeschäft keine Rechte und Pflichten herleiten können; sie sind aber an das Rechtsgeschäft gebunden.

Betrachten wir folgendes Beispiel: Ein beschränkt geschäftsfähiger 16-jähriger Junge schließt mit einem Mofa-Händler einen Kaufvertrag über eine Vespa zu einem Kaufpreis von 1.500 € ab, ohne die Zustimmung seiner gesetzlichen Vertreter. Da das Geschäft schwebend unwirksam ist, kann der Händler vom Käufer nicht den Kaufpreis verlangen. Genauso kann der Käufer vom Händler nicht die Verschaffung des Eigentums an der Vespa verlangen. Wenn die Eltern dem Vertrag noch zustimmen (ihn genehmigen), leben alle gegenseitigen Rechte und Pflichten aus dem Kaufvertrag auf (der Kaufpreis muss gezahlt werden und das Eigentum an der Vespa muss dem Käufer verschafft werden). Sollten die Eltern ihre Zustimmung nicht zu dem Rechtsgeschäft geben, dann ist es vollends unwirksam. Nunmehr ist der Händler nicht mehr an den Vertrag gebunden und kann das Mofa an einen anderen Kunden verkaufen.

Wenn die Situation wie im Beispiel ist, dann darf der Händler bis zur Genehmigung oder bis zur ausdrücklichen Verweigerung der Genehmigung nicht über das Mofa verfügen. Er darf es also nicht einfach an einen anderen verkaufen. Da der Händler ein Interesse daran hat, das Mofa zu verkaufen, hat der Gesetzgeber festgelegt, dass die gesetzlichen Vertreter des beschränkt Geschäftsfähigen nicht Ewigkeiten warten können, bis sie das Geschäft genehmigen oder nicht. Deshalb kann der Händler die Eltern auffordern, das Geschäft zu genehmigen. Mit dieser Aufforderung setzt er eine 2-Wochen-Frist in Gang. Wenn die Eltern das Geschäft innerhalb dieser zwei Wochen nicht genehmigen, gilt die Genehmigung als verweigert und das Rechtsgeschäft ist nach Ablauf der zwei Wochen unwirksam.

nach: Stichwort „Taschengeld", in: Duden, Basiswissen Schule, Wirtschaft, Mannheim u.a. 2001 (CD-ROM)

Aufgaben

1. Löse den in M 7 geschilderten Fall und verfasse eine kurze, sachliche Antwort auf Manuels Frage (M 7 – M 11).
2. Entwirf eine übersichtliche Grafik, die erklärt, wie Kinder und Jugendliche über ihr Taschengeld verfügen dürfen (M 8 – M 10).

zu Aufgabe 1

Löse zunächst folgende Fälle mit Hilfe von M 9 und M 10:

- Die sechsjährige Friederike kauft sich beim Bäcker eine große Tüte Gummibärchen. Kann sie das?
- Der 7-jährige Anton bekommt von seinen Eltern Geld für Schulmaterial. Kann er sich von dem Geld ein Computerspiel kaufen?
- Die 17-jährige Seval bekommt zum Geburtstag Geld zur freien Verfügung geschenkt. Kann sie davon einen Roller kaufen?
- Die 18-jährige Charlotte bekommt zu Weihnachten Geld für den Führerschein. Kann sie mit dem Geld eine Urlaubsreise buchen?

Methode

M 11 Rechtsnormen anwenden

Du hast bereits erfahren, wie Gesetzestexte aufgebaut sind. Während viele Paragrafen Beschreibungen und Definitionen enthalten, lassen sich aus manchen Regelungen ganz konkrete Rechtsfolgen (z. B. ein Anspruch auf Schadensersatz) ableiten. Dies gilt insbesondere für Regelungen des Bürgerlichen Gesetzbuches oder des Strafgesetzbuches. Da es nicht möglich ist, alle denkbaren Konfliktfälle aufzuzählen, sind auch hier die Rechtsnormen sehr allgemein und abstrakt formuliert. Sie beschreiben jeweils die Voraussetzungen (Tatbestand bzw. einzelne Merkmale des Tatbestands), die gegeben sein müssen, damit eine bestimmte Rechtsfolge eintritt. Zusätzlich werden zum Tatbestand oder zur Rechtsfolge meist noch weitere Bestimmungen, Definitionen oder Einschränkungen formuliert. Die Schwierigkeit liegt darin, diese ganz genau auseinanderzuhalten, um die Aussage der Regelung zu verstehen. Beispielhaft kann dies am ersten Absatz des Paragrafen 108 BGB (Bürgerliches Gesetzbuch) gezeigt werden. Bei der Analyse von Rechtsnormen empfiehlt sich folgendes Vorgehen.

1. Klären unbekannter Begriffe

§ 108 Vertragsschluss ohne Einwilligung
(1) Schließt der Minderjährige einen Vertrag ohne die erforderliche Einwilligung des gesetzlichen Vertreters, so hängt die Wirksamkeit des Vertrags von der Genehmigung des Vertreters ab.

Ergebnis:
Minderjährige: Personen, die das 18. Lebensjahr noch nicht vollendet haben.
gesetzlicher Vertreter: Vertreter ist, wer rechtlich für einen anderen handeln darf. In der Regel sind das die Eltern, manchmal aber auch z. B. das Jugendamt.
Tipp: Es ist wichtig, immer auch die umgebenden Absätze und Paragrafen zu lesen.
Gesetzestexte findet man auf *http://dejure.org* oder *http://www.gesetze-im-internet.de*

2. Tatbestand und Rechtsfolge klären

Nachdem wichtige Begriffe geklärt sind, sollte die Regelung in Tatbestand und Rechtsfolge zerlegt werden. Oft wird der Tatbestand mit dem Wort „wenn" und der Nennung einer Personengruppe oder eines Umstandes („der Minderjährige", „der Verkäufer", „die Schadensersatzpflicht") eingeleitet, die Rechtsfolge mit dem Wort „so".

§ 108 Vertragsschluss ohne Einwilligung
(1) Schließt der Minderjährige einen Vertrag ohne die erforderliche Einwilligung des gesetzlichen Vertreters, so hängt die Wirksamkeit des Vertrags von der Genehmigung des Vertreters ab.

Der Tatbestand (Bedingungen, Voraussetzungen) ist hier rot, die Rechtsfolge grün markiert.
Tatbestandsmerkmale:
✓ Minderjähriger (hier zwischen 7 und 18 Jahren)
✓ Vertragsschluss hat stattgefunden
✓ keine (vorherige) Einwilligung des gesetzlichen Vertreters gegeben
Rechtsfolge:
→ Wirksamkeit des Vertrags hängt von der (nachträglichen) Genehmigung der Eltern ab

3. Fall prüfen

Abschließend muss nun noch geprüft werden, ob der Fall in der Wirklichkeit mit dem in der Rechtsnorm formulierten Tatbestand übereinstimmt. Ist dies der Fall, dann tritt die beschriebene Rechtsfolge ein. Wenn man beispielsweise prüfen soll, ob der dreizehnjährige Tim das Handy kaufen durfte, muss man klären, ob er als Minderjähriger den Kaufvertrag mit Einwilligung seiner Eltern abgeschlossen hat. Hat er dies nicht, so müssten die Eltern den Vertrag nachträglich (innerhalb einer bestimmten Frist) noch genehmigen, damit der Vertrag wirksam werden kann. Andernfalls ist das Rechtsgeschäft nichtig.

Wie kann sich der Verbraucher informieren?

M 12 Was verschafft dem Konsumenten den Durchblick?

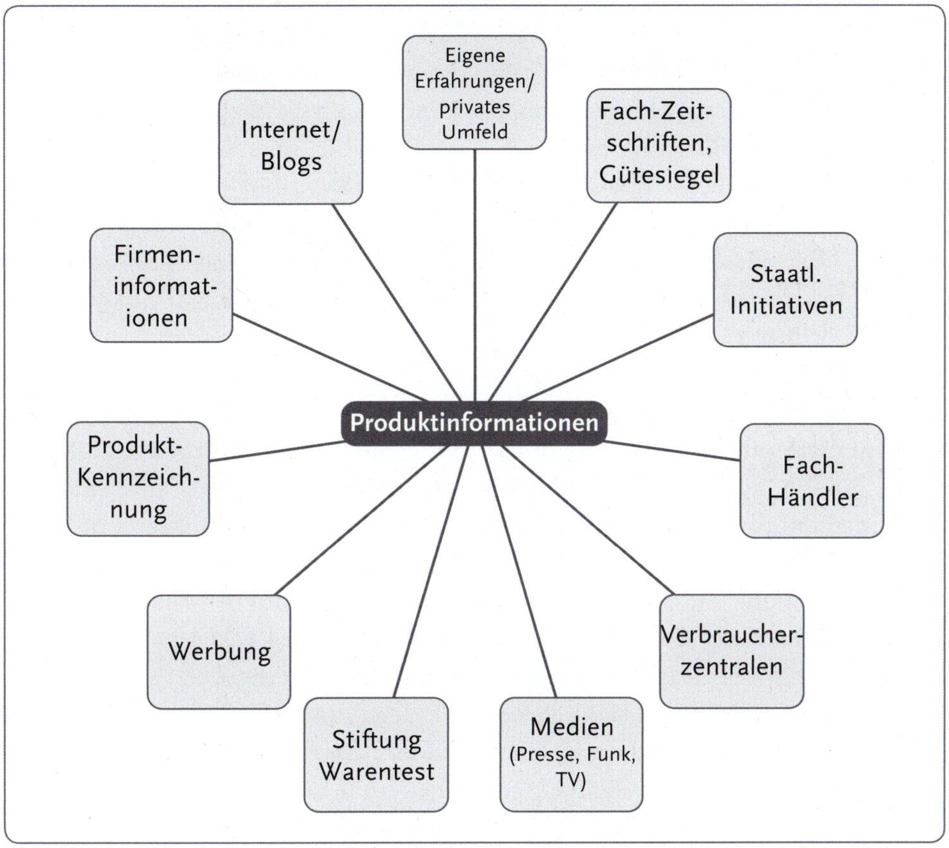

Verbraucherzentralen
Jedes der 16 Bundesländer hat eine Verbraucherzentrale (Baden-Württemberg: *www.vz-bawue.de*). Die Verbraucherzentralen bieten Beratung zu sehr vielen Verbraucherfragen, wie z. B. zu den Themen Finanzen, Ernährung und Ökologie. Eine sehr ansprechend aufbereitete Seite betreibt die Verbraucherzentrale Nordrhein-Westfalen unter *www.checked4you.de*.

M 13 Die Kennzeichnungspflicht von Lebensmitteln

Die Kennzeichnung von Lebensmitteln ist ein wichtiges Instrument der Verbraucherinformation. Das Lebensmittelkennzeichnungsrecht ist auf EU-Ebene bereits weitgehend harmonisiert. Die Regelungen stellen auf eine Grundkennzeichnung ab (wie Verkehrsbezeichnung, Angabe des Herstellers, Verpackers oder Verkäufers, Zutatenverzeichnis, Haltbarkeitsdatum, Füllmenge und Alkoholgehalt sowie unter bestimmten Voraussetzungen die Menge einzelner Zutaten). Sie gilt nicht für den Verkauf loser Ware. Neben der vorgeschriebenen Grundkennzeichnung bestehen weitere zahlreiche spezielle Kennzeichnungsregelungen (wie für Milcherzeugnisse, Öle und Fette, Wein, Fleisch und Fleischerzeugnisse).

M 14 Wie zuverlässig sind Gütesiegel?

Ausgewählte Produktsiegel

Sie sind sechseckig oder rund, grün, blau oder bunt. Sie prangen auf vielen Produkten und sollen den Verbraucher über Anbau- und Produktionsbedingungen informieren. Es gibt sie für biologische und konventionelle Lebensmittel, für Holz aus nachhaltigem Anbau, für Textilien, die unter fairen Bedingungen hergestellt werden, für Fische die umweltgerecht gefangen werden. Und es werden immer mehr [...].

Ignorieren können Verbraucher beim Einkauf getrost wohlklingende Aufschriften wie „aus kontrolliertem Anbau", „unabhängig kontrolliert" oder aus „nachhaltiger" Landwirtschaft, mit denen Hersteller häufig auf ihre konventionellen Lebensmittel aufmerksam machen. Sie suggerieren dem Konsumenten nur den Kauf gesunder Lebensmittel. Tatsächlich betreiben die Verkäufer damit einen gewaltigen Etikettenschwindel, genauso wie bei Formulierungen wie „umweltschonendem Anbau" oder „unter unabhängiger Kontrolle". So ausgezeichnete Lebensmittel sind keine Biowaren, mögen die Verpackungen auch grüne Weiden und glückliche Kühe zeigen. [...]

Ein wirkliches Gütesiegel, das rein für die umweltverträgliche Herstellung, beispielsweise von Lebensmitteln steht, gibt es bislang überhaupt nicht. Es gibt zwar die beiden Bezeichnungen „Bio" und „Öko", die durch EG-Rechtsvorschriften geschützt sind und dafür stehen, dass Hersteller bei der Produktion auf bestimmte Dinge achten. „Beispielsweise auf schädliche Düngemittel oder Gentechnik verzichten", sagt Buschmann von der Verbraucherzentrale in NRW. „Bio" und „Öko" helfen dem Verbraucher besonders, um feststellen zu können, ob ein Produkt für ihn gesund ist. Weniger aussagekräftig sind die Siegel, wenn es um die umweltschonende Herstellung der Waren geht. Naturbelassen gibt es wohl nur in der Werbung. Statt 300 Zusatzstoffe wie bei konventionellen sind bei Ökoprodukten nur 47 erlaubt. Dazu zählen jedoch auch umstrittene Produkte wie Carrageen (E407). Es wird gerne bei der Milchverarbeitung eingesetzt, um zu verhindern, dass die Milch einen Rahm bildet. Carrageen wird aus Rotalge gewonnen und führte bei Tierversuchen mit Nagern unter anderem zu Darmgeschwüren sowie zu einer Beeinflussung des Immunsystems. [...]

90 Prozent der Verbraucher wünschen sich laut einer Studie des Bundesumweltministeriums ein einziges produktübergreifendes Zeichen, an dem man sich orientieren kann. Dieser Wunsch nach klaren, einfachen und vertrauenswürdigen Orientierungshilfen besteht in allen Bevölkerungsgruppen.

Caspar Dohmen, Stuttgarter Zeitung, 30.12.2010

suggerieren = einreden, einflüstern

Tipp

Unter *www.iporex.com* findet sich ein internationales Verzeichnis von Bio-Produzenten und -Händlern, die von Fleisch bis Ahornzucker alles im Angebot haben.
Unter *www.utopia.de* finden sich Informationen über nachhaltig und nur scheinbar nachhaltig erzeugte Produkte und ihre Produzenten.
Unter *www.oeko.de* findet man einen Überblick über aktuelle Probleme bei ökologischer Produktion.

M 15 Stiftung Warentest testet Foto-Entwickler

Discounter, Drogerie oder Online-Dienste – wer Digitalfotos entwickeln möchte, hat die Qual der Wahl. Die Stiftung Warentest hat zwölf Anbieter getestet. Zwei schnitten dabei besonders gut ab.

Digitale Abzüge sind in den letzten fünf Jahren deutlich besser geworden. Hat die Stiftung Warentest im Test von 2005 die Bildqualität noch bestenfalls mit „befriedigend" beurteilt, ist sie heute oft „gut". Zwölf Anbieter von digitalen Fotodiensten haben die Prüfer bewertet. Am besten schnitt Aldi ab. Der Discounter liefert Abzüge im 10er-Format für neun Cent pro Stück und bietet damit das beste Preis-Leistungs-Verhältnis.

Auf Platz zwei hat es Foto Quelle geschafft. Bildqualität, Angebotsumfang und Bestellabwicklung waren bei beiden Diensten für Fotos wie für Poster immer mindestens „gut". Das gilt zwar auch für die Anbieter dm, Saturn und Schlecker – allerdings sind bei ihnen die Fotos teurer als bei den Testsiegern. Hinzu kommt: Nur Aldi und Foto Quelle gehen auch „gut" mit Nutzerdaten um.

Bei fast allen Anbietern lief die Bestellung weitgehend problemlos. Auf ihre Fotos mussten die Besteller im Schnitt zwei Tage warten, auf Poster einen Tag länger. Am schlechtesten bewertete die Stiftung Warentest den Dienst Foto.com. Die entwickelten Fotos waren dort „befriedigend", die bestellten Poster nur „ausreichend" und die Website gar „mangelhaft". Am Online-Auftritt hapert es aber nicht nur dort: Als einziger Anbieter hat Lidl für die Website die Note „gut" bekommen. Alle anderen Internetseiten sind „befriedigend" oder schlechter.

Isabelle Noé, http://www.n-tv.de/ratgeber/Am-besten-geht-s-bei-Aldi-article1357451.html (26.8.2010)

Stiftung Warentest
Die Stiftung Warentest ist eine deutsche Verbraucherschutzorganisation, die mit dem Anspruch der Unabhängigkeit Waren und Dienstleistungen verschiedener Anbieter untersucht und vergleicht. Die Ergebnisse der Warentests, Dienstleistungsuntersuchungen und Verbraucherinformationen werden z. B. im Internet, in Zeitschriften, Sonderheften, Ratgebern oder Jahrbüchern veröffentlicht (*www.test.de*).

STIFTUNG WARENTEST
GUT (1,9)
test
www.test.de

Aufgaben

1. Mit welchen Informationsquellen für den Verbraucher (M 12) hast du schon Erfahrungen gemacht? Berichte darüber und notiere jeweils Beispiele.
2. Diskutiert, ob ihr die Angaben auf Lebensmittelverpackungen für ausreichend haltet. Welche weiteren Informationen hättet ihr gerne beim Kauf eines Lebensmittels (M 13)?
3. Die Siegel in der Randspalte geben dem Käufer zusätzliche Informationen über ein Produkt. Recherchiert weitere Siegel und sammelt Informationen dazu: Wofür stehen die Siegel, wer vergibt sie, welche Kriterien muss ein Produkt erfüllen, um das Siegel zu erhalten? Beurteilt abschließend, ob das Siegel für den Verbraucher nützlich ist.
4. Arbeite aus M 15 heraus, nach welchen Kriterien die Foto-Entwickler getestet wurden.
5. Bildet Gruppen. Wählt ein Produkt, das ihr testen wollt, und entwickelt geeignete Kriterien für euren Test.

zu Aufgabe 5
Vergleicht drei Produkte anhand der entwickelten Kriterien und stellt das Ergebnis vor.

Betrüger im Internet – wie kann man sich schützen?

M 16 Bildschirm an, Gehirn aus

Etwa 35 Millionen Menschen nutzen in Deutschland das Internet zum Einkauf. Ein Großteil davon besucht die Seiten bekannter Portale, wie ebay oder Amazon. Aber viele Computer-Nutzer werden im Internet verführt, belogen und betrogen – wenn sie nicht aufpassen. Ob Model-Casting, Ahnenforschung, Intelligenztest, Führerscheintest, Routenplaner oder Lehrstellensuche: Der Einfallsreichtum der Anbieter nimmt kein Ende. Hinter scheinbar kostenlosen Seiten oder Kleinanzeigen stecken im Kleingedruckten oft teure Dienste oder Abonnements mit mehrjähriger Laufzeit. „Bei manchen Käufern schaltet sich vor dem Bildschirm der gesunde Menschenverstand ab", sagt Jutta Gurkmann vom Bundesverband der Verbraucherzentralen.

M 17 Betrug im Internet – die Fälle

Schwarz und verlockend schimmerte der Sportwagen auf dem Bild im Internet. Der 21-jährige Anton war begeistert. Ein Anbieter hatte den neuen Audi TT ins Netz gestellt, für 6.000 Euro. Der Wagen müsse schnell verkauft werden, schrieb der Mann. Ihm stehe ein Scheidungsprozess bevor, er wolle verhindern, dass die künftige Exfrau das Auto bekomme. Wer als Erster den Betrag auf ein Konto in London überweise, erhalte den Zuschlag. Anton leuchtete das ein und das Auto wollte er schon lange. Also überwies er 6.000 Euro. Er war nicht der einzige, der dem Unbekannten Geld überwies – das Fahrzeug erhielt aber keiner.

Fragwürdige Rechnungen verschickte das Internetportal „top-of-software.de" der Antassia GmbH. Die Masche war stets gleich: Lena, 15, hatte auf der Seite nach kostenlosen Programmen wie „OpenOffice", „Adobe Flash Player" oder nach Virenschutzprogrammen gesucht. Nach mehreren Klicks kam sie zu einer Anmeldeseite. Neben einer Eingabemaske für persönliche Daten fand sich dort ein kaum erkennbarer Hinweis auf Kosten in Höhe von 96 Euro und eine Laufzeit von einem Jahr. In der Annahme, die geforderten Daten seien lediglich für den kostenlosen Download der Software nötig, übersah sie diese Klausel. Die Rechnung und auch die Mahnung vom Rechtsanwalt kamen per E-Mail.

So genannte Live- und Cent-Auktionen sind der neueste Trend im Internet. Der entscheidende Unterschied zu üblichen Einkaufs- und Versteigerungsportalen wie etwa eBay: Während bei den Internet-Klassikern das Bieten kostenlos ist, kassieren die Neulinge für jedes Gebot ab: mal 10 Cent, meistens jedoch 50 Cent. So wurde der 18-jährige Sven zum Beispiel verführt, aufs angepeilte Produkt nicht nur einmal, sondern zehn- oder auch 100-mal zu steigern. Investiert hatte er 250 Euro – und ging dennoch leer aus.

M 18 In die Falle getappt – welche Rechte hat man?

Was sagen Gerichte zum Versuch, Menschen mit Abo-Fallen und Vertragsfallen im Internet um ihr Geld zu bringen? Verträge können schriftlich, mündlich oder auch durch sogenanntes schlüssiges Verhalten (z. B. Einsteigen in ein Taxi) geschlossen werden. Im Internet können Verträge auch per E-Mail oder durch Anklicken von Buttons zustande kommen. Voraussetzung für einen gültigen Vertrag ist allerdings, dass der Empfänger die Erklärung als ein Vertragsangebot verstehen darf. Dazu muss der Anbieter eine Reihe von Informationspflichten erfüllen. Zum Beispiel müssen die Allgemeinen Geschäftsbedingungen gut einsehbar sein. Im Streitfall muss der Dienste-Anbieter den Abschluss eines Vertrages beweisen. Wenn er auf seiner Seite nur versteckt auf die Kostenpflicht hingewiesen, ansonsten aber mehrfach mit „gratis" geworben hat, darf er nicht davon ausgehen, dass der Verbraucher mit der Anmeldung ein kostenpflichtiges Abo eingehen wollte. So hat das Amtsgericht Gummersbach in einem Urteil klargestellt: „Es kann dem Verbraucher nicht zugemutet werden, versteckten Hinweisen auf eine Vergütungspflicht nachzugehen und erst nach Anklicken mehrerer Internetseiten das zu zahlende Entgelt, das immerhin einen Hauptbestandteil des Dienstvertrags darstellt, zu ermitteln. Die zu zahlende Vergütung muss vielmehr bereits bei Beginn des Registrierungsvorgangs klar und eindeutig erkennbar sein."

Heiko Rittelmeier, www.computerbetrug.de (12.1.2011)

M 19 Tipps gegen Internetabzocker

Du bekommst zunächst Rechnungen und Mahnungen. Zahlst du nicht, erhältst du Post von einem Inkassounternehmen, manchmal auch von Anwälten. Darin wird dir mit einer Strafanzeige gedroht und du wirst bedrängt, die Kosten zu zahlen. Teilweise fügen Inkassounternehmen ihrer Zahlungsaufforderung einen auf dich zugeschnittenen Klageentwurf bei. Das soll dich verunsichern und einschüchtern. Vor Zwangsvollstreckungen brauchst du keine Angst zu haben. Voraussetzung hierfür ist ein sogenannter Titel (Urteil, Mahnbescheid) und diesen haben die Abzocker in der Regel nicht. Wichtig! Unterschreibe nie eine Ratenzahlung, auch nicht verbunden mit einem Schuldanerkenntnis. Wirf weder Mahnungen, die per Mail kommen, noch Briefe weg. Wende dich an deine Verbraucherzentrale oder einen Anwalt.

Kathrin Körber, Tipps gegen Internetabzocker, Verbraucherzentrale Niedersachsen e.V., o.J. (gekürzt)

Aufgaben

1. „Bei manchen Käufern schaltet sich vor dem Bildschirm der gesunde Menschenverstand ab" – Wie erklärst du dir, dass Konsumenten im Internet so sorglos einkaufen (M 16)?
2. Bildet Beraterteams und beratet Anton, Lena und Sven hinsichtlich der Rechtslage (M 17, M 18).
3. Erarbeitet eine Broschüre mit allgemeinen Verhaltensregeln für einen sicheren Umgang mit dem Internet (M 19).

Was wir wissen

König Kunde?
M 1

Das Leitbild vom Kunden als König sieht den Verbraucher mit der Freiheit ausgestattet, das für ihn beste Produkt auswählen zu können. Mit seiner „Stimmabgabe“ kann er die Produktion in seinem Sinne lenken. Voraussetzungen für diese Souveränität und Macht der Konsumenten sind, dass der Verbraucher nach dem ökonomischen Prinzip handelt, dass er eine vollständige Übersicht über den Markt hat (Markttransparenz) und eine Konkurrenzsituation der Anbieter besteht. In der Wirklichkeit sind diese Voraussetzungen jedoch nur selten gegeben. Die Warenvielfalt, mannigfaltige Produktmerkmale, die unterschiedliche Qualität der Produkte und immer ausgefeiltere Manipulationstechniken der Werbestrategen erschweren eine rationale Kaufentscheidung.

Rechte des Käufers
M 3 – M 6

Täglich werden zahllose Kaufverträge geschlossen. Ein Kaufvertrag begründet Rechte und Pflichten für den Verkäufer (Übereignung der mangelfreien Sache) und den Käufer (Zahlung des Kaufpreises). Liegt ein Sachmangel vor, so hat der Käufer innerhalb von zwei Jahren Anspruch auf Nacherfüllung, d. h. er erhält nach seiner Wahl entweder eine neue, mangelfreie Ware (Ersatzlieferung) oder die Sache wird repariert (Nachbesserung). Schlägt die Nacherfüllung fehl, so kann der Käufer bei erheblichen Mängeln vom Vertrag zurücktreten. Bei einem unerheblichen Mangel ist auch eine Minderung des Kaufpreises möglich.

Geschäftsfähigkeit
M 8 – M 10

Voraussetzung, um einen Vertrag schließen zu können, ist die Geschäftsfähigkeit der Vertragspartner. Geschäftsunfähig ist, wer das siebte Lebensjahr nicht vollendet hat. Beschränkt geschäftsfähig sind Minderjährige zwischen dem siebten und achtzehnten Lebensjahr. Ein Minderjähriger kann wirksam nur dann Verträge schließen, wenn er lediglich einen rechtlichen Vorteil (z. B. Schenkung) daraus hat oder wenn die Einwilligung beziehungsweise Genehmigung des Rechtsgeschäfts durch den gesetzlichen Vertreter, das sind in der Regel die Eltern, gegeben ist. Ein von einem Minderjährigen geschlossener Vertrag gilt als von Anfang an wirksam, wenn der Minderjährige mit Taschengeld („eigenen Mitteln“) bezahlt, das ihm zu einem bestimmten Zweck oder zur freien Verfügung von seinem gesetzlichen Vertreter oder mit dessen Zustimmung von Dritten überlassen worden ist.

Verbraucherschutz
M 12 – M 19

Mit Verbraucherpolitik bezeichnet man alle politischen und verbandlichen Aktivitäten und rechtlichen Maßnahmen, die dazu dienen, die Marktposition der Konsumenten gegenüber den Produzenten, Händlern und Dienstleistungsanbietern zu verbessern. So stärken eine Fülle rechtlicher Regelungen die Stellung des Verbrauchers gegenüber den Herstellern (z. B. Gewährleistungsrecht, Fernabsatzgesetz, Kennzeichnungspflichten).
Eine Vielzahl ergänzender Produktinformationen soll den Konsumenten eine überlegte Kaufentscheidung unabhängig von einseitigen Anbieterinformationen ermöglichen. Wichtige Informationsquellen sind z. B. Verbraucherberatungsstellen, Warentest-Organisationen, Produktsiegel uvm.

Pro und Kontra: Lebensmittel im Gesundheits-Check

Mehr als jeder zweite Deutsche ist übergewichtig, auch Kinder und Jugendliche werden immer dicker. Ein Grund dafür ist falsche Ernährung, viele Lebensmittel enthalten zu viel Zucker und zu viel Fett. Soll bei Lebensmitteln in Zukunft der Gehalt an Energie, Fett, gesättigten Fettsäuren, Kohlenhydraten, Zucker, Eiweiß und Salz gekennzeichnet werden, um eine gesündere Ernährung zu ermöglichen?

Bisherige Kennzeichnung

Gesundheits-Check (z. B. „Ampelkennzeichnung“)

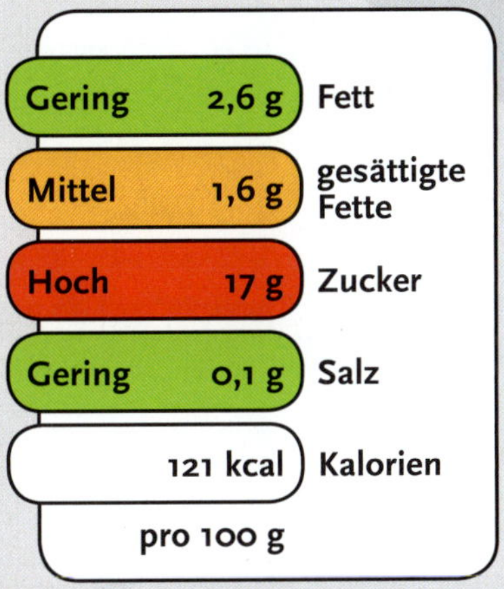

Ampelkennzeichnung:
Dabei werden für jedes Produkt direkt auf der Vorderseite der Verpackung die Gehalte an den wichtigsten Nährwerten (Fett, gesättigte Fettsäuren, Zucker und Salz) in absoluten Grammzahlen angegeben. Und zwar einheitlich pro 100 Gramm bzw. 100 Milliliter, damit man verschiedene Produkte miteinander vergleichen kann. Zur leichten Orientierung wird jeder dieser vier Werte mit einer der Signalfarben Rot (für einen hohen Gehalt), Gelb (mittel) und Grün (niedrig) hinterlegt.

Aufgabe

Bildet Arbeitsgruppen und sammelt Argumente für und wider die Erweiterung der Kennzeichnungspflicht. Führt anschließend eine Pro- und Kontra-Debatte. Geht dabei insbesondere auch auf die beiden gegensätzlichen Auffassungen von der Stellung des Konsumenten in der Marktwirtschaft ein.

Nützliche Internetadressen

www.agv.de (Arbeitsgemeinschaft der Verbraucherzentralen)
www.oekotest.de (Zeitschrift Ökotest)
www.stiftung-warentest.de (Unabhängige Stiftung Warentest)
www.bmg.de (Bundesministerium für Gesundheit)
www.bml.de (Bundesministerium für Landwirtschaft und Ernährung)
http://ec.europa.eu/consumers/index_de.htm (Seite der EU zur Verbraucherpolitik)

AUF EBAY
Neue Produkte
Tolle Rabatte
Herzlich willkommen
Super Auswahl bei eBay
Digitalkameras

O2
vodafone

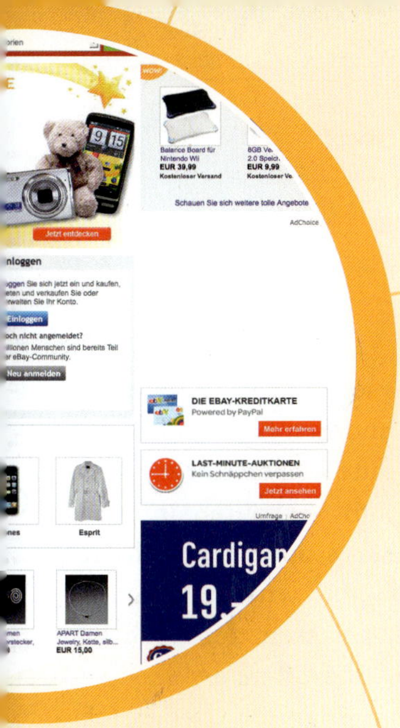

5

Die Welt der Unternehmen

Die Unternehmen bilden das Herzstück der Wirtschaft. Denn sie produzieren die nachgefragten Güter und sorgen damit für die Befriedigung der Bedürfnisse der Konsumenten. Sie verschaffen den Menschen Arbeit und bewirken durch bahnbrechende Erfindungen einen steten wirtschaftlichen Wandel. Doch wie funktionieren eigentlich Unternehmen?

Kompetenzen

Am Ende dieses Kapitels solltest du Folgendes können:

- Voraussetzungen und Motive von Unternehmensgründungen darstellen
- grundlegende Funktionen eines Unternehmens beschreiben
- ein Beispiel nachhaltigen Produzierens erläutern
- Informationen über Unternehmen aus der Region gewinnen

Was weißt du schon?

- Unternehmen beschaffen Vorprodukte und Rohstoffe (Beschaffung), verbinden sie zu neuen Produkten (Produktion) und vertreiben sie am Markt (Absatz). Ordne die Bilder den genannten Grundfunktionen eines Unternehmens zu und begründe deine Entscheidung.

Wie wird man Unternehmer?

M 1 Junge Gründer

Hugo: „Hallo Rudi, gut, dass ich dich treffe. Vielleicht hast du es ja schon gehört, ich habe die Idee, ein Fahrradgeschäft zu eröffnen. Da gibt es viel zu tun, und ich dachte, vielleicht könnten wir uns zusammentun?"

Rudi: „Mensch, das ist ja toll. Das wusste ich noch gar nicht. Hast du dir das auch gut überlegt? So als Selbständiger hat man ja doch viel zu tun."

Hugo: „Ja, das stimmt schon. Aber ich möchte doch ganz gerne mein eigener Chef sein. Und vor allem: Ich möchte gerne, dass so richtig Knete rüberkommt."

Rudi: „Und wo willst du das Geschäft aufmachen?"

Hugo: „Och, da hatte ich wirklich Glück mit den Geschäftsräumen. Die liegen ganz dicht bei meiner Wohnung, in der Goethestraße."

Rudi: „Was, da redest du von Glück? In der Straße gibt es doch schon ein Fahrradgeschäft. Das bedeutet doch Konkurrenz für dich. Und außerdem ist das doch auch ziemlich weit ab vom Schuss. Meinst du, dass da überhaupt genug Kunden hinfinden?"

Hugo: „Einerseits hast du Recht. Aber auf der anderen Seite: Ich habe schon viele Leute klagen hören, dass die dort nur am Verkaufen interessiert sind. Wenn's danach Probleme mit dem Rad gibt, wird der Kunde eher im Stich gelassen. Ich sehe da also durchaus eine Chance."

Rudi: „Hm, stimmt auch wieder. Ich sehe, du hast dir schon deine Gedanken gemacht. Aber bevor ich mitmache, müssen wir doch noch ein paar Dinge klären. Zum Beispiel: Wie kommen wir denn zu unserem Material? Das kostet doch auch etwas. Woher sollen wir das Geld nehmen? Und wie teilen wir es zwischen uns auf, wenn wir überhaupt einen Gewinn machen?"

Hugo: „Jetzt sei mal nicht zu ängstlich. Schließlich ist doch dein Vater bei der Bank. Der kann uns bestimmt Tipps geben, wie wir geschickt an das nötige Startkapital kommen können. Außerdem habe ich ja auch etwas gespart ..."

Rudi: „Gut, gut. Aber so hundertprozentig bin ich noch nicht überzeugt: Dürfen wir das denn überhaupt, so mir nichts dir nichts ein Geschäft aufmachen? Wen können wir denn da fragen?"

nach einer Idee des Instituts für Ökonomische Bildung, Oldenburg

M 2 Erfolgsfaktoren für Existenzgründer

Persönliche Voraussetzungen
Bereitschaft, 50 – 60 Stunden in der Woche zu arbeiten und zunächst auf Freizeit und Urlaub zu verzichten; Optimismus, Weitblick und den Glauben an sich selbst.

Erfolgversprechende Geschäftsidee
Die Geschäftsidee muss eigene Stärken und Schwächen berücksichtigen und die Markt- und Konkurrenzsituation im Auge behalten. Entscheidend ist die Orientierung an den Kundenwünschen.

Unternehmenskonzept
Das Unternehmenskonzept zeigt bereits im Vorfeld, wo Stärken und Schwächen der geplanten Existenzgründung liegen. Erfolgreiche Gründer passen deshalb die Planungen laufend den neuesten Entwicklungen an.

Finanz- und Liquiditätsplanung
Die Einnahmen und Ausgaben des Betriebes müssen sorgfältig geplant und permanent überwacht werden. Zu berücksichtigen ist eine entsprechende Anlaufphase, so kann auf finanzielle Engpässe schnell reagiert werden.

Marketing
Sie kennen Ihren Markt, die Konkurrenz und die Wünsche Ihrer Kunden. Sie haben eine klare Preispolitik und wissen, wie Sie das Interesse Ihrer Kunden wecken können.

Erkennen von Marktlücken
Auch in traditionellen und gesättigten Märkten können Marktnischen aufgespürt werden. Freundlicher Umgang mit Kunden, gute Beratung und ein umfangreiches Serviceangebot sind letztlich auch Marktnischen und Erfolgsfaktoren für viele Existenzgründer.

Personal
Ein Betrieb braucht motivierte Mitarbeiter. Erfolgsfaktoren sind deshalb: regelmäßige Informationen an die Mitarbeiter, Delegation von Aufgaben und eine an der Leistung orientierte Bezahlung.

nach: Handwerkskammer Region Stuttgart, o. J.

Unternehmen
sind rechtliche Wirtschaftseinheiten zur Produktion von Gütern oder Erbringung von Dienstleistungen. Sie können aus mehreren Betrieben bestehen.
Beispiel: Daimler Aktiengesellschaft, Zentrale in Stuttgart.

Betriebe
sind die an einen Standort gebundene Teile eines Unternehmens.
Beispiel: Betriebe der Daimler AG in Deutschland, wie z. B. die Werke in Bremen, Rastatt und Sindelfingen.

Aufgaben

1. a) Bildet Zweiergruppen in der Klasse und führt den Dialog fort. Geht dabei auf die Erfolgsfaktoren für Existenzgründer ein (M 1, M 2).
   b) Haltet eure Ergebnisse in einer Mindmap fest.
2. Beurteilt abschließend die Erfolgschancen von Hugos Fahrradladen, indem ihr Chancen und Risiken gegenüberstellt.

Unter *www.impulse-gruenderzeit.de/gruenderzeit/ideen/geschäftsideen* findet sich eine Datenbank für Geschäftsideen. Wähle eine Idee aus und begründe, warum du sie für überzeugend hältst.

Was braucht man zum Produzieren?

M 3 Hugo und Rudi – was brauchen sie?

Hugo und Rudi wollen ihre Idee in die Tat umsetzen. Sie überlegen, was sie brauchen, damit ihr Fahrradgeschäft funktionieren kann. Zunächst brauchen die beiden einen Geschäftsraum, in dem sie die neuen Fahrräder ausstellen und vor den Augen des Kunden Fahrräder reparieren können. Dieser Geschäftsraum und eine alte Garage, die sie als Lager nutzen, sind der Standortboden, den Hugo und Rudi zur Produktion ihrer Dienstleistung dringend benötigen. Daneben brauchen sie ein Telefon und eine Registrierkasse, außerdem Werkzeuge und Einrichtungen, um die Fahrräder reparieren zu können. Diese Dinge stellen ihr Sachkapital dar. Um dieses Sachkapital zu erwerben und außerdem die Fahrräder beim Großhändler einkaufen zu können, müssen Hugo und Rudi ihr erspartes Geld und einen Kredit von der Bank verwenden. Sie brauchen also Geldkapital.

Entscheidend für den wirtschaftlichen Erfolg der beiden ist neben dem Kapital natürlich ihre Arbeitskraft. Dazu gehören eine Vielzahl von Fähigkeiten, z. B. die höfliche und zugewandte Art, mit den Kunden umzugehen, das handwerkliche Geschick, ein defektes Rad in kurzer Zeit zu reparieren usw. Arbeit, Boden und Kapital – ohne diese Produktionsfaktoren würde der Fahrradladen nicht existieren können.

M 4 Die Produktionsfaktoren

Bezieht man sich auf die Wirtschaft als Ganzes (Volkswirtschaft), so werden diese Produktionsfaktoren unterschieden:

Volkswirtschaftliche Produktionsfaktoren		
Arbeit – leitende Arbeit – ausführende Arbeit	**Boden** – Anbauboden (Landwirtschaft) – Abbauboden (Rohstoffe) – Standortboden (für Betriebsstätten)	**Kapital** – Geldkapital (Kredit) – Sachkapital (Maschinen)

Bezieht man sich auf die Güterproduktion im Betrieb, so wird folgende Einteilung der Produktionsfaktoren vorgenommen:

Betriebswirtschaftliche Produktionsfaktoren			
Betriebsmittel, die im Umsatzprozess genutzt, aber nicht verbraucht werden (z. B. Maschinen, Gebäude)	**Werkstoffe** (Roh-, Hilfs-, Betriebsstoffe), Halb- und Fertigprodukte, die in das hergestellte Produkt eingehen	**Arbeitsleistungen,** d. h die von Menschen im Unternehmen zu erbringenden Leistungen	**Informationen,** die für ein zielgerichtetes wirtschaftliches Handeln notwendig sind (z. B. über die Bedürfnisse der Konsumenten)

M 5 Wie entsteht Kapital?

Robinson Crusoe wird als einziger Überlebender nach einem Schiffsunglück auf eine einsame, unbewohnte Insel verschlagen. Er verfügt zunächst nur über die beiden Produktionsfaktoren Boden und Arbeit. Um seinen Lebensunterhalt zu sichern, fängt er Fische mit der Hand, eine Arbeit, die mit Hilfe eines Fangnetzes ergiebiger wäre. Dies weiß er auf Grund seiner Lebenserfahrung. Deshalb beschließt er, eine Zeitlang weniger zu essen und einen Teil der Nahrungsmittel aufzubewahren, um über sie verfügen zu können, wenn er seine Arbeitskraft zur Herstellung des Fangnetzes einsetzt. Volkswirtschaftlich entsteht durch die Herstellung des Fangnetzes ein Produktionsgut, es wird Realkapital gebildet. Robinson Crusoe leistet vorübergehend Konsumverzicht (= Sparen), weil er weiß, dass er durch den Einsatz des Fangnetzes (= Investieren) in Zukunft weniger Zeit benötigt, um seinen Lebensunterhalt sicherzustellen. Dies gestattet ihm bei gleich bleibendem Zeitaufwand die Herstellung von weiteren Konsum- oder Produktionsgütern. Die Wirtschaft auf Robinsons Insel beginnt zu wachsen.

nach: Hans-Jürgen Albers u. a., Volkswirtschaftslehre, Haan-Gruiten 1997, S. 21 f.

Realkapital = Produktionsausrüstung (= Sachkapital)

Aufgaben

1. Prüfe, welche betriebswirtschaftlichen Produktionsfaktoren Hugo und Rudi für ihren Fahrradladen benötigen, und nenne jeweils ein Beispiel (M 3, M 4).
2. Boden und Arbeit werden als „ursprüngliche" Produktionsfaktoren bezeichnet. Erkläre, warum man Kapital auch als „abgeleiteten" Produktionsfaktoren bezeichnet (M 5).
3. In der betriebswirtschaftlichen und häufig auch volkswirtschaftlichen Einteilung werden Informationen als eigener Produktionsfaktor genannt. Erläutere, warum Informationen wichtig für die Produktion sind.

Welches Hauptziel hat ein Unternehmen?

M 6 Ziel des Betriebs: Gewinn erwirtschaften

Hugo und Rudi haben es geschafft. Vor einem Jahr hat ihr Fahrradgeschäft eröffnet und sie hatten das Gefühl, dass es gar nicht so schlecht läuft. Am Ende bewegt sie natürlich die Frage, die sich ihnen schon zu Beginn ihres Abenteuers gestellt hatte: Wie viel Gewinn haben wir erzielt?

Die Einnahmen des Geschäfts, der so genannte **Erlös** (oder Umsatz), ergeben sich aus dem Verkauf der Fahrräder und dem Verkauf von Zubehör und Ersatzteilen und damit verbundenen Dienstleistungen wie Reparaturen.

Doch sind dem Fahrradgeschäft auch **Kosten** entstanden. Die Fahrräder mussten von den Produzenten eingekauft werden. Es mussten Löhne bezahlt werden. Außerdem mussten Betriebsmittel wie Strom und Werkstoffe wie z. B. Werkzeuge und Öl eingekauft werden. Zudem haben die beiden noch einen Kredit abzuzahlen. Die Kosten sind vom Erlös abzuziehen, dann ergibt sich der **Bruttogewinn**. Doch auch das ist nicht der Betrag, der den beiden zur Verfügung steht, schließlich erhebt der Staat auch Steuern auf Gewinne und so müssen die beiden Steuern entrichten. Erst der **Nettogewinn** (nach Abzug der Steuern) steht ihnen dann wirklich zur Verfügung.

Da Rudi und Hugo so viel zu tun hatten, haben sie es versäumt, über ihre Ausgaben und Einnahmen ordentlich Buch zu führen. Sie finden am Jahresende einen Stapel Schriftstücke, den sie nun sortieren müssen.

Stadtwerke Neuhaus
Rechnung: 29.8.2010
Strom, Wasser, Gas für
Hugos Fahrradladen 2010
8.700 Euro

Konto-Nr. 778899 — Bank
Datum: 26.11.2010
Erläuterungen: Zahlungseingang
Verkauf 280 Tourenräder
Sunrise XP
à **1.200 Euro**

Sunrise Fahrräder
1.1.2010
Rechnung:
Einkauf
300 Tourenräder Sunrise XP à **700 Euro**

Finanzamt Stadt Neuhaus
Steuernr: 111/111/11111 (bitte bei Rückfragen angeben) 12.08.2010
Hugos Fahrradladen
Schätzung der Gewinnsteuer: **25.000,-**

Überweisung 30.11.2010
Begünstigter: FAHRRADMONTEUR
Betrag: 12X2000,- EUR
Verwendungszweck: LOHNZAHLUNGEN

Konto-Nr. 778899 — Bank
Datum: 30.12.2010
Erläuterungen: Bankeinzug:
Kreditzinsen **1.000,-**

Rechnung: **3.7.2010**
- Set Schraubenschlüssel
- Montageständer f. Fahrräder
- Schmieröle

Summe: 3.000 Euro

M 7 Preiskalkulation des Einzelhändlers – was vom Gewinn übrig bleibt

Der Preis für eine Leistung beziehungsweise ein Gut, das man verkaufen möchte, muss mindestens so hoch sein wie die Kosten für dessen Herstellung. Entsprechend muss man als Unternehmer bei der Preisgestaltung kalkulieren. Warum kostet das Fahrrad im Geschäft 820,70 €?

nach: Financial Times Deutschland, 30.4.2004

M 8 Welche Ziele sollen es sein?

Aus der Sicht eines Unternehmens in einer Marktwirtschaft ist es das oberste Ziel, einen möglichst hohen Gewinn zu erzielen. Der Unternehmensgewinn ist eine Art Risikoprämie für das Wagnis des Kapitaleinsatzes und der Lohn für die Tätigkeit des Unternehmers. Unterziele, die der Gewinnmaximierung direkt oder indirekt dienen, sind: Umsatzsteigerung, Sicherung und Vergrößerung des Marktanteils, Kostensenkung, Streben nach Ansehen und Prestige. Es ist allerdings umstritten, wie hoch der Gewinn eines Unternehmens sein soll, um diese Ziele zu erfüllen, und ab wann andere Ziele, wie zum Beispiel die Sicherung oder Schaffung von Arbeitsplätzen, eine gerechte Entlohnung von Mitarbeitern, menschenwürdige Arbeitsbedingungen, Gewinnbeteiligung der Arbeitnehmer oder ökologische Ziele damit in Konflikt geraten. Viele Unternehmen finden es auch wichtig, sich gesellschaftlich zu engagieren, zum Beispiel durch Spenden oder Stiftungen. Auch Rudi und Hugo stellt sich also die Frage, was sie mit ihrem erwirtschafteten Gewinn machen sollen.

Aufgaben

1. Sortiere die Schriftstücke in M 6 nach Ausgaben und Einnahmen und berechne folgende Größen: Erlös, Bruttogewinn, Nettogewinn.
2. Stelle für M 7 eine Erlös-Kosten-Rechnung nach der Beschreibung in M 6 auf. Kontrolliere, ob du auf dieselben Zahlen wie in der Abbildung kommst.
3. Ermittle, wie viele Fahrräder der Fahrradhändler in M 7 pro Monat verkaufen muss, wenn er auf einen Bruttogewinn von 2.000 € kommen möchte.
4. Hugo und Rudi haben ihr Hauptziel erreicht. Sie konnten so viel Gewinn erzielen, dass ihnen am Ende noch ein sehr schöner Betrag zur Verfügung steht. Jetzt müssen sie entscheiden, welche Ziele sie damit verfolgen wollen. Sammelt die in M 8 genannten Unternehmensziele und diskutiert, wie Hugo und Rudi ihr Geld verwenden sollen.

Wie arbeitet ein Betrieb?

M 9 Das Beispiel einer Fahrradfabrik

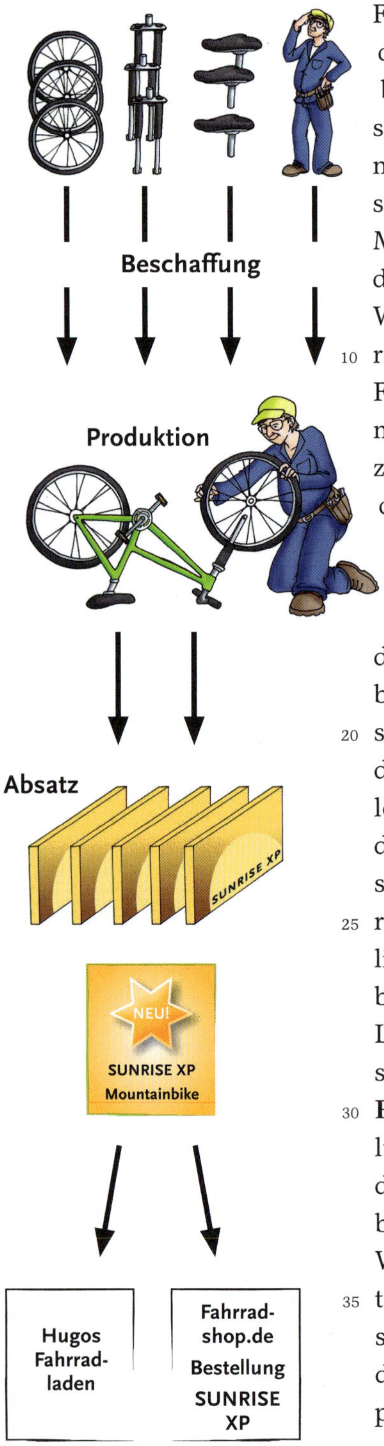

Für die Produktion muss ein Betrieb die notwendigen Vorprodukte, Arbeitskräfte und Betriebsmittel beschaffen. Erst dann kann damit ein neues Produkt erstellt werden. Dieses wird auf dem Markt verkauft. Mit dem eingenommenen Geld wird die weitere Produktion finanziert.

Werfen wir einen Blick in eine Fahrradfabrik:

Für die Fertigung von Fahrrädern muss eine große Anzahl an Teilen zugekauft, das heißt beschafft, werden: Schwerpunkte sind Gabeln sowie Lenker, Sattel, Rahmenrohre, Felgenprofile, Reifen, Naben und Speichendraht. Außerdem werden die entsprechenden Maschinen benötigt, um die Teile zusammenzusetzen. Auch sind Facharbeiter nötig, die die Maschinen bedienen und Teile montieren können. Probleme bei der **Beschaffung** können darin bestehen, dass benötigte Teile in unzureichender Menge oder Qualität geliefert werden oder nur schwer zu beschaffen sind. Deshalb muss die Lagerhaltung entsprechend organisiert werden.

Produktion bedeutet die Herstellung des Produkts Fahrrad. Der Produktionsprozess besteht in der Verbindung von Betriebsmitteln und Werkstoffen durch Arbeitskräfte. Hier findet die eigentliche Wertschöpfung statt, denn hier entsteht das neue Produkt. Der Produktionsprozess kann in einzelne Produktionsabschnitte zerlegt sein, die auf verschiedene Produktionsstätten verteilt sein können (zum Beispiel Endmontage, Rahmenbau, Laufradfertigung). Fertig montierte Fahrräder werden anschließend ins Fertigwarenlager überstellt. Dort werden sie zu Lieferungen zusammengestellt und für den Versand an den Händler vorbereitet.

Die produzierten Güter, hier die Fahrräder, müssen am Markt verkauft werden. Die Fahrräder werden an regionale Großabnehmer oder direkt an die Kunden verkauft. Hierfür betreibt die Fahrradfabrik eigene Marketingaktivitäten, um den **Absatz** zu steigern. Dazu gehören die Produktgestaltung (Design, Qualität, Ausstattung), Werbung und Preisgestaltung. Ziel ist die Steigerung beziehungsweise Erhaltung der Attraktivität des Unternehmens, um bestehende Kunden zu binden und neue Kunden zu gewinnen.

Übergeordnete Funktionen im Betrieb sind die **Leitung und Verwaltung** und die **Finanzierung** des Unternehmens. Die Leitung des Betriebs umfasst alle Tätigkeiten, die zur Organisation, Planung und Kontrolle des gesamten Produktionsprozesses notwendig sind. Die Finanzierung beschäftigt sich mit der Beschaffung der finanziellen Mittel und ihrer Verwendung zur Aufrechterhaltung oder Erweiterung des Produktionsprozesses.

M 10 Beschaffungs- und Absatzmarkt

Jedes Unternehmen ist von zwei Seiten mit dem Wirtschaftskreislauf verbunden, und zwar mit den Beschaffungs- und den Absatzmärkten.

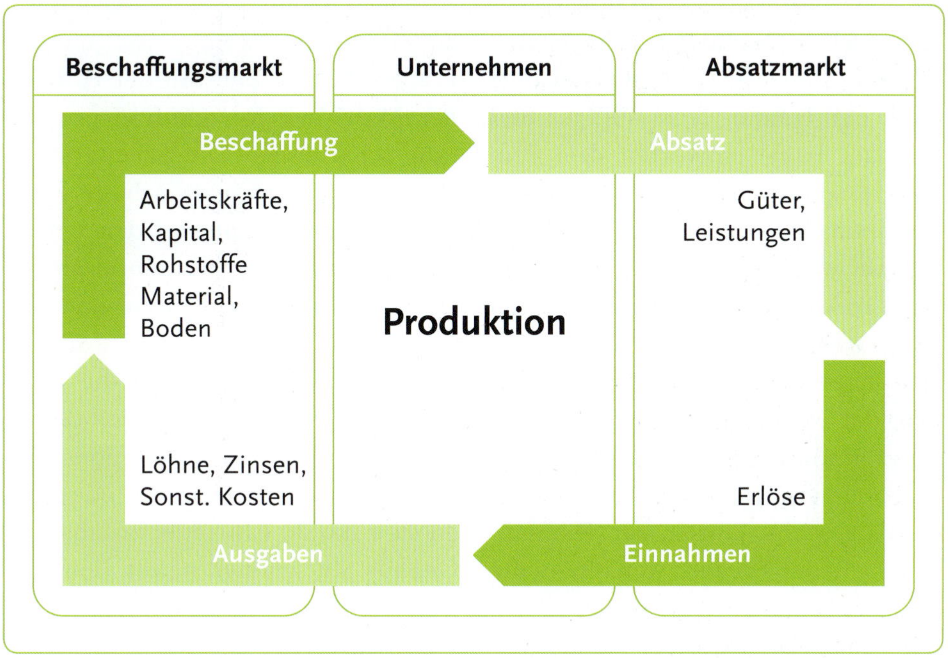

M 11 Die moderne Fahrradproduktion

Markenräder aus Deutschland sind häufig Welträder: Der Rahmen kommt aus Taiwan, die Schaltung aus China und die Akkus für die E-Räder aus Kanada. Diese Globalisierung hat die 125 Jahre alte Marke Diamant gerettet – das Geschäft boomt. „Kein Werksverkauf", steht auf der gläsernen Eingangstür in Hartmannsdorf gleich über dem geschwungenen Namenszug „Diamant". 150.000 Fahrräder bauen die Mitarbeiter der sächsischen Fahrradmanufaktur hier im Jahr zusammen – Tendenz steigend. Will jedoch einer der Mitarbeiter ein Diamantrad kaufen, muss er es im zehn Kilometer entfernten Chemnitz beim Händler bestellen. Hartmut Rogotzki, seit 45 Jahren im Betrieb und damit dienstältester Mitarbeiter bei Diamant, schüttelt darüber schmunzelnd den Kopf: „Im Extremfall baut der Kollege sein Rad selbst zusammen, verpackt es in einen Karton und schiebt es auf den Lastwagen." Der fährt es zur Vertriebsgesellschaft in die Niederlande, die es retour zu einem Chemnitzer Händler schicken. Dort kann der Kollege dann sein Rad abholen.
So funktioniert der Weltmarkt. Und auf dem mischt das 125 Jahre alte Traditionsunternehmen erst mit, seit Trek Bicycle es vor acht Jahren gekauft hat. Die Diamant-Fahrradwerke standen damals vor dem Aus, weil

Die **Diamant-Fahrradwerke** in Sachsen gehören weltweit mit zu ältesten Fahrradherstellern. Die Brüder Nevoigt gründeten 1885 in Chemnitz eine Fabrik und stellten Platinen, Schreibfedern und Fahrräder her. Nach der Wende kaufte der Schweizer Tabak- und Fahrradhersteller Villiger die Diamant-Fahrradwerke. 2002 übernahm Trek Bicycle Corporation sowohl Diamant als auch Villiger.

Fließbandfertigung
Bei der Fließfertigung werden die Roh- und Betriebsstoffe, Fertigteile usw. zum Produkt gebracht. Dabei wird das zu fertigende Produkt über ein Fließband transportiert und arbeitsteilig zusammengesetzt. Dieses Verfahren eignet sich für die Massenfertigung.

Werkstattfertigung
Bei der Werkstattfertigung kommt das zu fertigende Werkstück zu den Arbeitsplätzen, die nach Tätigkeitsbereichen organisiert sind. Diese Fertigungsweise eignet sich für die kundenindividuelle Produktion.

die Produktion im Vorjahr massiv eingebrochen war. [...] Das US-Unternehmen krempelte das ostdeutsche Werk um. „Mittlerweile sind wir ein reiner Produktionsstandort", erklärt Geschäftsführer Michael Mittag. Was er in Hartmannsdorf unter den Namen Trek, Villiger und Diamant baut, entwerfen drei Produktdesigner in den Niederlanden. Das spart Ressourcen, ist aber ungewöhnlich. [...] Für Diamant fällt jedoch Trek weit entfernt die Entscheidung, was und wie viel gebaut wird. Die Amerikaner testen die Prototypen, das Marketing ist in Schweizer Hand, und Mittags Team lackiert die Räder und schraubt sie zusammen. [...] Vor sechs Jahren hat Diamant 35.000 Räder im Jahr gebaut, heute sind es 150.000. [...]

Ab 1964 war Rogotzki dabei. Als Schlosserlehrling und später als Leiter der Instandhaltung sorgte er dafür, dass die Bänder liefen und die Maschinen funktionierten. Er sah, wie die Kollegen die Rahmen löteten und Speichen in die Nabe der Laufräder einfädelten. Heute erledigen zwei Frauen diese Arbeit mit der Hilfe einer Maschine. Ein Laufrad pro Minute schaffen sie. Die Arbeiterinnen sitzen in der Produktionshalle wenige Schritte entfernt von den beiden Laufbändern. 16 Monteure stehen sich dort gegenüber. Fast unmerklich bewegt sich das Band. Mit wenigen Handgriffen ziehen die Männer Lager fest, fädeln Lichtdrähte ein, ziehen Ketten auf und montieren Schutzbleche. In einer Stunde bauen sie rund 30 Fahrräder zusammen. Genaue Stückzahlen nennt niemand. Die seien modellabhängig, lautet die vage Antwort.

Andrea Reidl, Spiegel online, 23.4.2010

M 12 Absatz: der Marketing-Mix

Ein Unternehmen muss nicht nur gute Produkte herstellen, es muss sie auch verkaufen. Die Marketingmaßnahmen, die dem Konsumenten am meisten auffallen, stammen aus dem Bereich der Werbung. Tatsächlich sind es aber sehr vielfältige Maßnahmen, die das Unternehmen einsetzt, um seine Kunden zu erreichen. Diese Maßnahmen werden oft in vier Bereiche eingeteilt – entsprechend der englischen Bezeichnungen in die „4 P" des Marketing. In allen vier Bereichen sind zahlreiche Entscheidungen zu treffen, die auch für die anderen Bereiche relevant sind. Es würde keinen Sinn machen, nur eine dieser Maßnahmen einzusetzen, z. B. nur auf eine aufwändige Fernsehwerbung zu vertrauen, ohne diese durch andere Maßnahmen zu unterstützen, wie z. B. eine entsprechende Produktgestaltung. Da diese Maßnahmen gut aufeinander abgestimmt – also gut „gemischt" – sein müssen, spricht man auch vom „Marketing-Mix". Bei allen Maßnahmen ist die erwartete Wirkung mit den durch die Maßnahme verursachten Kosten in Bezug zu setzen. Entscheidend für die Wirkung einer Marketingmaßnahme ist unter anderem, ob es ihr gelingt, die richtige Zielgruppe anzusprechen. Dies ist besonders wichtig bei Produkten, die für jugendliche Konsumenten bestimmt sind.

Marketing-Mix

P – Product

Produktpolitik
Wie wird das Produkt gestaltet?
(Design, Funktionen etc.)
Wie ist die Verpackung gestaltet?
Ist das Produkt in ein Sortiment eingebettet („Marke“)?
Welcher Produktname ist geeignet?

P – Place

Distributionspolitik
Wie gelangt das Produkt zum Kunden?
(Vertrieb über Einzelhandel, Großhandel, Internet, Vertreter, ...)
Wie wird das Ladenlokal gestaltet?

P – Price

Konditionenpolitik
Wie hoch ist der Preis?
(Anpassung an die Konkurrenz, Deckung der Stückkosten)
Gibt es Sonderpreise für bestimmte Kundengruppen?
Wie werden Rabatte gestaltet?

P – Promotion

Kommunikationspolitik
Welches Werbekonzept verspricht am meisten Erfolg
(Medien, Botschaft, Budget)
Wie kann das Image des Unternehmens verbessert werden?
(Public Relations, z. B. Sponsoring, Zusammenarbeit mit Schulen)

Aufgaben

1. Überlege für Hugos Fahrradgeschäft, welche Schwierigkeiten in den Bereichen Beschaffung, Produktion und Absatz auftreten könnten (M 9, M 10).
2. Stelle dar, wie Produktion und Absatz der Diamant-Fahrräder organisiert sind (M 11).
3. Bildet Gruppen. Sucht euch aus M 12 ein Marketinginstrument aus und entwickelt für Hugos Fahrradladen eine geeignete Maßnahme aus einem der Bereiche (M 12).

+ zu Aufgabe 3
Entwickelt eine weitere Maßnahme aus einem anderen Bereich.

Arbeitsteilung – Grundlage der modernen Produktion

M 13 Das Schulfest

Die Klassen 8a, 8b und 8c bereiten ein Schulfest vor und produzieren dafür Hamburger, Sandwiches und Hotdogs. Sie haben für jedes Gericht jeweils drei Stunden Zeit. Die Tabelle zeigt, was sie in dieser Zeit geleistet haben.

8a	40	60	66
8b	50	52	64
8a	38	50	70

Erkläre, wie die Gesamtproduktion durch eine sinnvolle Arbeitsteilung zwischen den Klassen gesteigert werden könnte.

M 14 Entwicklung und Formen der Arbeitsteilung

In seinem berühmt gewordenen Buch „The Wealth of Nations" beschrieb der britische Nationalökonom Adam Smith schon 1776 die Vorzüge der Arbeitsteilung.

Die älteste Form der Arbeitsteilung ist die zwischen Mann und Frau. In der geschlossenen Hauswirtschaft, in der Produktion und Verbrauch unter einem Dach stattfanden, waren die anfallenden Arbeiten unter den Familienmitgliedern aufgeteilt. Während der Mann zum Beispiel das Feld bestellte, war die Frau für die häuslichen Arbeiten zuständig. Als die Märkte größer wurden und damit die Möglichkeiten, Güter zu tauschen, kam es zur Auslagerung und Verselbständigung einzelner Tätigkeiten (Berufsbildung). Es bildeten sich Handwerksberufe, die heute noch in den Namen weiterleben (Schmied, Wagner usw.). In den Städten, in denen ein reger Handel stattfand, kam es zu einer weiteren Spezialisierung der Berufe. So entstanden die Berufe Hufschmied, Nagelschmied, Kupferschmied usw. (Berufsspaltung).

Im 18. Jahrhundert entdeckte der berühmte Wissenschaftler Adam Smith, dass es Vorteile bringt, wenn der Produktionsprozess für ein Gut in unterschiedliche Teilverrichtungen zerlegt wird (Arbeitszerlegung, innerbetriebliche Arbeitsteilung). Smith zeigte dies am Beispiel der Stecknadelherstellung, die er in 18 unterschiedliche Tätigkeiten aufteilte (Draht ziehen, Draht schneiden, Draht schleifen, Kopf ansetzen usw.). Da sich jeder Arbeiter nun auf eine ganz begrenzte Tätigkeit spezialisierte, konnte – bei einer sinnvollen Organisation der Arbeitsteilung – auch ein ungelernter Arbeiter viel mehr leisten als wenn er alle Arbeitsschritte alleine ausführte. Das Ergebnis war eine immense Steigerung der Produktion insgesamt – der Beginn der industriellen Massenproduktion. Im Zuge der technischen Entwicklung, insbesondere des Einsatzes von Maschinen und der Verbesserung von

Logistik und Kommunikation, wurde dieses Prinzip auf immer mehr Produktionsprozesse übertragen. So spezialisieren sich heute viele Betriebe auf die Herstellung einzelner Produkte. Zum Beispiel produziert ein Betrieb nur Reifen, während ein anderer Stoßstangen produziert (zwischenbetriebliche Arbeitsteilung). Wenn die innerbetriebliche oder zwischenbetriebliche Arbeitsteilung über Landesgrenzen hinweg organisiert ist, spricht man von internationaler Arbeitsteilung.

M 15 Von der Fließbandfertigung zur Gruppenarbeit

Volvo führte 1974 im Werk Kalmar die Gruppenmontage ein. Auf batteriebetriebenen Montageplattformen nahmen Arbeitsgruppen jeweils die Ausführung eines abgeschlossenen Montagevorgangs (z. B. Installation eines Motors, Elektromontage) vor. Die Intervalle für die Werke betrugen 30 Minuten, bei der vorherigen Fließbandfertigung waren es 30 Sekunden. Die Weiterentwicklung der Gruppenorientierung wurde 1987 im Werk Udevalla vorgenommen. Bei der bis dahin beibehaltenen Fließbandfertigung beklagte Volvo hohe Qualitätskosten. Als personalbezogenes Problem trat vor allem eine Abwesenheitsrate der Mitarbeiter von circa 25 % auf. Eine Entwicklung von der Fließbandfertigung zur ganzheitlichen Gruppenarbeit sollte dieses Problem mildern. [...] Acht Arbeitsgruppen mit jeweils 8-10 Mitarbeitern wurde die Verantwortung für die komplette Montage eines Automobils übertragen, wobei jede Gruppe gleichzeitig an vier Fahrzeugen arbeiten sollte. [...] Nach Angaben von Volvo liegen die Vorteile der Montage bei einer größeren Leistungsbereitschaft der Mitarbeiter, einer geringeren Personalfluktuation und einer Anreicherung in der Arbeitsaufgabe. Durch die Einführung der Gruppenarbeit und den damit verbundenen Vorteilen wurde die Produktivität von Volvo deutlich erhöht.

Rolf Bühner, Betriebswirtschaftliche Organisationslehre, 10. Aufl., München 2004, S. 284

Gruppenarbeit bei der Fahrzeugmontage

Outsourcing = Auslagerung von Unternehmensaufgaben / -strukturen an Drittunternehmen

Aufgaben

1. Erläutere die unterschiedlichen Formen der Arbeitsteilung und erkläre, um welche Form der Arbeitsteilung es sich bei den Schulklassen handelt (M 13, M 14).
2. Beschreibt, wie sich die Produktion von Sandwiches durch Arbeitszerlegung weiter steigern lassen könnte (M 13, M 14).
3. Stelle die Vor- und Nachteile der Fließband- und Gruppenfertigung gegenüber (M 15).

zu Aufgabe 3
Bildet Gruppen und löst die Aufgabe arbeitsteilig.

Wie können Unternehmen umweltschonend produzieren?

M 16 Die ökologische Verantwortung des Unternehmens

Bei jedem betrieblichen Produktionsprozess entstehen Ergebnisse, die nicht Ziel des Produktionsprozesses sind, also nicht zum eigentlichen Produkt gehören. Dies sind oft umweltbelastende Nebenprodukte wie z. B. Abgase oder Abfälle (Rückstände, Reststoffe). Wie kann vermieden werden, dass diese Nebenprodukte entstehen und die Umwelt beeinträchtigen? Hier setzt die ökologische Verantwortung des Betriebs an.

Die grundlegenden Rahmenbedingungen für eine umweltgerechte Produktion sind dabei durch eine Vielzahl gesetzlicher Regeln (z. B. Kreislaufwirtschafts- und Abfallgesetz) festgelegt.

Um das Ziel einer möglichst umweltschonenden Produktion zu erreichen, muss der Produktionsprozess so gestaltet werden, dass möglichst wenig oder kein Müll entsteht. Das Deponieren, das Filtern oder das Verbrennen von freigesetzten Stoffen sollen damit vermieden werden. Viele Maßnahmen zielen daher auf das vollständige Verwerten von Werkstoffen oder das Zurückbringen in den Produktionsprozess (Kreislaufwirtschaft/Recycling). Entstehen Abfälle, so bedeutet dies auch, dass eingesetzte Rohstoffe und Energien unwirtschaftlich verwertet wurden.

Aber auch die Ansprüche an das Endprodukt selbst verändern sich. So wird heute der gesamte Lebensweg eines Produktes von der Entstehung über den Gebrauch bis hin zur Entsorgung unter ökologischen Gesichtspunkten betrachtet.

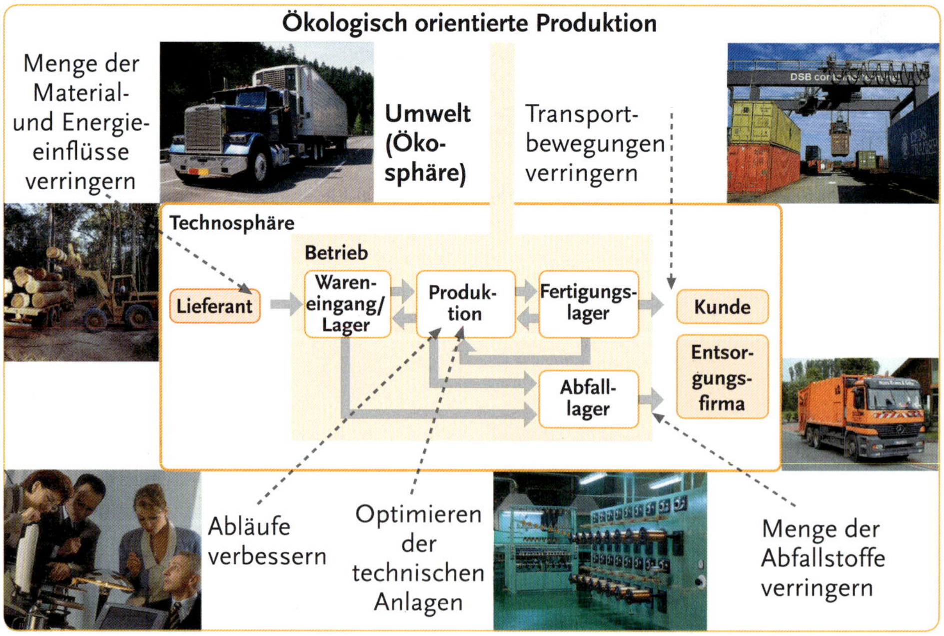

M 17 Betrieblicher Umweltschutz – ein Beispiel

Umweltaspekt	Dimension	Ist Ø 2008	Ist Ø 2009	Ziel 2010
Stromverbrauch	[kWh/Fzg]	1.071	1.135	1.035
Erdgasverbrauch	[kWh/Fzg]	397	392	360
Gesamt Wasserverbrauch	[m³ / Fzg]	2,273	2,347	2,155
Industriewasserverbrauch	[m³ / Fzg]	1,827	1,876	1,709
Produktionsabfall (ohne Schrotte)	[kg/Fzg]	34,1	32,1	30
Lösemittelemissionen	[g/m²]	15,56	13,7	14,9

Umwelterklärung 2010, Mercedes-Benz, Werk Bremen; Fzg = Fahrzeug

M 18 Es grünt so grün – Umweltmanagement in Unternehmen

Im Labor riecht es nach Spaghetti. Ein Roboter greift sich einen schwarzen Teller vom Stapel und füllt ihn mit etwas Nudelwasser, das er in elegantem Schwung verteilt. Daneben spritzt ein Automat starken Schwarztee in Tassen. Nach einigen Minuten saugt er die schmierige Brühe in kleinen Schlucken wieder ab – alle 5 Minuten 20 Milliliter, sodass braune Ränder entstehen. Der Schmutz hat System und dient einem guten Zweck. Mit seiner Hilfe entwickelt Henkel, Hersteller von Waschmitteln, Kosmetika und Klebstoff, einen neuartigen Reiniger für die Spülmaschine. Der sorgt für glänzend sauberes Geschirr bei 40 Grad Wassertemperatur und spart – je nach Programm – rund 20 Prozent Energie.

Ein hübscher Werbegag zum In-Thema Klimaschutz? Sicher, Umweltmarketing ist auch für Henkel wichtig, aber der Düsseldorfer Mischkonzern ist geradezu grün durchwirkt. 1994 erhob er „Eco-Leadership" zum Unternehmensziel. Seither integrierte die Führung den Umweltschutz als Managementaufgabe in sämtliche Abläufe – von der Produktentwicklung bis zum Marketing. Im Jahr 2000 ergänzte Vorstandschef Ulrich Lehner die Vorgaben um gesellschaftspolitische Komponenten – seither gilt dem Traditionshaus Nachhaltigkeit als Leitbild.

Nicht nur Naturschützer sehen darin den richtigen Weg. Mittlerweile verlangen auch viele Investoren, dass Unternehmen Ökologie und Soziales neben dem Gewinnstreben als gleichberechtigte Führungsaufgabe behandeln. [...]

Die Maßgaben aus der Chefetage werden inklusive klarer Zeitrahmen auf alle Bereiche, Prozesse und Standorte heruntergebrochen. Sie stehen gleichwertig neben Steuergrößen wie Umsatz oder Produktionsmenge. Die oberste Führung überprüft ihre Erfüllung in jedem Quartal und macht Teile der Bonuszahlungen von den Fortschritten abhängig.

Eva Müller, Manager Magazin, Heft 6/2007, S. 110 (gekürzt)

M 19 Kommentar: Grün allein genügt nicht

Grün ist eine begehrte Farbe. Grün gilt nicht nur als Farbe der Hoffnung, sondern steht auch für umweltfreundliches Wirtschaften. Ein Erfolgsfaktor, mit dem sich bei Geschäftspartnern und Verbrauchern hervorragend punkten lässt. Das dachte sich auch der Fastfood-Konzern McDonald's, der angekündigt hat, dass er in Zukunft mehr „grün" als „rot" sein wolle. Geht es danach, dann hat die Farbe Rot als Hintergrund für das geschwungene goldgelbe „M" bald ausgedient, also jene Farbe, die bei Stoppschildern und Ampeln Gefahr signalisieren soll. Und die im Fall von McDonald's als Warnung vor ungesundem Essen interpretiert werden könnte?

So will man den Farbwechsel bei McDonald's freilich nicht verstanden wissen, sondern als ein Bekenntnis zum Umweltschutz. Das ist grundsätzlich lobenswert. Allein reicht das jedoch nicht aus. Wer es ernst meint mit dem Umweltschutz, muss glaubhaft machen, dass er sparsam mit Energie und anderen Ressourcen umgeht, also ein überzeugendes Konzept vorlegen. Ein Nachweis, den die Schnellrestaurantkette bislang schuldig geblieben ist. So werden nach wie vor jedes Jahr Berge an Verpackungsmüll produziert. Tonnen von Burgerfleisch landen im Müll, weil es nicht schnell genug an den Mann oder die Frau gebracht werden kann. So gesehen ist die Grünfärbung von McDonald's nicht mehr als ein Marketinggag.

Silvia Liebrich, Süddeutsche Zeitung, 23.11.2009

Aufgaben

1. a) Als Umweltschutzbeauftragter des Unternehmens sollst du die in M 17 dargestellten Daten daraufhin prüfen, ob sich die Stoff- und Energieflüsse im Sinne des betrieblichen Umweltmanagements entwickelt haben. Fasse die Ergebnisse deiner Prüfung zusammen (M 16, M 17).
   b) Kannst du anhand der Tabelle klären, ob die Umweltbelastungen sich insgesamt verringert haben (M 17)? Begründe!
2. Erkläre, warum Unternehmen an einem „Nachhaltigkeitsmanagement" interessiert sind (M 18).
3. Einigen Unternehmen wird der Vorwurf gemacht, sie betrieben „Greenwashing", würden also allein aus Marketinggründen auf ein grünes Image setzen. Erläutere, was du als Konsument dagegen tun könntest (M 19).

Methode

M 20 Eine Betriebserkundung planen und auswerten

1. Was sind und warum Betriebserkundungen?

Betriebserkundungen sind gezielte Besuche von Schulklassen oder schulischen Lerngruppen, um in Handwerks-, Industrie- oder Wirtschaftsunternehmen relativ eng begrenzte und nach pädagogischen Aspekten ausgewählte Bereiche der Betriebs- und Arbeitswelt zu erkunden.

Betriebserkundungen sollten vorwiegend durchgeführt werden, um gezielte Einblicke in bestimmte betriebliche Arbeitsschwerpunkte und soziale Zusammenhänge zu ermöglichen.

Damit eine Betriebserkundung ein Gewinn für die Lerngruppe wird, sollte sie gezielt vor- und nachbereitet werden.

2. Tipps und Tricks für die Betriebserkundung

a) Was kann erkundet werden?

Zunächst solltet ihr einen Erkundungsschwerpunkt aussuchen. Es macht keinen Sinn und stellt außerdem eine Überforderung dar, auf alles zu achten. Macht euch also in eurer Lerngruppe Gedanken dazu, worüber ihr bei der Betriebserkundung mehr erfahren möchtet. Hier eine kleine Auswahl möglicher Themenfelder:

- Produkte bzw. Dienstleistungen
- Beschaffung, Produktion, Absatz
- Arbeitsinhalte
- Arbeitsorganisation/Arbeitsplatzgestaltung/ Arbeitsrhythmus
- Qualifikationsanforderungen
- Entlohnung
- Veränderung bisheriger Arbeitsabläufe durch die Einführung neuer Technologien
- Umweltbelastung

b) Vorbereitungsphase

Bevor es losgeht, sollten einige Dinge geklärt sein. Dazu einige Beispiele:

- Ablauf der Erkundung, Zeitplan, Organisation und Auswahl der Erkundungsbereiche (Arbeitsplätze, Abteilungen, Werkstätten, usw.), vor allem Erkundungsschwerpunkte?
- Fotografier- und Interviewerlaubnis?
- Rechts- und Versicherungsfragen?
- Arbeitsmittel wie z. B. Kassettenrecorder, Videokamera und Fotoapparate besorgt?
- Kostenfrage geregelt (z. B. für Fahrt und Verpflegung)?
- Verhalten im Betrieb, Unfallverhütungsvorschriften?

Damit die Betriebserkundung ein Erfolg wird, solltet ihr außerdem

- einen Beobachtungsleitfaden und Erkundungsfragebogen entwickelt und
- Beobachtungs- und Befragungstechniken eingeübt haben.

c) Auswertungsphase

Mit der Durchführung der Betriebserkundung ist die Betriebserkundung noch nicht abgeschlossen. Es schließen sich noch einige wichtige Arbeitsschritte an:

- Sammlung der Beobachtungen, Eindrücke und Erfahrungen (stichwortartig)
- Systematische Auswertung der Erkundungsunterlagen und Materialien (Fragebögen, Beobachtungsleitfaden, Erkundungsfragebogen, mitgebrachte Proben, Informationsmaterialien wie Graphiken, Prospekte, Fachzeitschriften, Fotografien, Videofilme etc.)
- Anfertigen eines Erkundungsberichtes und ggf. einer Dokumentation der Erkundung
- Betrieb danken und evtl. Kopien der Erkundungsergebnisse beifügen, bzw. zur Ergebnispräsentation einladen
- Einordnung der Erkundungsergebnisse in das Generalthema der Unterrichtseinheit

nach: Ingrid Tiefenbach, Wilfried Wulfers, (http://lernen.bildung.hessen.de/arbeitslehre/awa/betriebserkundung/projektecke/checkliste, 17.1.2004)

Was wir wissen

Unternehmensgründung – Chancen und Risiken
M 1 – M 5

Die richtige Geschäftsidee ist wesentliche Voraussetzung der erfolgreichen Unternehmensgründung. Unternehmensgründer sollten sich überlegen, ob ihr Produkt überhaupt benötigt wird, die erforderliche Kaufkraft vorhanden ist (Marktvolumen) und ob dieses Produkt bisher von wenigen oder keinen Mitbewerbern angeboten wird (Marktlücke). Auch eine überlegte Standortwahl entscheidet, ob diese Voraussetzungen erfüllt sind. Außerdem sollte sichergestellt werden, dass der Finanzierungsbedarf mit Eigen- und Fremdkapital gedeckt werden kann und nicht zuletzt sind qualifizierte Arbeitskräfte wichtig für den Erfolg einer Unternehmung. Für die Produktion werden also die Produktionsfaktoren Arbeit, Boden und Kapital benötigt.

Betriebsziel: Gewinn erwirtschaften
M 6, M 8

Der Betrieb produziert mit dem Ziel, Gewinn zu erwirtschaften. Der Gewinn wird so ermittelt: Der Betrieb erwirtschaftet Erlöse, die mit dem Umsatz erzielt werden. Der Umsatz errechnet sich als Produkt aus Einzelpreis und Absatzmenge (= verkaufte Stückzahl). Ein Gewinn ergibt sich aus den Umsatzerlösen aber nur dann, wenn sie größer sind als die Kosten. Kosten entstehen bei der Produktion dadurch, dass neben Betriebsmitteln und Werkstoffen auch Arbeitskräfte und Zinsen zu bezahlen sind.

Betriebliche Grundfunktionen
M 9, M 10, M 12

In einem Betrieb fallen sehr viele Tätigkeiten und Aufgaben an. Diese Aufgaben und Tätigkeiten werden allgemein in die betrieblichen Grundfunktionen Beschaffung, Produktion und Absatz unterteilt. Beschafft werden müssen Rohstoffe, Halb- und Fertigprodukte. Zur Produktion gehört die Erstellung des eigenen Produkts beziehungsweise der eigenen Dienstleistung, die Koordination der Aktivitäten der Mitarbeiter, die Forschung und Entwicklung neuer Produkte. Zum Absatz gehören alle Maßnahmen, die dazu führen, den Erfolg des Produktes und des Unternehmens am Markt zu sichern, also Marktbeobachtung und -analyse, Werbung, Preispolitik usw.

Arbeitsteilung
M 14, M 15

In den Betrieben finden wir eine ausgeprägte technische Arbeitsteilung, bei welcher der Produktionsprozess in Teilverrichtungen gegliedert wird. Durch moderne Logistik- und Kommunikationsmöglichkeiten sind Produktionsprozesse heute vielfach global organisiert (internationale Arbeitsteilung). Insgesamt führt die Arbeitsteilung zu einer Erhöhung der Produktivität und ermöglicht so die Massenproduktion von Gütern.

Ökologisch orientierte Produktion
M 16

Die ökologische Verantwortung der Unternehmen zielt auf eine nachhaltige Wirtschaftsweise. Eine Aufgabe des Umweltmanagements in Unternehmen besteht z. B. darin, Stoff- und Energieflüsse zu optimieren. Dadurch können teure Rohstoffe gespart werden. Außerdem wird durch die Maßnahmen des Umweltschutzes die Qualität der Produkte erhöht und nicht zuletzt profitieren die Unternehmen auch hier von einem verbesserten Image. Gleichzeitig ist zu beobachten, dass die Idee der Nachhaltigkeit noch von zu wenigen Unternehmen beachtet wird oder Unternehmen sich lediglich ein „grünes Image“ geben.

Der Sandwich-Verkauf

Eine Vierergruppe eurer Klasse möchte auf dem Schulfest 50 Sandwiches verkaufen. Für die Herstellung benötigen sie:

Rohstoffe	Kosten in €
Butter	8,50
Gurken	5,40
Salami	40,90
Käse	45,10
Senf	5,90

Aufgaben

1. Nennt alle (weiteren) betrieblichen Produktionsfaktoren, die für die Herstellung benötigt werden.
2. Legt einen realistischen Preis für eure Sandwiches fest. Beachtet dabei, dass an eurem Nachbarstand Bratwurstbrötchen zu 3,50 € / Stück angeboten werden. Berechnet den maximalen Bruttogewinn, den ihr mit dem von euch ermittelten Preis erzielen könnt.
3. Beschreibt, wie die Produktion organisiert werden soll.
4. Entwickelt eine besondere Marketingidee für den Verkaufsstand.

Karikatur: Stuttmann

6

Nachhaltigkeit in der globalisierten Welt

Die globale Erderwärmung gilt als das drängendste Umweltproblem unserer Zeit. Welche Folgen hat der Klimawandel und wie können wir verhindern, dass sich die Erde weiter aufheizt?

Kompetenzen

Am Ende dieses Kapitels solltest du Folgendes können:

- Ursachen und Folgen des globalen Klimawandels beschreiben
- Auswirkungen deines Verhaltens auf die Umwelt mit geeigneten Methoden untersuchen
- Lösungsansätze für Umweltprobleme beurteilen
- dich in bestimmten Situationen umweltbewusst verhalten

Was weißt du schon?

- Die Materialien auf dieser Seite haben einen Bezug zum Thema „Klimawandel".
  Erläutere für ein Material deiner Wahl diesen Bezug.

Ursachen und Folgen des Klimawandels

M 1 Die Klimazukunft in Deutschland

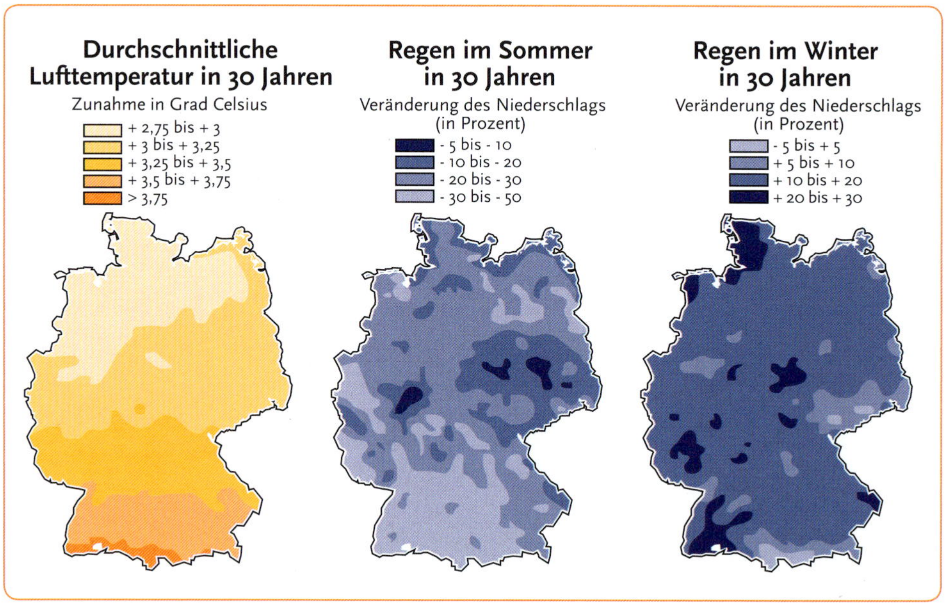

dpa-Grafik 3420; Quelle: Simulation des Max-Planck-Instituts für Meteorologie

M 2 Warum verändert sich das Klima?

Als besonders bedrohlich für die Zukunft der Erde wird der so genannte Treibhauseffekt, der eine Klimaerwärmung mit sich bringt, angesehen.

Klimaveränderungen hat es auf der Erde immer gegeben. Neu ist jedoch, dass sich das Klima noch nie so schnell verändert hat wie heute. Neu ist auch, dass zum ersten Mal der Mensch für den Klimawandel verantwortlich ist. Dass es auf der Erde immer wärmer wird, liegt vor allem am Treibhauseffekt.

In einem Treibhaus für Pflanzen sorgt ein Glasdach dafür, dass Sonnenstrahlen hineingelangen, Wärmestrahlen jedoch nicht wieder entweichen können. Ähnlich wie das Glasdach wirken in unserer Atmosphäre bestimmte Gase, vor allem Kohlendioxid (CO_2). Sie lassen die einfallenden Sonnenstrahlen passieren, verhindern aber, dass die Wärme, die von der Erde zurückgestrahlt wird, in den Weltraum entweichen kann. Dadurch erhöht sich die Temperatur auf der Erde.

Dabei ist der natürliche Treibhauseffekt eigentlich etwas Gutes. Ohne ihn wäre Leben auf der Erde nicht möglich. Die Durchschnittstemperatur würde weit unter null Grad Celsius liegen. Doch seit die Menschen Fabriken bauen und immer mehr Energie verbrauchen, gelangen immer mehr Treibhausgase in die Atmosphäre und verstärken so den Treibhauseffekt um ein Vielfaches. Das meiste Kohlendioxid entsteht, wenn zur Energiegewinnung so genannte fossile Brennstoffe (Öl, Kohle oder Erdgas) verbrannt werden. Gleichzeitig werden durch Abholzung große Waldgebiete vernichtet und stattdessen Weideflächen ausgebaut. So gibt es weniger Bäume, die das Kohlendioxid aus der Luft aufnehmen können. Vor allem die tropischen Regenwälder in Südamerika sind wichtig für unser Klima. Sie werden auch als „grüne Lunge der Erde" bezeichnet, da sie Kohlendioxid in Sauerstoff umwandeln.

nach: Stefanie Wilhelm, www.geolino.de (22.1.2007)

M 3 Der Treibhauseffekt

Natürlicher Energiekreislauf

Treibhauseffekt

Gerd Schneider/Christiana Toyka-Seid, Das junge Politik-Lexikon, Bonn/Frankfurt 2007, S. 121

M 4 Woher kommt die dicke Luft?

Staat	CO_2-Ausstoß/Jahr	Bevölkerung
USA	5.800 Mio. t CO_2	290 Mio. Einw.
China	4.700 Mio. t CO_2	1.300 Mio. Einw.
Russland	1.500 Mio. t CO_2	145 Mio. Einw.
Deutschland	900 Mio. t CO_2	83 Mio. Einw.
Kenia	9 Mio. t CO_2	34 Mio. Einw.

Bundesministerium für Umwelt, Naturschutz und Reaktorsicherheit (Hg.), Klimaschutz und Klimapolitik, Berlin 2008, S. 29 (nach IEA und UBA)

Berechne den CO_2-Ausstoß pro Kopf für die einzelnen Länder.

M 5 Welche Folgen hat der Klimawandel für Umwelt, Tiere und den Menschen?

Forscher gehen davon aus, dass die Durchschnittstemperatur auf der Erde in den nächsten hundert Jahren zwischen 2 und 4,5 Grad Celsius ansteigt. Das klingt im ersten Moment vielleicht gar nicht nach sehr viel. Die Veränderungen, die dieser Temperaturanstieg mit sich bringt, sind

Durch das Abschmelzen der Eisflächen ist der Lebensraum des Eisbärs bedroht.

in Ansätzen heute schon zu spüren. Am deutlichsten zeigen sich die Folgen des Klimawandels am Nord- und Südpol. Dort gibt es immer weniger Eis. Wenn weiterhin so viel Kohlendioxid in die Atmosphäre entlassen wird wie bisher, könnte der Nordpol schon in 34 Jahren eisfrei sein. Mit dem Packeis würden auch die Eisbären und viele andere Tierarten verschwinden. Auch die Gletscher schmelzen. Die Alpen könnten noch vor Ende dieses Jahrhunderts eisfrei sein. Die höher gelegenen Gletscher des tibetischen Hochgebirges werden bis dahin um die Hälfte geschrumpft sein. [...] Schon jetzt zwingt der Klimawandel viele Tiere zum Umsiedeln. Die Orkas, die so genannten Killerwale, ziehen in Folge der Eisschmelze viel höher in den Norden. Vor der englischen Küste wurden in diesem Sommer Mondfische beobachtet, die eigentlich in der Nähe des Äquators zu Hause sind. Weißspitzenriffhaie sind aus dem Südpazifik ins Mittelmeer gewandert, und der Löffler, eine Ibisart aus dem Mittelmeerraum, bevorzugt mittlerweile das deutsche Wattenmeer zum Nisten. Viele Tier- und Pflanzenarten werden durch den Klimawandel ihren Lebensraum verlieren. Feuchtgebiete werden verschwinden und Wüsten Platz machen. Bereits jetzt geraten empfindlich aufeinander abgestimmte Ökosysteme aus dem Gleichgewicht. Raupen, die zu spät schlüpfen, finden nur Blätter vor, die viel zu zäh für sie sind. Laicht der Kabeljau zu früh, gibt es noch kein Plankton und seine Jungen müssen verhungern. Auch der Mensch muss sich auf schlimme Veränderungen gefasst machen. Durch die warmen Wassertemperaturen und durch das Abschmelzen der Pole wird der Meeresspiegel ansteigen. Einige Inseln und manche Küstenregionen können langsam im Meer versinken. Forscher gehen außerdem davon aus, dass es in Zukunft immer häufiger zu extremen Wetterereignissen, wie Stürmen, Überschwemmungen und extremer Dürre kommen wird. Auch vor Wassermangel und vor der Ausbreitung von Infektionskrankheiten warnen sie. Der Welt könnte durch die Folgen des Klimawandels eine der größten Wirtschaftskrisen der neueren Geschichte drohen.

Stefanie Willhelm, www.geolino.de (12.8.2009)

Aufgaben

1. Fasse mit Hilfe des Schaubildes zusammen, wie sich das Wetter in Deutschland den Vorhersagen (Prognosen) zufolge in den nächsten 30 Jahren verändern wird (M 1). Beschreibe mögliche Folgen dieser Veränderungen für deinen Lebensalltag.
2. Fertigt in kleinen Gruppen ein Lern-Quiz zu den wichtigsten Aussagen des Textes M 2. Formuliert auf der Vorderseite eines Kärtchens jeweils die Frage, auf der Rückseite stehen drei Antworten zur Auswahl, wovon nur eine richtig ist.
3. Erkläre den Begriff „Treibhauseffekt“ (M 2, M 3).
4. Erläutere die in M 4 genannten Folgen des globalen Klimawandels. Nenne dann zu jeder Auswirkung Beispiele. Ergänze weitere mögliche Folgen.

Klimawandel – was man dagegen tun kann

M 6 Was kümmert mich der Treibhauseffekt?

Mester / Baaske Cartoons, Müllheim

M 7 Mama-Taxi – mit dem Auto zur Schule

Greenpeace-Sticker am Pullover, und natürlich ist man gegen Energieverschwendung und für die Umwelt, und niemand will, dass den armen Eisbären das Eis unterm Hintern wegschmilzt und sie ertrinken müssen, wegen der Klimakatastrophe. Aber morgens heißt es dann doch: *„Maaaaama, kannst du mich schnell zur Schule fahren ...?"* Auch wenn's jetzt mal so richtig nach erhobenem Zeigefinger klingt: Das Fahrrad steht zwar vor der Tür, und die Bushaltestelle ist auch nur 20 Meter entfernt, aber wenn morgens vor der ersten Schulstunde die Zeit knapp wird oder wenn es regnet oder wenn es kalt ist, dann ist das Mama-Taxi vielen Jugendlichen nur recht. Das Gleiche gilt natürlich für jene, die selbst mit dem Mofa losziehen oder sogar schon ein Auto ihr eigen nennen.

Aaaach, das kleine Bisschen ... hören wir viele schon murmeln. Nun, wir haben das mal für euch ausgerechnet. Nicht für die ganze Schule, sondern nur für eure und die Parallelklasse, sagen wir mal 60 Schülerinnen und Schüler insgesamt. Nehmen wir an, der Weg zur Schule wäre im Schnitt für alle drei Kilometer weit und es gäbe pro Jahr 200 Schultage, an denen jeder Schüler von den Eltern mit dem Auto zur Schule gefahren würde:

2 x 3 km (Hin- und Rückweg) x 60 Schüler x 200 Schultage = 72.000 km insgesamt.

Geht man von einem CO_2-Ausstoß

Auf der Seite *www.hanisauland.de* findet sich unter → Spezial → Klimaschutz → Klimaschutz fängt bei dir an eine Liste mit Tipps zum Energiesparen. Stelle die Liste vor und beurteile für jeden der Punkte: Kann ich! Kann ich versuchen! Fällt mir schwer! Begründe deine Entscheidungen. Ergänze weitere Tipps.

Die Masse macht´s. Viele Fahrten mit dem Auto sind überflüssig.

der Autos von 160 Gramm pro Kilometer aus (das ist der durchschnittliche Ausstoß der Autos in der EU, große Fahrzeuge liegen weit drüber), dann kommen wir auf 11.520 Kilogramm des Klimakillers CO_2, die die Welt pro Schuljahr verkraften muss, nur weil 60 Schülerinnen zum Beispiel nicht mit dem Fahrrad zur Schule fahren. Und so ganz nebenbei kostet die bequeme Anreise auf den gepolsterten Sitzen auch noch ganz schön viel Geld. Bei einem (sehr niedrig angesetzten) Durchschnittsverbrauch von sieben Litern Super-Benzin pro 100 Kilometern verfahren die beiden Klassen mal locker 6.552 Euro Spritgeld pro Jahr. Fällt euch dafür nicht ein besserer Verwendungszweck ein?

www.checked4you.de (17.11.2009)

M 8 Was bedeutet Nachhaltigkeit?

Allgemein bedeutet Nachhaltigkeit, die Bedürfnisse der Gegenwart so zu befriedigen, dass die Möglichkeiten künftiger Generationen, ihre Bedürfnisse zu befriedigen, nicht beschränkt werden. So wenigstens im Verständnis der Konferenz von Rio de Janeiro 1992. Wichtig ist hier vor allem, die Auswirkungen heutigen Handelns auf die Zukunft stärker zu berücksichtigen. Der von der Bundesregierung berufene „Rat für Nachhaltige Entwicklung" umschreibt dabei die Dimensionen nachhaltigen Handelns: „Nachhaltige Entwicklung heißt, Umweltgesichtspunkte gleichberechtigt mit sozialen und wirtschaftlichen Gesichtspunkten zu berücksichtigen." Zukunftsfähig wirtschaften bedeutet also: Wir müssen unseren Kindern und Enkelkindern ein intaktes ökologisches, soziales und ökonomisches Gefüge hinterlassen."

Die Idee der Nachhaltigkeit stammte ursprünglich aus der Forstwirtschaft. Dort sollte gewährleistet werden, dass nicht mehr Bäume geschlagen würden, als auch wieder nachwachsen können. Aus diesem forstwirtschaftlich geprägten Ansatz entwickelte sich der Leitgedanke der Nachhaltigkeit: „Lebe von den Zinsen und nicht vom Kapital". Folgende Leitsätze können dazu beitragen, diesen Leitsatz zu verwirklichen:

- Die Nutzung einer erneuerbaren Ressource darf nicht größer sein als ihre Regenerationsrate.
- Die Freisetzung von Stoffen darf nicht größer sein als die Aufnahmefähigkeit der Umwelt.
- Die Nutzung nicht erneuerbarer Ressourcen muss minimiert werden. Ihre Nutzung soll nur in dem Maße geschehen, indem ein physisch und funktionell gleichwertiger Ersatz in Form erneuerbarer Ressourcen geschaffen wird.
- Das Zeitmaß der menschlichen Eingriffe muss in einem ausgewogenen Verhältnis zum Zeitmaß der natürlichen Prozesse stehen, sei es der Abbauprozesse von Abfällen, der Regenerationsrate von erneuerbaren Rohstoffen oder Ökosystemen.

M 9 Projekt: die klimafreundliche Schule

Du findest Klimaschutz wichtig? Perfekt! Eine Schule braucht nämlich meist extrem viel Energie. Das kostet Geld und schadet dem Klima. Viel davon kann man sparen. Mach' deine Schule ein Stück klimafreundlicher. Viele Tipps kannst du auch zu Hause gut brauchen.

Bestandsaufnahme – Energietest

Die ersten Schritte beim Energiesparen sind die einfachsten. Bei einem Rundgang durch die Schule werden die offensichtlichen „Energielecks" aufgespürt. Viele „Energielecks" lassen sich durch schulische Mittel „schließen", z. B. durch Verhaltensänderungen der Nutzer, organisatorische Maßnahmen oder optimierte Einstellung der Haustechnik. Tipp: Der Verein BildungsCent e.V. versendet Klimakisten gefüllt mit Messgeräten und Materialien für Schulen und Bildungseinrichtungen. (*http://klima.bildungscent.de*)

- Wie viel Strom, Brennstoff und Wasser verbraucht die Schule pro Jahr? Welche Kosten entstehen dabei? Fragt bei der Schulleitung, Schulhausverwalter und dem Schulträger nach! Vergleicht die Verbrauchswerte mit anderen Schulen!
- Sind Räume beleuchtet oder elektrische Geräte eingeschaltet, obwohl sie nicht genutzt werden? „Energiefresser" sind z. B. Lüftungsanlagen, Boiler, Kopierer, Kaffeemaschinen, Kühlschränke, Beleuchtung. Was nicht benötigt wird: Abschalten!
- Sind das Schulgebäude oder einzelne Räume zu warm? Erfolgt die „Temperaturregelung" über das Fenster? Unterrichtsräume sollten 20°C warm sein. Ist die Vorlauftemperatur der Heizzentrale richtig eingestellt? Sind die Nutzer über „richtiges Lüften" und die Bedienung von Thermostatventilen informiert?

Nachdem ihr diese Fragen beantwortet habt, könnt ihr erste Schwerpunkte für euer Projekt „klimafreundliche Schule" festlegen. Wichtig ist, dass ihr im Vorfeld über das Projekt informiert und gemeinsam mit allen Beteiligten Lösungen erarbeitet – also einen schulischen „Energie-Dialog" beginnt.

Maßnahmenkatalog erstellen

Problem	Lösung	Maßnahmen
Licht in den Klassenzimmern brennt unnötig/ zu lange	Aufklärung, Verschwendung verhindern, Energiesparlampen benutzen	Verantwortliche benennen, Verhaltensanleitung verfassen, Glühbirnen austauschen
Zu viele Schüler kommen mit dem Auto	Schüler zum Radfahren animieren	Aufklärung über Auswirkungen, Flugblatt erstellen
...	...	...

Internettipps

www.klimanet4kids.baden-wuerttemberg.de
(in der rechten Randspalte der Seite findet sich auch ein virtueller Rundgang durch eine Schule mit Energiespartipps)

www.bmu.de
(unter → unser Service → Veröffentlichungen → Bildungsmaterialien finden sich zahlreiche Broschüren mit Tipps zum Energiesparen)

http://www.um.baden-wuerttemberg.de/servlet/is/47410/
(Materialien und Beispiele zum Energiesparen in der Schule)

CO_2-Bilanz Rottenburg

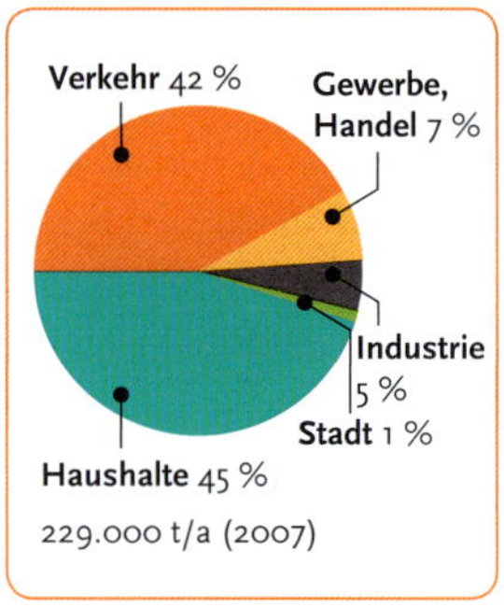

Integriertes Klimaschutz- und Energiekonzept für Rottenburg am Neckar 2010, S. 2

Informiert euch über Klimaprojekte in eurer Gemeinde/Stadt und stellt ein eurer Meinung nach besonders gelungenes Projekt vor.

M 10 Klimaschutz in der Stadt Rottenburg

Private Haushalte und der Straßenverkehr stoßen zusammen fast 90 Prozent des CO_2 aus. Der Anteil der städtischen Einrichtungen ist dagegen minimal (ein Prozent). Allerdings, so betont der Rottenburger Oberbürgermeister Stephan Neher, habe die öffentliche Hand eine Vorbildfunktion. „Der Umbau muss jetzt schnell kommen", sagt der OB über das Energie-Einsparen und über den Umstieg zu erneuerbaren Energiequellen.

Auf der Grundlage der 150-seitigen Klimaschutz-Konzeption verabschiedete der Gemeinderat im Juli eine konkrete Prioritätenliste. [...] Gestern Mittag stellte die Verwaltung das Sofortprogramm (noch für 2011) und das Fünfjahresprogramm (2012 bis 2016) der Presse vor. Eine Auswahl:

Freibad: In den kommenden Monaten stellen die Stadtwerke die Heizanlage des Freibads von Strom auf Neckar-Abwärme um.

Car-Sharing: Eigentlich wollte die Stadt 2012 ein neues Auto für den städtischen Fuhrpark (insgesamt etwa 20 Fahrzeuge) kaufen. „Diese Anschaffung wird nicht getätigt", sagt Neher. Stattdessen wird der Tübinger Teilauto-Verein einen zusätzlichen Pkw im Parkhaus hinter dem Rathaus platzieren. Dieses Auto soll werktags bis 16 Uhr für die Stadtverwaltung reserviert sein, danach und am Wochenende aber für alle Teilauto-Mitglieder zur Verfügung stehen. Das lässt sich die Stadt 4000 Euro im Jahr kosten.

Wenn sich das Modell bewährt, sollen der städtische Fuhrpark weiter reduziert und die Teilauto-Flotte weiter vergrößert werden. Bisher gibt es erst drei Carsharing-Fahrzeuge in der Kernstadt.

Wurmlingen: Der finanziell größte Einzelposten im Fünfjahresprogramm ist die energetische Sanierung des ehemaligen Wurmlinger Schulschwimmbads, das für die Ganztagsbetreuung umgebaut werden soll (215.000 Euro über drei Jahre verteilt).

Klimaschutz-Manager: Voraussichtlich Mitte 2012 will die Stadt dafür eine 75-Prozent-Stelle schaffen, die zu zwei Dritteln vom Bundes-Umweltministerium bezuschusst werden soll. Der oder die Neue soll sich um die Umsetzung des Klimaschutzkonzepts kümmern und öffentlich für den Klimaschutz werben. Die städtische Umweltbeauftragte Christiane Bäumer kann sich dann wieder stärker um den Naturschutz kümmern.

Beratung zuhause: Bei Bäumer kann man eine „Strom- und Wasserspar-Beratung" buchen (Unkostenbeitrag 20 Euro). Ein Berater der kreisweiten Klimaschutz-Agentur kommt ins Haus, sucht nach Stromfressern und gibt Tipps, welche Geräte und Wasserhähne man austauschen oder umrüsten könnte.

Kraft-Wärme-Kopplung: Hochbauamtsleiter Markus Gärtner will die städtischen Heizanlagen untersuchen lassen. Manchmal könne man schon mit neuen Ventilen und Pumpen viel einsparen. Im „Rathaus-Komplex" (drei Gebäude) würde sich vielleicht auch ein gemeinsames kleines Blockheizkraftwerk lohnen.

Insgesamt will die Stadt künftig pro Jahr mindestens 200.000 Euro für Klimaschutz-Maßnahmen bereitstellen.

Michael Hahn, Schwäbisches Tagblatt, 13.10.2011

M 11 Was kann die Politik tun?

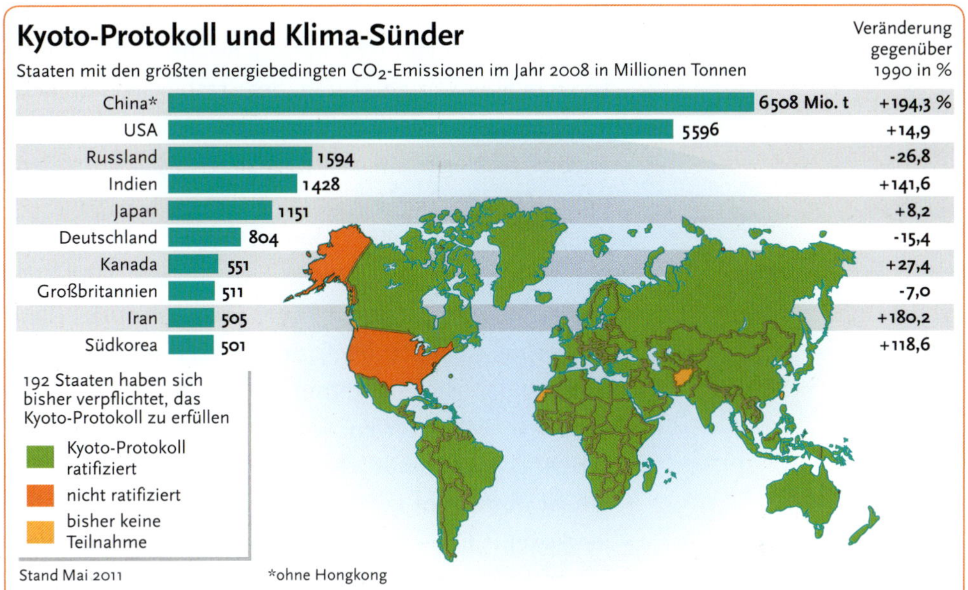

Das **Kyoto-Protokoll** wurde 1997 vereinbart und ist im Februar 2005 in Kraft getreten. Danach verpflichten sich die teilnehmenden Staaten, die Emission von sechs Treibhausgasen (u.a. Kohlendioxid) bis 2012 weltweit um mindestens fünf Prozent im Vergleich zu 1990 zu senken.

Globus-Grafik 4256; Quelle: UNFCCC, EEA

Wenn sich das Klima auf unserem Planeten verändert, betrifft das alle Menschen. Es ist deshalb sehr wichtig, dass alle Menschen auf der Erde etwas für den Klimaschutz tun. Deshalb reden Politiker aus allen Ländern der Welt miteinander, um zu verhindern, dass es auf unserer Erde zur Klimakatastrophe kommt. 1997 haben Politiker aus der ganzen Welt in Kyoto, das liegt in Japan, einen Vertrag unterzeichnet, in dem sie sich dazu verpflichten, den CO_2-Ausstoß ihres Landes zu verringern. Dieser Vertrag heißt „Kyoto-Protokoll". Viele Fachleute sagen, dass die Regelungen in dem Vertrag nicht ausreichen, um unser Klima zu schützen. Trotzdem ist der Vertrag ein erster Schritt und die Politiker sprechen auch weiterhin miteinander, um bessere Lösungen zu finden, zuletzt z. B. auf der Klimakonferenz in Durban Ende 2011. Dort einigten sich die Teilnehmer darauf, bis zum Jahr 2015 einen neuen Weltklimavertrag auszuarbeiten, der alle Staaten, die CO_2 ausstoßen, dazu verpflichten soll, weniger Treibhausgase in die Luft zu blasen. In Deutschland soll in Zukunft mehr Energie gespart werden und die Energiequellen ausgebaut werden, die kein schädliches CO_2 produzieren. Dazu gehören Sonnenenergie, Windenergie und Wasserkraft.

Aufgaben

1. Angenommen, du triffst die beiden Skifahrer (M 6). Wie würdest du auf ihre Aussage reagieren?
2. Führe in deiner Klasse / deiner Klassenstufe / deiner Schule eine kleine Umfrage durch und ermittle, wie viele Kinder sich pro Woche von den Eltern mit dem Auto zur Schule bringen oder von der Schule abholen lassen. Berechne den CO_2-Ausstoß und die Kosten dieser Transporte (M 7).
3. Erläutere den Begriff „Nachhaltigkeit" und nenne Beispiele für nachhaltiges Handeln im Bereich Energie (M 8).
4. Erläutere, mit welchen Maßnahmen die Stadt Rottenburg klimafreundlicher werden will. Beurteile die Wirksamkeit der Maßnahmen auch mit Hilfe der Grafik (M 10).
5. Das Kyoto-Protokoll – ein Erfolg? Nimm Stellung zu dieser Frage, indem du die Grafik in M 11 auswertest.
6. Sammelt mögliche Gründe, warum zwischenstaatliche Vereinbarungen zum Klimaschutz schwer umzusetzen sind.

Was wir wissen

Der Klimawandel
M 1, M 2

Die Voraussagen zum Klimawandel sind Besorgnis erregend. Zwar gab es schon immer natürliche Klimaschwankungen. Noch nie fand allerdings ein solch rapider Temperaturanstieg statt. Nach den neuesten Untersuchungen ist die Erdtemperatur in den vergangenen 100 Jahren nahezu um ein Grad Celsius gestiegen. In den nächsten 50 Jahren sollen die Temperaturen um mehr als zwei Grad steigen.

Ursachen des Klimawandels
M 2 – M 4

Verursacht wird der Klimawandel – darin sind sich die Forscher einig – durch den so genannten Treibhauseffekt. Die Erdatmosphäre hat die Wirkung einer „Schutzhülle". Sonnenstrahlen dringen in die Atmosphäre ein und wandeln sich in Wärme um. Ein Teil der Wärmeenergie wird wieder ins Weltall zurückgeworfen, sodass auf der Erde gemäßigte Temperaturen herrschen. Dieser „natürliche Treibhauseffekt" ist wichtig für uns, denn durch ihn ist überhaupt Leben auf der Erde möglich. Jedoch bildet das Gas Kohlendioxid (CO_2) – freigesetzt vor allem durch die Verbrennung von Öl, Kohle und Erdgas zur Energiegewinnung – eine immer dichtere Schicht um die Erde. Diese verhindert, dass von der Erde reflektierte Wärmestrahlen wieder entweichen können. Die Temperaturen auf der Erde steigen deshalb wie in einem Treibhaus langsam an.

Folgen des Klimawandels
M 5

Bereits heute werden die Folgen der globalen Erderwärmung sichtbar: Das „ewige Eis" der Arktis schmilzt immer schneller, der Meeresspiegel steigt weiter an, es kommt häufiger zu Überschwemmungen, und auch starke Orkane nehmen zu. Ganze Küstenregionen drohen irgendwann, im Wasser zu versinken. In warmen Regionen herrschen dagegen immer öfter Dürrekatastrophen. Der Lebensraum von Mensch und Tier ist zunehmend bedroht.

Maßnahmen gegen den Klimawandel
M 7 – M 11

Das Prinzip der Nachhaltigkeit besagt, dass die Lebensgrundlagen auch für kommende Generationen erhalten werden müssen. Je weniger Energie man verbraucht, umso besser ist das für unsere Umwelt. Und auch in der Schule kann man mit oft einfachen Maßnahmen dazu beitragen, dass weniger CO_2 entsteht.

Viele Städte und Gemeinden haben bereits ganz konkrete Maßnahmen zum Klimaschutz ergriffen. Sie zielen vor allem auf die energetische Sanierung von Häusern und auf die Reduzierung des Individualverkehrs. International haben sich Politiker vieler Länder auf den Vertrag von Kyoto geeinigt. In diesem Vertrag sind für die einzelnen Länder ganz konkrete Ziele zum CO_2-Ausstoß enthalten. Die Politiker in Deutschland zum Beispiel möchten die Ziele vor allem dadurch erreichen, dass bei der Erzeugung von Energie nicht mehr so viel CO_2 entsteht. Deshalb sollen in Zukunft die Energiequellen ausgebaut werden, die kein schädliches CO_2 produzieren. Doch sind nicht alle Staaten, die den Vertrag unterschrieben haben, willens oder in der Lage, die Ziele auch einzuhalten.

Richtig oder falsch?

Welche Fortsetzung des Satzes ist richtig, welche falsch? Entscheide!

1. „Nachhaltige Entwicklung" ist eine Entwicklung, die die Bedürfnisse der Gegenwart befriedigt, ...

a) ohne zu riskieren, dass die ältere Generation ihre eigenen Bedürfnisse nicht befriedigen kann.
b) ohne zu riskieren, dass künftige Generationen ihre eigenen Bedürfnisse nicht befriedigen können.
c) ohne zu riskieren, dass alle Generationen ihre Bedürfnisse nicht befriedigen können.

2. Wenn man von „Klimawandel" spricht, meint man, ...

a) dass sich das Klima auf der Erde schon immer verändert hat.
b) dass sich die Temperatur auf der Erde – unabhängig von natürlichen Schwankungen – stetig erhöht.
c) dass es in manchen Ländern wärmer ist als in anderen.

3. Hauptsächlich verantwortlich für den Klimawandel sind die so genannten ...

a) Treibhausgase.
b) Abgase.
c) Edelgase.

4. Als Folge des Klimawandels gilt, ...

a) dass die Meeresspiegel steigen.
b) dass es immer weniger Wald gibt.
c) dass es immer weniger zu essen gibt.

5. Um den Klimawandel zu stoppen, müssen die Menschen

a) Wasser sparen.
b) Energie sparen.
c) Sauerstoff sparen.

Eine Zeitreise

Eine Zeitmaschine ermöglicht dir eine Reise ins Jahr 2100. Du landest in Hamburg. Es ist Winter. Beschreibe in einem Tagebucheintrag, welche Welt du vorfindest. Was ist mit dem Klima geschehen? Konnten die Menschen den Klimawandel aufhalten oder sind die befürchteten Folgen eingetreten wie vorhergesagt? Stelle in deinem Eintrag begründete Vermutungen darüber an, warum die Welt so geworden ist.

So kannst du beginnen:
Mit der neuen Zeitmaschine „Time-X" bin ich heute in Hamburg gelandet. Wir schreiben den 1. Januar 2100. Es ist ein sonniger Tag ...

7

Leben und Arbeiten in unterschiedlichen Kulturräumen

Zu sehen wie Kinder und Jugendliche in verschiedenen Kulturräumen arbeiten, ermöglicht auch einen tieferen Einblick in ihre Lebensbedingungen und Lebensweisen. Während Jugendliche bei uns in Deutschland in erster Linie für mehr Unabhängigkeit und Konsummöglichkeiten arbeiten, geht es bei den Kinderarbeitern in Entwicklungsländern oft darum, elementare Grundbedürfnisse zu befriedigen.

Kompetenzen

Am Ende dieses Kapitels solltest du Folgendes können:

- beschreiben, wie und warum Kinder in unterschiedlichen Kulturräumen arbeiten (müssen)
- unterschiedliche Formen von Kinderarbeit beurteilen
- darstellen, wie rechtliche Regelungen zum Schutz von Kindern beitragen können
- Maßnahmen gegen Kinderarbeit nennen und beurteilen

Was weißt du schon?

- Wähle ein Bild aus und notiere dazu alle Fragen, Gedanken und Begriffe, die dir spontan einfallen.

Warum arbeiten Jugendliche in Deutschland?

M 1 Warum Kinder und Jugendliche in Deutschland arbeiten

Ich trage einmal in der Woche ein Wochenblatt aus. Aber nicht bei uns im Wohnviertel, das wäre irgendwie blöd. Ich kaufe mir gerne PC-Spiele, aber im Moment spare ich für ein neues Snowboard.

Jakob, 14

Richtig Jobben? Na, ja. Ab und zu pass ich auf meinen zweijährigen Neffen auf, dafür bekomme ich ein paar Euro. Und wenn ich mit dem Hund von Dröges um die Ecke gehe, verdiene ich auch etwas.

Lukas, 12

Ab 16 darf ich in den Ferien jobben, das habe ich mit meinen Eltern ausgehandelt. Ich könnte zum Beispiel in einer Großgärtnerei arbeiten, das soll aber ziemlich anstrengend sein. Das Geld nehme ich dann für meinen Roller-Führerschein. In der Oberstufe würde ich dann regelmäßig arbeiten, aber nur, wenn meine Noten gut sind.

Julia, 15

M 2 Einnahmen Jugendlicher von 9 – 14 Jahren

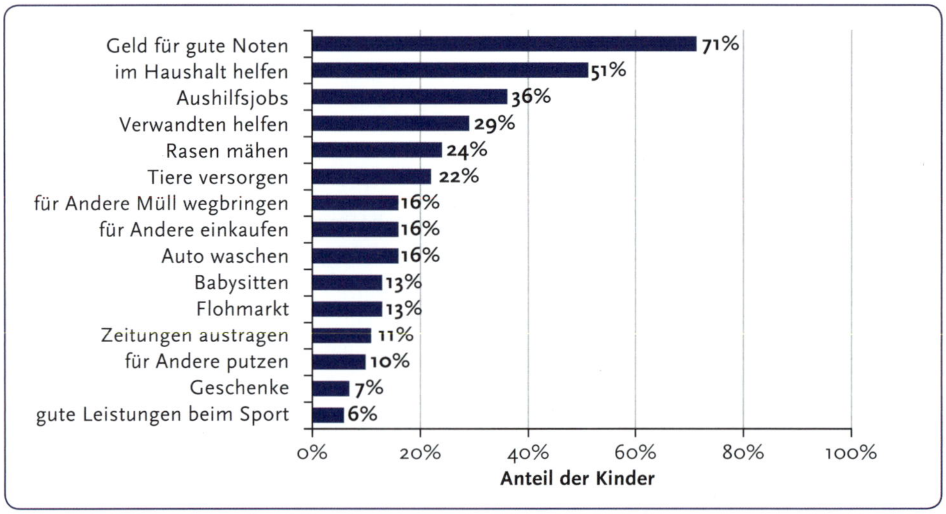

Bundesgeschäftsstelle der Landesbausparkassen, LBS Kinderbarometer 2009, Berlin 2009, S. 63

M 3 Aus dem Jugendarbeitsschutzgesetz

§ 2 Kind, Jugendlicher

(1) Kind im Sinne dieses Gesetzes ist, wer noch nicht 15 Jahre alt ist.

(2) Jugendlicher im Sinne des Gesetzes ist, wer 15, aber noch nicht 18 Jahre alt ist.

(3) Auf Jugendliche, die der Vollzeitschulpflicht unterliegen, finden die für Kinder geltenden Vorschriften Anwendung.

§ 5 Verbot der Beschäftigung von Kindern

(1) Die Beschäftigung von Kindern (§ 2 Abs. 1) ist verboten.

(2) [...]

(3) Das Verbot des Absatzes 1 gilt [...] nicht für die Beschäftigung von Kindern über 13 Jahre mit Einwilligung des Personensorgeberechtigten, soweit die Beschäftigung leicht und für Kinder geeignet ist. Die Beschäftigung ist leicht, wenn sie auf Grund ihrer Beschaffenheit und der besonderen Bedingungen, unter denen sie ausgeführt wird,

1. die Sicherheit, Gesundheit und Entwicklung der Kinder,
2. ihren Schulbesuch, ihre Beteiligung an Maßnahmen zur Berufswahlvorbereitung oder Berufsausbildung, die von der zuständigen Stelle anerkannt sind, und
3. ihre Fähigkeit, dem Unterricht mit Nutze zu folgen,

nicht nachteilig beeinflusst. Die Kinder dürfen nicht mehr als zwei Stunden täglich, in landwirtschaftlichen Familienbetrieben nicht mehr als drei Stunden täglich, nicht zwischen 18 und 8 Uhr, nicht vor dem Schulunterricht und nicht während des Schulunterrichtes beschäftigt werden. [...]

(4) Das Verbot des Absatzes 1 gilt ferner nicht für die Beschäftigung von Jugendlichen (§ 2 Abs. 3) während der Schulferien für höchstens vier Wochen im Kalenderjahr. [...]

Ausnahmen: Eine Aufsichtsbehörde kann z. B. für Kinder und Jugendliche, die an einer Theateraufführung teilnehmen oder Darsteller in einer TV-Serie sind, Ausnahmen genehmigen. Dann gelten allerdings strikte Auflagen, so muss etwa ein ärztliches Attest vorgelegt werden, es muss eine Betreuung organisiert werden, die Kinder und Jugendlichen müssen nach jeder Beschäftigung mindestens 14 Stunden Freizeit haben – und: Der Erfolg in der Schule darf nicht beeinträchtigt werden.

M 4 Hundemüde zum Unterricht

Ganz früh morgens, wenn ihre Mitschüler noch schlafen, ist Katharina Hecker (Name geändert) schon auf den Beinen. Von Dienstag bis Freitag klappert sie jede Woche die Briefkästen in ihrem Stadtteil ab, bevor die Schule beginnt. Zeitungen auszutragen füllt zwar das Portemonnaie der Achtzehnjährigen, die ein Frankfurter Gymnasium besucht. Aber es leert ihren Energiespeicher. Sie sei ständig müde und komme in der Schule kaum mit, klagt Katharina. „Ich musste wegen des Nebenjobs die zehnte Klasse wiederholen, was echt hart für mich war."

Fast die Hälfte der Viert- bis Siebtklässler verdient sich mit Nebenjobs etwas dazu, vor allem durch einfache Tätigkeiten wie Rasenmähen und Putzen. Andere gehen babysitten oder tragen Prospekte aus. Das geht aus der „Kinderbarometer"-Studie hervor, die die Hessenstiftung „Familie hat Zukunft" in Zusammenarbeit mit dem Sozialministerium und dem Kultusministerium 2008 veröffentlicht hat. Bei den älteren Schülern dürfte der Anteil derjenigen mit Nebenjobs noch höher sein. In der Regel litten die Schüler nicht unter der Arbeit, heißt es in der Studie. Doch es gebe auch Ausnahmen.

Der Frankfurter Psychologe Thomas von Eisenhart Rothe rät den Eltern, darauf zu achten, dass die Arbeitszeit eines Schülers nicht drei bis vier Stunden in der Woche übersteigt. Andernfalls könnten nach einer Weile nicht nur Stress, sondern teilweise auch ernsthafte psychosomatische Probleme auftreten. Ein erstes Symptom für eine Überlastung des Schülers seien Probleme in der Familie. Hinzu kämen Misserfolge in der Schule, da er vor Müdigkeit und Erschöpfung den Lernstoff nicht bewältigen und die Hausaufgaben nicht erledigen könne. Diese Konflikte führten zumeist zu Aggressivität und anderen Verhaltensproblemen, in seltenen Fällen zur Depression. Zumeist käme eine angemessene Reaktion von Eltern und Freunden, manchmal auch Verwandten zu spät. In der Shell-Jugendstudie 2006 wurde untersucht, wie viel Zeit Jugendliche für einen Nebenjob investieren. Knapp ein Drittel der Jugendlichen arbeitet demnach bis zu fünf Stunden je Woche in der Freizeit. Genauso groß ist der Anteil derjenigen, die mehr als zehn Stunden arbeiten, um das Taschengeld aufzubessern. [...] Der Psychologe empfiehlt Schülern, einen Job auf die Ferien zu beschränken. Dann könnten sie sich intensiv auf die Tätigkeit konzentrieren. „Aber die Ferien sind auch zum Ausruhen da. Höchstens die Hälfte oder ein Drittel der freien Zeit, vorzugsweise der Sommerferien, sollten zum Arbeiten genutzt werden", sagt der Psychologe.

Lilia Stegemann und Rainer Schulze, faz.net, 4.2.2010

M 5 Schulische Leistungen und Jobben

Schule und Jobben

Von je 100 Schülern im Alter von 17 Jahren haben zum ersten Mal gejobbt (z.B. regelmäßig Babysitten, Rasenmähen, Aushilfsdienste in Betrieben oder Gaststätten)

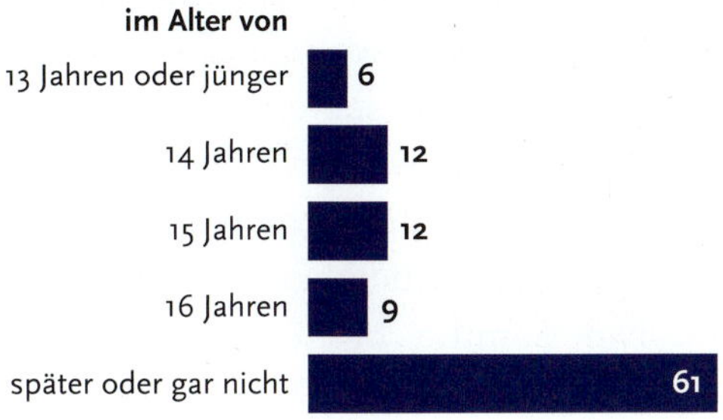

Durchschnittliche Schulnoten im letzten Zeugnis

Fach	*„Jobber“*	*„Nicht-Jobber“*
Deutsch	2,9	2,8
Mathematik	3,1	3,0
Erste Fremdsprache	2,9	2,9

Globus-Grafik 8971, Quelle: SOEP, DIW Berlin 2003; Befragung zwischen 2000 und 2002

Aufgaben

1. Stelle zusammen, warum Jugendliche in Deutschland arbeiten (M 1, M 4). Ergänze die Argumente um weitere Punkte, die für bzw. gegen das Jobben sprechen.
2. Führt in eurer Klasse eine Umfrage durch, um herauszufinden, wer wie viel arbeitet und welche Arbeiten ausgeführt werden. Vergleicht die Ergebnisse.
3. Überprüfe anhand des Jugendschutzgesetzes, ob die drei Jugendlichen ihren Job ausüben dürfen (M 1, M 3).
4. „Hundemüde zum Unterricht“? Überprüfe mit Hilfe von M 4 und M 5, ob das Jobben dem Schulerfolg schadet. Erstelle dann eine Liste mit Ratschlägen, wie Jugendliche Schule und Nebenjob in Einklang bringen können.
5. Zur Vertiefung: Dokumentiert die Entwicklung der Kinderarbeit und des Jugendarbeitsschutzes in Deutschland und erarbeitet dazu eine Ausstellung.

Kinderarbeit in Entwicklungsländern

M 6 Amals großer Tag: keine harte Kinderarbeit mehr

Viele Kinder in Indien müssen hart arbeiten, um ihre Familien zu unterstützen.

Der elfjährige Amal aus Indien [...] steht an sein Pferd gelehnt, blinzelt in die Sonne und wartet. Er ist aufgeregt. Heute ist sein großer Tag, an dem er zum ersten Mal ganz alleine – ohne seinen älteren Bruder Lokesh – arbeitet. In den vergangenen beiden Wochen war Lokesh immer dabei. Ob er wohl alles richtig gelernt hat? Aber Amal hat keine Zeit mehr, darüber lange nachzudenken. Denn schon sieht er die ersten Feriengäste kommen. [...]

Dann ist es so weit. Über steinige Wege steigt Amal mit einer Gruppe Touristen auf einen Hügel über Nainital. Von dort schauen sie hinauf zu den schneebedeckten Gipfeln. Sie gehören zum Himalaja. Manche Berge sind mehr als 8000 Meter hoch. Amal nennt die Namen der Berge und zeigt den Gästen die Schönheiten der Landschaft. Zurück an der Pferdetränke am Seeufer bezahlen die zufriedenen Gäste Amal für den Ausflug. Nun kann er eine Pause machen. [...]

Amal kann sich überhaupt nicht mehr vorstellen, wie er noch vor wenigen Wochen leben musste. Dieses Leben begann vor ungefähr zwei Jahren, kurz nach seinem neunten Geburtstag. Damals war sein Bruder Lokesh 13 Jahre und seine Schwester Kamala fast zwölf Jahre alt. Er lebte mit ihnen, seiner Mutter und der kleinen Schwester Udaya in einem Dorf ganz in der Nähe von Nainital, dort wo sie auch heute noch wohnen. Die Familie besaß einen Gemüsegarten und einen kleinen Acker Das Gemüse benötigte man fast immer für die eigenen Mahlzeiten. Doch manchmal verkaufte Kamala es auf dem Markt in Nainital. Für das Geld, das sie damit verdiente, konnte sie Sesamöl, Gewürze und Reis besorgen. Außerdem verkaufte Lokesh Armreifen aus Glas an Touristen. Obwohl die Mutter und die drei Kinder sehr viel arbeiteten, wurde die Familie immer ärmer. Etwas musste geschehen!

„Wir werden unser eigenes Geschäft aufmachen, Touristen unsere Bergwelt zeigen und in einer kleinen Teestube Erfrischungen anbieten." Kamala und Lokesh hatten diese gute Idee und dazu brauchten sie Geld. Ein Pferd musste her und eine kleine Bretterbude in Nainital sollte zu einer Teestube umgebaut werden.

Ein Geldverleiher lieh der Familie eine ordentliche Summe. Aber man musste ihm versprechen, dass ein Kind aus der Familie so lange für ihn arbeiten wird, bis das Geld zurückgezahlt ist. Amal war bereit, diese Arbeit als Schuldknecht zu übernehmen. Der Geldverleiher nahm ihn mit und verkaufte ihn gleich an

einen anderen Händler weiter. Der steckte ihn in eine Werkstatt, in der Teppiche hergestellt werden. [...]
Amal musste nach sehr komplizierten Mustern dünne, verschiedenfarbige Wollfäden an das Garn knoten. Er hockte neben vier anderen Kindern an einem Knüpfrahmen für breite Teppiche. Morgens um sechs begann der Arbeitstag, nach zwölf Stunden endete er. Nur manchmal gab es zwischendurch eine Pause.
Schon nach ein paar Wochen konnte Amal mit unglaublicher Geschwindigkeit die Knoten knüpfen. Er musste sich sehr konzentrieren und konnte kein Wort mit den anderen Kindern sprechen. Er durfte auf keinen Fall Wollfäden, die farblich nicht passten, in das Muster knüpfen. Solche Fehler bedeuteten Prügel oder weniger Lohn. Es war sehr anstrengend, ganz ruhig vor dem Teppich zu sitzen und immer nur dieselben Bewegungen machen zu müssen. [...] Er sehnte sich danach, im Freien herumzutoben und mit den anderen Kindern zu spielen, Amal dachte oft darüber nach, warum er und mit ihm ungefähr 20.000 Kinder im Norden von Indien zu dieser Arbeit gezwungen werden. Für Kinder ist es oft sehr schwer, sich zu wehren und ihre Rechte einzufordern. Deshalb kann man sie herumkommandieren, ihnen drohen und sie schlagen. Kinder haben kleine Hände. Deshalb sind die von ihnen geknüpften Teppiche besonders fein. Außerdem kann man Kindern noch weniger Lohn als den Erwachsenen zahlen. So werden die Teppiche billiger und können besser verkauft werden, vor allem ins Ausland – auch nach Europa.

Als Amal schon fast zwei Jahre in der Teppichknüpferei geschuftet hatte, bekam er eine Nachricht von seinen Geschwistern. Ihr Geschäft lief gut. Sie verdienten genug Geld, um die Schulden bei dem Verleiher abzuzahlen. Amal konnte wieder nach Hause. Das war ein großes Glück. Oft müssen Kinder viele Jahre in einer Teppichwerkstatt bleiben. Manchmal wissen die Eltern nicht einmal, wo ihre Kinder sind. Nun geht auch in Nainital ein Arbeitstag für Amal zu Ende.
Aber das ist für ihn heute etwas völlig anderes als früher in der Teppichknüpferei. Amal will arbeiten. Ihm ist es wichtig, etwas dafür zu tun, dass es der Familie gut geht. Hier verdient er vernünftig und muss nicht wie eine Maschine funktionieren. Außerdem hat er Zeit, um sich auszuruhen und zu lernen. Er geht wieder zur Schule. [...]
Amal macht sich auf den Heimweg. Er reitet in sein Dorf. Seine jüngere Schwester Udaya kommt ihm entgegengelaufen und er lässt sie auf das Pferd aufsitzen. Gemeinsam bringen sie es in den Stall im Erdgeschoss ihres Hauses. Im ersten Stock, in der Küche, warten schon Kamala, Lokesh und die Mutter. Alle setzen sich zum Abendessen im Schneidersitz auf den Fußboden. Bevor sie mit dem Essen beginnen, waschen sie ihre Hände der Reihe nach in einer Schüssel mit Wasser. Dann lassen sie sich den gut gewürzten Reis und das Gemüsecurry schmecken. Alle sind gespannt auf Amals Bericht von seinem ersten Tag als selbständiger Touristenführer.

Kindermuseum Frankfurt, www.helles-koepfchen.de/artikel/1383.html (23.10.2009)

Internettipps
www.tdh.de/content/themen/schwerpunkte/kinderarbeit
www.aktiv-gegen-kinderarbeit.de
www.forum-kinderarbeit.de
www.bpb.de/wissen/CD5VFR,0,Kinderarbeit.html

M 7 Kinderarbeit für Wucherzinsen – die Schuldknechtschaft

In der Landwirtschaft ist Kinderarbeit sehr häufig mit der so genannten Schuldknechtschaft verbunden. Eltern in besonders armen Regionen haben oft nicht die Möglichkeit, ihre Kinder ausreichend zu versorgen. Deshalb verkaufen sie sie gegen ein geringes Darlehen. Kinder müssen dann so lange unentgeltlich schuften, bis die Schulden beglichen sind. Meistens steigen die Schulden sogar noch, weil die Betreiber zusätzliche Kosten für Nahrung und Unterkunft berechnen. Die Arbeit, die von den Schuldknechten verrichtet wird, wird somit nicht angemessen für die Tilgung der Schulden angerechnet. Angeblich schlechte Arbeit wird mit weiterem Lohnabzug bestraft. Durch Wucherzinsen wächst der Schuldenberg weiter und in den meisten Fällen kann weder das Kind die Schuld abarbeiten, noch kann die Familie genug Geld aufbringen, um das Kind zurückzukaufen. Die Schulden werden nicht selten von den Eltern auf die Kinder übertragen, so dass das Arbeitsverhältnis manchmal Generationen überspannt.

www.kindernothilfe.de (12.10.2011)

M 8 Wo Kinder arbeiten müssen

Globus-Grafik 3590, Quelle: ILO 2010

Arbeite aus der Grafik heraus, in welcher Region das Problem der Kinderarbeit absolut und relativ am größten ist.

M 9 Warum müssen Kinder arbeiten?

Krasse materielle Armut ist die Hauptursache dafür, dass Kinder ihre Familien unterstützen müssen, um den gemeinsamen Lebensunterhalt zu sichern. Allerdings ist die Annahme falsch, dass die Ausbeutung von Kindern automatisch endet, wenn die Wirtschaft wächst. Manchmal steigt gerade dann die Kinderarbeit enorm an, weil billige und willige Arbeitskräfte gesucht werden. Die Textilindustrie ist dafür ein Beispiel.
Hinter dem Begriff der Armut verbergen sich politische und ökonomische Entscheidungen, die auch zur Ausbeutung von Kindern führen:

- Regierungen vernachlässigen Bildungssysteme. Es gibt zu wenig Schulen, die Lehrer sind schlecht ausgebildet, Schulgebühren schließen Kinder aus armen Familien aus.
- Weltmarktpreise für Rohstoffe, wie Kaffee, Kakao oder Baumwolle, sind so niedrig, dass Bauern verarmen.
- Arbeitgeber stellen Kinder ein, weil sie dann noch niedrigere Löhne zahlen können und Kinder sich nicht gewerkschaftlich organisieren.
- Behörden und Polizei sind schwach oder korrupt: Sie sehen weg und verfolgen Straftäter nicht, die Kinder ausbeuten.
- In fast allen Gesellschaften gelten bestimmte Menschen als minderwertig. Wichtige Rechte, wie zum Beispiel das Recht auf Bildung, werden ihnen nicht zugestanden: Kinder aus armen Familien, Mädchen, Kinder aus Flüchtlingsfamilien, Migranten, Ureinwohner und Kinder aus ethnischen oder religiösen Minderheiten sind besonders gefährdet, ausgebeutet zu werden. Oft sind sie nicht einmal offiziell registriert.
- Auf Grund von Krieg und Gewalt lösen sich Familien und Gemeinschaften auf. Gesellschaften brutalisieren sich. Selbst kleine Kinder werden ausgebeutet und geschunden.
- Besonders im südlichen Afrika steigt die Zahl der Kinderarbeiter und der von Kindern geführten Haushalte auf Grund von AIDS. Die Elterngeneration stirbt.

terre des hommes, www.tdh.de (12.10.2011)

Aufgaben

1. Amal hat früher in einer Teppichknüpferei arbeiten müssen. Heute zeigt er Touristen seine Heimat. Vergleicht seinen Arbeitsalltag früher und heute (M 6).
2. Viele Menschen aus Europa fordern ein sofortiges Verbot von Kinderarbeit. Nimm Stellung zu dieser Forderung (M 6, M 7).
3. In M 9 sind einige Ursachen von Kinderarbeit genannt. Ergänze mögliche weitere Ursachen und zeige auf, inwiefern die einzelnen Ursachen miteinander zusammenhängen.

Kinderarbeit – was kann man dagegen tun?

M 10 Die Rechte des Kindes

Am 20. November 1989 verabschiedete die Generalversammlung der Vereinten Nationen die UN-Konvention über die Rechte des Kindes. Die Kinderrechtskonvention formuliert weltweit gültige Grundwerte im Umgang mit Kindern, über alle sozialen, kulturellen, ethnischen oder religiösen Unterschiede hinweg. Ein Auszug:

Tipp
Die vollständige Version der Kinderrechtskonvention kann zum Beispiel unter *www.unicef.de* abgerufen werden.

Artikel 6 – Recht auf Leben
Jedes Kind hat ein angeborenes Recht auf Leben.

Artikel 19 – Schutz vor Gewaltanwendung, Misshandlung, Verwahrlosung
Die Staaten treffen alle geeigneten Maßnahmen, um das Kind vor jeder Form körperlicher oder geistiger Gewaltanwendung, Schadenzufügung oder Misshandlung, vor Verwahrlosung oder Vernachlässigung, vor schlechter Behandlung oder Ausbeutung einschließlich des sexuellen Missbrauchs zu schützen.

Artikel 24 – Gesundheitsvorsorge
Die Staaten erkennen das Recht des Kindes auf Gesundheit an sowie auf Inanspruchnahme von Einrichtungen zur Behandlung von Krankheiten und zur Wiederherstellung der Gesundheit.

Artikel 28 – Recht auf Bildung; Schule; Berufsausbildung
Die Staaten erkennen das Recht des Kindes auf Bildung an; [...]

Artikel 31 – Beteiligung an Freizeit, kulturellem und künstlerischem Leben; staatliche Förderung
Die Staaten erkennen das Recht des Kindes auf Ruhe und Freizeit an, auf Spiel und altersgemäße aktive Erholung sowie auf freie Teilnahme am kulturellen und künstlerischen Leben.

Artikel 32 – Schutz vor wirtschaftlicher Ausbeutung
Die Staaten erkennen das Recht des Kindes, vor wirtschaftlicher Ausbeutung geschützt und nicht zu einer Arbeit herangezogen zu werden, die Gefahren mit sich bringt, die Erziehung des Kindes behindern oder die Gesundheit des Kindes oder seine körperliche, geistige, seelische Entwicklung schädigen könnte.

Konvention über die Rechte des Kindes, am 5.4.1992 für Deutschland in Kraft getreten

M 11 Kinderrechte – nur auf dem Papier?

Alle fünf Jahre müssen die Unterzeichnerstaaten vor dem UN-Komitee über die Rechte des Kindes Rechenschaft ablegen. Allerdings gibt es keine übergeordnete Instanz, die die Staaten zur Einhaltung ihrer Verpflichtung zwingen könnte. Auch begründet die Konvention keine von Einzelnen einklagbaren Rechtsansprüche. Die Kinderrechtskonvention ist ein wichtiges Instrument der Zivilgesellschaft. Sie hat das Bewusstsein für Verstöße gegen Kinderrechte geschärft und in vielen Ländern zu besseren Schutzgesetzen geführt. Sie hat auch in den Industrieländern zu mehr Aufmerksamkeit für benachteiligte und ausgeschlossene Kinder geführt. Kinder werden heute ernster genommen und beteiligen sich. Allerdings klafft bis heute zwischen der formalen Anerkennung der Kinderrechte und ihrer Verwirklichung eine tiefe Lücke.

nach: http://www.unicef.de/aktionen/kinderrechte20/kurzinfo-was-ist-die-un-kinderrechtskonvention/ (30.9.2011)

Instanz = hier: Gericht, staatliche Behörde

M 12 Kinderarbeit und Armut – ein Teufelskreis?

Armut ist die Hauptursache für Kinderarbeit. Umgekehrt ist jedoch auch Kinderarbeit eine Ursache für Armut: Kinder, die von klein auf arbeiten müssen und deshalb niemals zur Schule gehen können, verdienen ihr Leben auch als Erwachsene meist als Tagelöhner. In vielen Ländern der Welt müssen Kinder einen Beitrag für das Einkommen ihrer von Armut betroffenen Familien leisten. Die Arbeit bedeutet für die Kinder einen Teufelskreis und geht vor allem auf Kosten ihrer Bildung: Sie können keine Schule besuchen – und ohne Bildung ist ein Ausweg aus der Armut nur schwer möglich.

http://www.bpb.de/themen/C3V4ZA,0,Welttag_gegen_Kinderarbeit.html (12.10.2011)

Teufelskreis
Als „Teufelskreis" bezeichnet man eine Situation, in der sich zwei oder mehrere Ursachen gegenseitig verstärken. Daraus auszubrechen, ist sehr schwer.

M 13 Bildung ist der Schlüssel zu einem besseren Leben

Einige Länder haben sich darauf geeinigt, dass Kinderarbeit verboten ist und Produkte, die mit der Hilfe von Kindern hergestellt worden sind, nicht verkauft werden dürfen. Dazu zählen auch Länder, in denen Kinderarbeit stattfindet. Mangelnde Kontrollen und extreme Armut machen es sehr schwer, die Kinderarbeit zu unterbinden. Mit dem Prozess der Globalisierung arbeiten gerade auch in Ländern, in denen die Wirtschaft boomt – wie zum Beispiel in China – nicht weniger, sondern immer mehr Kinder. Durch harte menschliche Arbeit gegen Billig-Löhne werden hohe Gewinne erzielt – viele der Produkte werden ins Ausland verkauft. Bekleidungs- und Spielwarenhersteller bekennen sich zwar offiziell zu einer gerechten Herstellung ihrer Produkte. Aber es gibt viele Lücken. Auch bei uns wird immer wieder bekannt, dass bestimmte Discounter und Kleider-Geschäfte Produkte aus Kinderarbeit verkaufen.

So sieht nach Vorstellung der ILO der Ausweg aus der Kinderarbeit aus: „Bildung ist die Antwort". Hier lernen Kinder in einer Dorfschule in der Gemeinde Hung Vu in Vietnam.

Produktsiegel gegen Kinderarbeit

FLOWER LABEL PROGRAM

Flower Label
Blumen ja, aber bitte nicht auf Kosten anderer: Dieses Label kennzeichnet Blumen, die unter guten Arbeitsbedingungen und umweltfreundlich angebaut, geschnitten und verpackt wurden.

GEPA® THE FAIR TRADE COMPANY

GEPA
Dieses Siegel findet man auf verschiedenen Lebensmitteln, wie zum Beispiel Kaffee, Kakao, Schokolade, Honig, Zucker und Getränken.

Hilfsorganisationen, aber auch manche Hersteller, setzen sich für bessere Arbeitsbedingungen und fairen Handel ein. Kinderarbeit einfach zu verbieten, davor warnen auch Hilfsorganisationen, die die Lage der Kinder verbessern wollen. Das Einkommen der Kinder ist für viele arme Menschen nämlich lebensnotwendig. Sie wollen aber helfen, Kinder aus den unwürdigen Arbeitsbedingungen herauszuholen. Auf einer Kamillenplantage in Ägypten können Kinder zum Beispiel arbeiten und zur Schule gehen. In den ländlichen Gegenden Ägyptens ist Kinderarbeit an der Tagesordnung.
Die Sekem-Farm lässt aber nur Kinder bei sich arbeiten, deren Eltern sie auch in die Schule schicken. Denn oftmals ist das Problem, dass viele Eltern in den armen Regionen wenig Wert auf die Bildung ihrer Kinder legen. Sie wollen lieber, dass diese früh Geld verdienen und kümmern sich nicht um einen Schulbesuch. Die brasilianische Regierung zahlt Eltern, die ihre Kinder in die Schule schicken, nun ein Unterhaltsgeld. Das ist an strenge Auflagen geknüpft, eben daran, dass ihre Kinder regelmäßig in die Schule gehen und die Eltern Bildungsveranstaltungen besuchen.

Carola Beck, http://www.helles-koepfchen.de/artikel/2185.html (12.10.2011)

M 14 Dein Kauf macht den Unterschied

In fast jedem Geschäft gibt es Produkte mit einem Siegel für fairen Handel. Sie sind etwas teurer, aber dafür garantiert unter gerechten Arbeitsbedingungen hergestellt. Auch du kannst beim Einkaufen mitentscheiden, ob Waren, mit denen skrupellose Hersteller auf Kosten von Kindern viel Geld verdienen, bei uns verkauft werden. Leider handeln viele Menschen wohlhabender Industrieländer wie Deutschland nach der

Devise „Geiz ist geil". Bei Lebensmitteln, Kleidung und anderen Produkten wird oft gespart und auf Billig-Artikel zurückgegriffen.

Die Hilfsorganisation „Terre des hommes" empfiehlt, bei Produkten aus der Landwirtschaft auf das Fair-Trade-Siegel zu achten. Produkte, die mit diesem Siegel gekennzeichnet sind, wurden unter fairen Arbeitsbedingungen hergestellt. So können schon die Eltern ein Einkommen erzielen, das ihnen erlaubt, ihre Kinder in die Schule statt zur Arbeit zu schicken. In Dorfgemeinschaften können dann auch mehr Schulen und Gesundheitsstationen gebaut werden.

Ebenso ein Siegel der Gepa zeichnet fair gehandelte Produkte aus. Das Hand-in-Hand-Siegel kennzeichnet Lebensmittel, die fair gehandelt und biologisch angebaut wurden. Teppiche, die ohne illegale Kinderarbeit hergestellt wurden, erhalten das Rugmark- oder das Care&Fair-Siegel. Blumen aus menschen- und umweltfreundlichem Anbau tragen das Siegel des Flower-Label-Programms. Für Kleidung gibt es leider kein verbindliches Siegel, das eine faire Herstellung kennzeichnet. Vor allem billige Klamotten, aber manchmal eben auch teure Marken-Sachen, können von Kindern unter sehr schlechten Bedingungen angefertigt worden sein.

Carola Beck, http://www.helles-koepfchen.de/artikel/2185.html (12.10.2011)

Fairtrade
Dieses Siegel steht für öko-faire Partnerschaft. Es kennzeichnet fair gehandelte Produkte aus umweltverträglicher Produktion. Dazu gehören Lebensmittel wie Kaffee u. a.

Rugmark
Teppiche und Textilien ohne illegale Kinderarbeit zeichnet seit zehn Jahren das Rugmark-Label aus.

Care&Fair
Teppiche, die nicht durch ausbeuterische Kinderarbeit, sondern zu fairen Arbeitsbedingungen hergestellt wurden, tragen dieses Siegel.

Aufgaben

1. In der Kinderrechtskonvention sind die Rechte des Kindes niedergeschrieben. Wählt die drei Rechte aus, die ihr für besonders wichtig erachtet, und begründet eure Wahl (M 10).
2. Viele Menschen kennen die Kinderrechtskonvention nicht. Überlegt euch Maßnahmen, um die Kinderrechte bekannter zu machen (M 11).
3. Der Zusammenhang zwischen Armut und Kinderarbeit wird häufig als „Teufelskreis" bezeichnet. Stellt diesen „Teufelskreis" grafisch dar und erklärt, wie er durchbrochen werden kann (M 12, M 13).
4. Erläutert, was gegen Kinderarbeit unternommen werden kann. Unterscheidet dabei, was Staaten, was Hilfsorganisationen und was Verbraucher tun können (M 10 – M 14).

Was wir wissen

Jugendarbeitsschutzgesetz
M 3

Kinder und vollzeitschulpflichtige Jugendliche dürfen in der Bundesrepublik Deutschland eigentlich nicht erwerbstätig sein. Nach dem Alter der Kinder und Jugendlichen gestaffelt sind allerdings Ausnahmen zugelassen, sodass Jugendliche durchaus bestimmte Nebenjobs ausüben dürfen. Das Jugendarbeitsschutzgesetz legt fest, unter welchen Bedingungen und wie lange Jugendliche – auch in ihrer Berufsausbildung – arbeiten dürfen. Großer Wert wird darauf gelegt, dass die Gesundheit der Jugendlichen nicht gefährdet ist und dass dem Unterricht in der Schule ausreichend Zeit und Aufmerksamkeit geschenkt werden.

Kinderarbeit
M 6, M 7

Mit dem Schlagwort „Kinderarbeit“ wird meistens die Erwerbstätigkeit von Kindern in Entwicklungsländern bezeichnet – Kinderarbeit gibt es aber auch in Industrienationen wie der Bundesrepublik Deutschland. Die Internationale Arbeitsorganisation ILO (International Labour Organisation) erforscht die weltweite Erwerbstätigkeit von Kindern. Mitarbeiter dieser Organisation unterscheiden zwischen erlaubter Kinderarbeit (leichte Tätigkeiten neben der Schule oder ungefährliche Vollzeitarbeit ab 14/15 Jahren) und verbotener Kinderarbeit, die das Wohl der Kinder beeinträchtigt.

Ausmaß und Formen von Kinderarbeit
M 8

Weltweit gibt es über 200 Millionen Kinderarbeiter. Kinder arbeiten in allen wirtschaftlichen Bereichen, vor allem in der Landwirtschaft, aber auch als Kellner, Schuhputzer, Dienstmädchen, Bauarbeiter.
Gefährliche Kinderarbeit, Sklaverei, Zwangsrekrutierung von Kindersoldaten, Kinderprostitution und Drogenhandel von und mit Kindern gilt nach einer ILO-Konvention als ausbeuterische Arbeit.

Ursachen von Kinderarbeit
M 9

Kinderarbeit hat neben der Armut viele Ursachen – nicht immer arbeiten Kinder, weil ihre Familien arm sind (manchmal bringt gerade ein Wirtschaftsboom auch zunehmende Kinderarbeit mit sich, zum Beispiel in der Textilindustrie). Es gibt Länder, in denen es nicht genügend oder nur schlechte Schulen gibt, sodass den dortigen Familien Kinderarbeit als bessere Alternative erscheint. Weitere Ursachen sind zum Beispiel, dass Kinder billigere Arbeitskräfte sind oder als AIDS-Waisen auf sich allein gestellt sind.

Maßnahmen gegen Kinderarbeit
M 10 – M 14

Zahlreiche Hilfsorganisationen kämpfen gegen Kinderarbeit. Mittlerweile ist dabei unstrittig, dass ein reiner Boykott von Waren, die von Kindern hergestellt wurden, nichts bringt, da die Kinder dann entlassen werden, ohne dass sie echte Hilfe erfahren. Manche Aktionen setzen auf den kritischen Verbraucher, der nur Waren aus überprüften Betrieben kauft, die Kinder nicht ausbeuten. Andere unterstützen den Schulbesuch von Kindern, zumindest neben der Arbeit, oder haben sogar zum Ziel, Kinderarbeit völlig abzuschaffen.

Kinderkonferenz – Kinderarbeit achten oder ächten?

Ihr seid Teilnehmer einer Kinderkonferenz, die darüber berät, wie Kinderarbeitern geholfen werden kann. Teilt die Klasse in Arbeitsgruppen. Jede Arbeitsgruppe entsendet einen Teilnehmer für das Rollenspiel. Die Arbeitsgruppe bereitet den Teilnehmer des Streitgespräches auf seine Rolle vor. Die Meinung der Streitenden ist jeweils in Rollenkarten vorgegeben. Jede Gruppe muss nun die Materialien zum Thema Kinderarbeit aus diesem Kapitel und zusätzlich recherchierte Materialien auswerten und herausarbeiten, welche Argumente im Streitgespräch vorgebracht werden können. Geleitet wird diese Konferenz von zwei Moderatoren. Das Publikum beobachtet und macht Notizen.

Zur Vertiefung

Formuliert nach eurem Streitgespräch eine gemeinsame Resolution zum Thema Kinderarbeit. Berücksichtigt dabei, was die Ursachen der Kinderarbeit sind und wie den Kindern geholfen werden kann. Beachtet dabei, dass alle Teilnehmer mit der Resolution einverstanden sein müssen.

Teilnehmer der Kinderkonferenz

Amal, 11 Jahre, lebt und arbeitet in Indien

Amal ist froh, dass er nicht mehr Teppiche knüpfen muss. Er hat den Sprung geschafft und die neue Arbeit, die er gefunden hat, macht ihm auch Spaß. Er kritisiert die Arbeitsbedingungen beim Teppichknüpfen, ist aber auch froh, dass er dort Geld verdienen konnte, um seiner Familie zu helfen.

Julia, 15 Jahre, deutsche Schülerin, unterstützt die Kampagne „Schule statt Arbeit"

Julia findet, dass Kinder grundsätzlich nicht arbeiten sollten. Sie engagiert sich bei der Kampagne „Schule ist der beste Arbeitsplatz." Julia hebt in ihrer Argumentation die gefährlichen und ausbeuterischen Formen von Kinderarbeit hervor und kennt sich gut aus mit der Situation arbeitender Kinder (die ja zum Teil noch sehr, sehr jung sind).

Ein junger indischer Teppichfabrikant

Der junge Mann ist erst 28 Jahre alt und hat seine erste Firma in Tirupur eröffnet. Er produziert Unterhosen für ein Kaufhaus in Neu Delhi. Als Näherinnen beschäftigt er Mädchen ab 12 Jahren, die zwischen 40 und 60 Rupien (0,61 bis 1,12 Euro) am Tag verdienen. Der junge Chef ist stolz und sagt, die Kinder hier hätten mit ihm eine Chance, in Tirupur etwas aus sich zu machen.

Eine Vertreterin von terre des hommes

Die Vertreterin der Hilfsorganisation terre des hommes möchte, dass ausbeuterische Kinderarbeit verboten wird: gefährliche Arbeiten im Bergbau, Arbeit von Kindern unter 13 Jahren oder Arbeit, die 14-Jährige davon abhält, zur Schule gehen zu können. Auch alle Formen der Sklaverei oder Prostitution lehnt sie ab. Gut findet sie insbesondere Schulprogramme für Kinderarbeiter.

Ihr beiden seid die Moderatoren der Kinderkonferenz. Ihr müsst dafür sorgen, dass die Konferenz strukturiert abläuft.

- ✓ Führt kurz in das Thema der Konferenz ein.
- ✓ Begrüßt die Teilnehmer (vgl. Rollenkarten).
- ✓ Leitet jeweils zur nächsten Rede über.
- ✓ Achtet auf die Zeit (ca. 3 Minuten hat jede Delegation für ihren Kurzvortrag).
- ✓ Achtet darauf, dass in der anschließenden Diskussion zur Frage, wie den Kinderarbeitern geholfen werden kann, alle Teilnehmer zu Wort kommen.
- ✓ Beendet die Konferenz und dankt den Teilnehmern.
- ✓ Besprecht dann mit dem Publikum Verlauf und Ergebnis der Diskussion.

Kleines Politiklexikon

Absatz
Menge der Güter oder Leistungen, die von einem Unternehmen in einer bestimmten Zeiteinheit (z.B. monatlich oder jährlich) verkauft wird. Absatz ist auch die Bezeichnung der letzten Funktion in der betrieblichen Wertschöpfungskette von Waren und Dienstleistungen.

Arbeit
Der Begriff umschreibt in erster Linie Erwerbsarbeit. Diese sichert die Lebensgrundlage der Arbeitnehmerinnen und Arbeitnehmer und ihrer Familien. Wurde sie in früheren Zeiten vor allem als Mühsal und Plage empfunden, so ist die Arbeit heute ein wichtiger Bestandteil der Identität, denn in der Arbeit kann der Mensch seine Fähigkeiten unter Beweis stellen. Arbeit verleiht dem Leben einen Sinn.

Arbeitsteilung
Aufspaltung der Güterproduktion. Dabei wird ein Produkt nicht mehr von einer Person hergestellt, sondern die Produktion wird in Teilverrichtungen zerlegt, die dann von verschiedenen Personen erledigt werden. Diese Personen können innerhalb eines Betriebes, in verschiedenen Betrieben oder gar in verschiedenen Ländern an der Erstellung eines Produktes arbeiten (innerbetriebliche, zwischenbetriebliche, internationale Arbeitsteilung). Die Arbeitsteilung führt zu einer Steigerung der Produktivität.

Armut
Von absoluter Armut spricht man, wenn eine Person weniger als 1,25 US-Dollar (ca. 1 Euro) pro Tag zur Verfügung steht. Von relativer Armut spricht man, wenn das Einkommen weniger als 50% des Durchschnittseinkommens in einem Land (Staat) beträgt.

Bedürfnis
Bedürfnis ist der Wunsch, einen Mangel zu beseitigen. So liegt dem Bedürfnis zu trinken Durst als Mangelempfinden zugrunde.

Beschaffung
Betriebliche Grundfunktion: Gewinnung und Bereitstellung der Produktionsfaktoren (Arbeit, Betriebsmittel, Werkstoffe) für die Erfüllung der Zwecke des Betriebsprozesses.

Betrieb
Technisch-wirtschaftliche Einheit zur Produktion oder zur Erbringung von Dienstleistungen.

Bürgerliches Gesetzbuch (BGB)
In ihm stehen die wichtigsten rechtlichen Regelungen, die das Zusammenleben der Bürger betreffen, z. B. zu den Rechten und Pflichten beim Kaufvertrag.

Bürgerinitiative
Lockerer, zeitlich befristeter Zusammenschluss von Bürgerinnen und Bürgern, die wegen eines bestimmten Anliegens Einfluss auf die Politik nehmen wollen.

Clique
Die Clique (Peergroup) ist eine Gruppe von meist Gleichaltrigen, die sich zusammengehörig fühlt. Die Mitglieder zeigen ihre Zugehörigkeit, in dem sie gemeinsam etwas unternehmen, eine bestimmte Kleidung tragen, eine bestimmte Musik hören oder eine eigene Sprache benutzen.

Demokratie
Das Wort stammt aus dem Griechischen und bedeutet Herrschaft des Volkes. Die Beteiligung aller Bürgerinnen und Bürger an allen Abstimmungen kann nur in sehr kleinen Staatsgesellschaften verwirklicht werden (direkte Demokratie). Wo dies nicht möglich ist, wählt das Volk Vertreter (Repräsentanten), die für das Volk handeln (repräsentative Demokratie).

Erziehung
Erziehung nennt man alles, was dazu beiträgt, die Persönlichkeit eines Menschen zu bilden und zu fördern.

Erziehungsstil
Eltern versuchen auf verschiedene Weise, die Persönlichkeit ihrer Kinder auszubilden. Diese Verhaltensweisen der Eltern sind unterschiedlich ausgerichtet: zwischen streng und autoritär oder partnerschaftlich.

Familie
Gemeinschaft, die bei uns in der Regel aus den Eltern und Kindern besteht. Im weiteren Sinne ist eine Familie eine Gruppe von Menschen unterschiedlicher Generationen, die unter einem Dach zusammenleben, füreinander Verantwortung übernehmen und sich gegenseitig unterstützen. In unserer Gesellschaft gibt es viele unterschiedliche Formen der Familie: Kleinfamilie, Patchworkfamilie, Großfamilie, allein erziehende Mütter oder Väter mit ihren Kindern, Stieffamilie usw.

Geld
Geld ist ein allgemein anerkanntes und gültiges Zahlungsmittel, mit dem man Waren oder Dienstleistungen erwerben kann. Geld ist Tauschmittel, Wertaufbewahrungsmittel, Wertübertragungsmittel und Recheneinheit.

Gemeinde
Die Gemeinden (Kommunen) bilden das unterste politische Gemeinwesen in der Bundesrepublik Deutschland. Gemeinden besitzen das Recht der Selbstverwaltung (Art. 28 GG) und regeln im Rahmen der Gesetze alle Angelegenheiten der örtlichen Gemeinschaft in eigener Verantwortung.

Geschäftsfähigkeit
Die Fähigkeit, gültige Rechtsgeschäfte abzuschließen. Die beschränkte Geschäftsfähigkeit beginnt mit der Vollendung des 7. und endet mit der Vollendung des 18. Lebensjahres. Mit

Vollendung des 18. Lebensjahres erhält man die volle Geschäftsfähigkeit.

Gesetz
Ein Gesetz ist eine verbindliche Vorschrift, die das Ziel hat, das Zusammenleben der Menschen zu regeln. Es muss in einem dafür vorgesehenen Verfahren rechtmäßig zu Stande kommen. Gesetze werden von den Parlamenten (Bundestag, Landtag, Gemeindevertretung) beschlossen.

Gewinn
Überschuss des Ertrags (Erlös) über den Aufwand (Kosten). Gewinnerzielung (Rentabilität) ist für private Betriebe eine Existenzbedingung.

Grundgesetz
Das Grundgesetz ist die Verfassung der Bundesrepublik Deutschland. Sie regelt den Aufbau, die Aufgaben und das Zusammenspiel der Staatsorgane. Im Grundgesetz werden auch die Grundrechte garantiert, die jedem Einzelnen gewährt werden, wie zum Beispiel die Meinungsfreiheit, die Versammlungsfreiheit und die Menschenwürde.

Gruppen
Eine Gruppe ist ein „sozialer Verband" von mehreren Menschen, die durch ein bestimmtes „Wir-Gefühl" miteinander verbunden sind. Es gibt Gruppen, in die man hineingeboren wird (Familie) und welche, die man sich nicht aussuchen kann (z.B. Schulklasse), so genannte Zwangsgruppen. Für Jugendliche ist der Freundeskreis besonders wichtig. Er übt auch Einfluss auf die eigene Entwicklung aus (sog. „peer-group").

Gruppendruck/Gruppenzwang
Er entsteht, wenn die Mitglieder einer Gruppe auf andere Mitglieder der Gruppe Druck ausüben, um das Verhalten oder die Meinung desjenigen zu verändern und an die Gruppe anzupassen. Es kann durchaus passieren, dass man unter dem Gruppendruck Dinge tut, die man eigentlich nicht tun möchte. Dem Gruppendruck zu widerstehen erfordert Mut.

Güter
Güter sind ganz allgemein Mittel (z.B. Waren, Dienstleistungen, Rechte), mit denen Bedürfnisse befriedigt werden können. Sie haben einen Preis und sind in der Regel nicht unbegrenzt verfügbar. Nur wenige Güter auf der Erde (z.B. Luft, Sand in der Wüste) sind freie Güter, d.h. unbegrenzt vorhanden.

Haushalt
Die genaue Aufstellung der geplanten Einnahmen und Ausgaben für einen bestimmten Zeitraum (meist das kommende Jahr). Die Einnahmen werden nach den Quellen unterschieden, die Ausgaben nach dem Zweck der Verwendung.

Jugendarbeitsschutzgesetz
Das Jugendarbeitsschutzgesetz verbietet in Deutschland die Erwerbstätigkeit von Kindern und vollzeitschulpflichtigen Schülerinnen und Schüler. Es lässt ab 13 Jahren zeitlich beschränkte Ausnahmen zu. Auch die Arbeitsbedingungen von Jugendlichen, z. B. von Auszubildenden, werden in diesem Gesetz geregelt.

Jugendschutzgesetz
Eine Sammlung von Gesetzen, die zum Ziel hat, Kinder zu schützen. Dazu gehört z.B. das Jugendarbeitsschutzgesetz, das in fast allen Fällen verbietet, dass Kinder unter 15 Jahren arbeiten.

Kaufvertrag
Beim Kaufvertrag müssen sich Käufer und Verkäufer über die Kaufsache und den Kaufpreis einigen. In der Fachsprache heißt das, dass sie zwei übereinstimmende Willenserklärungen abgeben müssen (Angebot und Annahme). Der Verkäufer ist durch den Vertrag zur Übereignung der mangelfreien Kaufsache verpflichtet, der Käufer zur Bezahlung des vereinbarten Kaufpreises und zur Abnahme der Kaufsache.

Kinderarbeit
Kinderarbeit ist weltweit verbreitet. Etwa 200 Millionen Kinder unter 14 Jahren arbeiten. Nach den Regelungen der ILO ist Kinderarbeit verboten, mit Ausnahmen für leichte Tätigkeiten ab 12 Jahren, wenn ein Schulbesuch gewährleistet ist. Erst ab 15 Jahren dürfen Jugendliche in Vollzeit arbeiten. Gefährliche Kinderarbeit oder Zwangsarbeit ist generell verboten – nach ILO-Erhebungen arbeiten jedoch weltweit über die Hälfte der Kinderarbeiter unter unerträglichen Bedingungen.

Kinderrechtskonvention
In der Kinderrechtskonvention sind die Rechte der Kinder zusammengefasst. Die Kinderrechtskonvention soll einen Beitrag dazu leisten, dass Kinder vor Ausbeutung und Gewalt geschützt werden, dass sie keine Kinderarbeit leisten müssen, dass sie nicht hungern müssen und dass sie nicht misshandelt werden.

Klimawandel
Mit dem Begriff Klimawandel bezeichnen wir heute meist die von natürlichen Schwankungen unabhängige Erderwärmung. Sie hat schwerwiegende Folgen für Menschen, Tiere und Pflanzen: Teile der Erde werden zu Wüsten, die Gefahr von Hurrikanen und Sturmfluten steigt, Tierarten werden aussterben.

Knappheit
Knappheit entsteht dadurch, dass unsere Wünsche und Bedürfnisse unbegrenzt, die vorhandenen Güter auf der Erde jedoch begrenzt sind. Knappheit ist also letztlich der Grund für die wirtschaftliche Betätigung des Menschen. Güter zur Befriedigung von Bedürfnissen müssen von den Menschen hergestellt werden, die Preise der Güter sind ein Gradmesser für ihre Knappheit.

Konflikt
Ein Konflikt ist ein Spannungszustand zwischen zwei oder mehreren Personen. Er entsteht dadurch, dass es zwischen den Personen oder Personengruppen unterschiedliche Zielvorstellungen und Interessen gibt, die zunächst unvereinbar gegeneinander stehen. Wenn man einige Regeln beim Streiten beachtet, können Konflikte leichter gelöst werden.

Kredit
Ein Gläubiger überlässt einem Schuldner Geld unter der Voraussetzung der Rückzahlung.

Markt
Der Markt ist der Treffpunkt von Angebot und Nachfrage. Durch die Höhe des Angebots und der Nachfrage wird der Preis bestimmt.

Mobbing
Mobbing bedeutet, dass jemand z.B. in der Schule schikaniert, belästigt, drangsaliert, beleidigt, ausgegrenzt wird. Wenn man eine negative Handlung als Mobbing bezeichnen möchte, dann muss diese häufig und wiederholt auftreten und sich über einen längeren Zeitraum erstrecken. Das Mobbingopfer ist der Situation häufig hilflos ausgeliefert und leidet stark unter der Situation.

Nachhaltigkeit
Der Begriff bedeutet, dass man nicht mehr von einem Rohstoff (der Natur) verbrauchen soll, als nachwachsen kann. In Bezug auf die Umwelt heißt das, dass man den Ausgangszustand für die folgenden Generationen bewahren soll und die Umwelt nicht durch Abgase und Müll irreparabel schädigen darf.

Ökonomisches Prinzip
Das ökonomische Prinzip besagt, dass die vorhandenen Mittel (Geld, Zeit) optimal eingesetzt werden sollen, um ein bestimmtes Ergebnis zu erreichen. Bei vorgegebenen Mitteln soll ein möglichst hoher Ertrag erzielt werden (Maximalprinzip). Bei einem vorgegebenen Ertrag sollen möglichst geringe Mittel eingesetzt werden (Minimalprinzip).

Preisbildung
Prozess, in dem sich in einer Marktwirtschaft auf den Märkten die Preise bilden. Preisbildung ist abhängig von Marktform und Anzahl der Anbieter und Nachfrager. Sie vermittelt zwischen Produktion und der Befriedigung bestehender Bedürfnisse.

Produktion
Bezeichnet den Prozess der Herstellung von Produkten durch den Einsatz betrieblicher Produktionsfaktoren. Dies können im weiteren Sinne auch Dienstleistungen (Haarschnitt beim Friseur) sein.

Produktionsfaktoren
Dies sind Güter und (Dienst-)Leistungen, die eingesetzt werden, um andere Güter und (Dienst-)Leistungen herzustellen bzw. zu erbringen. Die klassischen Produktionsfaktoren sind Arbeit, Kapital und Boden. Im betriebswirtschaftlichen Fertigungsprozess unterscheidet man diese Produktionsfaktoren: Betriebsmittel (z. B. Maschinen), Werkstoffe (werden verarbeitet), Arbeit und Informationen.

Rechtsfähigkeit
Mit der Geburt ist der Mensch Träger von Rechten und Pflichten.

Rolle
Eine Rolle ist ein bestimmtes Verhalten, das andere Menschen von bestimmten Personen oder in bestimmten Situationen erwarten. Das Verhalten der Geschlechter (Frauen/Männer) und damit zusammenhängend die Rollen- und Arbeitsverteilung in der Familie sind oft mit solchen Erwartungen verbunden.

Schülervertretung
Die Schülervertretung (häufig SV abgekürzt) vertritt die Interessen der Schülerinnen und Schüler bei der Gestaltung des schulischen Lebens. Alle Schülerinnen und Schüler können an ihrer Interessenvertretung mitwirken. Die Gruppe der Klassen- und Jahrgangsstufensprecher bildet den Schülerrat, der das Schulsprecher-Team und die Vertreter in die verschiedenen Konferenzen wählt.

Schulgesetz
Das Schulgesetz ist eine Regelsammlung für alle Schulen in einem Bundesland. Es legt unter anderem fest, welchen Auftrag die Schulen haben, wie sie organisiert sein sollen, welche Möglichkeiten der Mitbestimmung es für Schüler, Eltern und Lehrer gibt und welche Rechte und Pflichten Schüler haben. Auch wie Entscheidungen innerhalb der Schule getroffen werden sollen und wer an ihnen beteiligt werden muss, regelt das Schulgesetz.

Soziales Netzwerk
Der Begriff soziales Netzwerk bezeichnet ein Beziehungsgeflecht, das Menschen mit anderen Menschen verbindet. Menschen sind untereinander zum Beispiel durch Beziehungen in der Familie und Verwandtschaft sowie im Freundeskreis, aber auch mit der Nachbarschaft und in der Arbeitswelt verletzt. Soziale Netzwerke werden zunehmend im Internet gebildet.

Sozialisation/Sozialisationsprozess
Der lebenslange Erziehungs- und Entwicklungsprozess eines Menschen aufgrund von Einflüssen aus seiner Umwelt. Durch die Sozialisation wird ein Individuum zu einem vollwertigen Teil der Gesellschaft.

Steuern
Steuern sind allgemeine Geldabgaben der Bürger und Unternehmen an den Staat. Alle Steuerpflichtigen müssen Steuern zahlen. Es gibt verschiedene Steuerarten (z.B. Einkommensteuer, Mineralölsteuer, Hundesteuer). Steuern sind in der Regel nicht an einen bestimmten Zweck gebunden.

Taschengeld
Meist regelmäßige Zuwendungen an Jugendliche, über die sie mit Einwilligung der Erziehungsberechtigten frei verfügen können.

Taschengeldparagraf
Regelung des BGB, die besagt, dass Geschäfte von Minderjährigen dann wirksam sind, wenn diese mit Mitteln bezahlt werden (in der Regel Taschengeld), die ihm zur freien Verfügung von den gesetzlichen Vertretern (Eltern) überlassen worden sind.

Treibhauseffekt
Verschiedene Gase bilden in der Atmosphäre eine Art Hülle (wie das Glasdach in einem Gewächshaus), die die Erde umgibt. Durch diese Hülle können Sonnenstrahlen auf die Erde

dringen. Gleichzeitig verhindert die Hülle, dass zu viel Wärme wieder in die Atmosphäre entweicht. Deshalb herrscht ein angenehmes Klima auf der Erde. Der Ausstoß klimaschädlicher Gase führt jedoch dazu, dass die Schutzhülle immer undurchlässiger wird und überschüssige Wärme nicht mehr ins All entweichen kann. Deshalb heizt sich die Erde auf.

Unternehmen
Dauerhafte organisatorische Einheit zur Produktion bzw. zur Erbringung von Dienstleistungen, die mehrere Betriebe umfassen kann. Je nach Träger werden private, öffentliche oder gemeinwirtschaftliche Unternehmen unterschieden, je nach Rechtsform Einzel-, Personen- und Kapitalgesellschaften.

Verbraucherschutz
Maßnahmen zum Schutz der Gesundheit der Verbraucher und zur Stärkung ihrer Rechte als Konsumenten. Mit bestimmten Gesetzen (z. B. zur Kennzeichnung von Lebensmitteln oder zur Gewährleistung), aber auch durch eine verbesserte Information und Aufklärung (z. B. durch Produktsiegel und Warentests) soll die Position der Verbraucher gegenüber den Anbietern verbessert werden.

Wahlen
Verfahren der Berufung von Personen in bestimmte Ämter durch Stimmabgabe einer Wählerschaft. Demokratische Wahlen müssen allgemein, frei, gleich und geheim sein. Das genaue Wahlverfahren ist meist in Wahlgesetzen geregelt.

Werbung
Im wirtschaftlichen Sinne die Bekanntmachung von Gütern oder Dienstleistungen mit der Absicht, bei den Konsumenten eine Kaufhandlung auszulösen. Wird dies versteckt gemacht, spricht man von Schleichwerbung.

Register

Bildnachweis

Anne-Frank-Realschule, Düsseldorf - S. 45; argus Fotoagentur / Frischmuth, Hamburg - S. 136; Artothek, Weilheim - S. 86

Baaske Cartoons / Mester, Müllheim - S. 38, 78, 161

Care & Fair - Teppichhandel gegen Kinderarbeit e.V., Hamburg - S. 181; Caro Fotoagentur, Berlin - S. 108; Caro Fotoagentur / Klaus Westermann, Berlin - S. 122; Caro Fotoagentur / Ruffer, Berlin - S. 132; Cinetext, Frankfurt - S. 25

Das Fotoarchiv / Markus Matzel, Essen - S. 6; ddp Deutscher Depeschendienst GmbH, Hamburg - S. 162; - / AP, Hamburg - S. 63: Deutscher Bundestag, Berlin - S. 63; dpa Picture-Alliance, Frankfurt - S. 72; - / Angelika Warmuth - S. 6; - / Arno Burgi - S. 6; - / dpa-infografik - S. 40, 158; - / Globus-infografik - S. 32, 38, 92, 106, 111, 119, 165, 176; - / Kay Nietfeld - S. 66; - / KPA - S. 97; - / Marcus Führer - S. 173; -/ Photo-Alto / James Hardy - S. 98; - / Schroewig ML - S. 22

F1-online.de, Digitale Bildagentur, Frankfurt - S. 123; Fair Trade e.V., Wuppertal - S. 181; FLP e.V., Flower Label Programm, Köln - S. 180

GEPA - The Fair Trade Company, Wuppertal - S. 180; José Girbas, Berlin - S. 149

Henrike Holzwarth, München - S. 39

images.de / Kobal Collection / Jay Maidment, Berlin - S. 112; iStockphoto / alvarez - S. 22; - / amphotora - S. 88; - / Billnoll - S. 64; - / Bim - S. 136; - / blaney photo - S. 47; - / Charles Knox - S. 22; - / chrisjo - S. 70; - / cosmonaut - S. 70; - / Curt Pictures - S. 156; - / Deejpilot - S. 11; - / drbimages - S. 170; - / egdigital - S. 156; - / Enjoylife2 - S. 136; -/ falcatraz - S. 47; - / Fly Fast - S. 170; - / Forrest Woodv - S. 70; - / Freeze Frame - S. 70; - / gerenme - Einband, S. 136; - / goldenKB - S. 168; - / gradyreese - S. 64; - / Ingrald Kaldhussaeter - S. 20; - / jaroon - S. 47; - / jessicaphoto - S. 22; - / jhorrocks - S. 14; - / JL Barranco - S. 9; - / Jonny Greig - S. 64; - / laflor - S. 64; - / Liuser - S. 118; - / mangostock - S. 168; - / Mark Papas - S. 14; - / MaxFX - S. 157; - / miespics - S. 168; - / Mike Clarke - S. 70; - / monkey business - Einband, S. 14; - / Ola Düsegard - S. 70; - / Rene Mansi - S. 70; - / rgajic - Einband, 14; - / richyrich images - S. 36; - / Rivendellstudios - S. 26; - / rotofrank - S. 156; - / skynesher - S. 41, 44; - / sturti - S. 156; - / thp73 - S. 160; - / TommL - Einband; - / Yuri Arcurs - S. 14

Keystone Pressedienst / Jürgen Christ, Hamburg - S. 14; Keystone Pressedienst / Mai-Inken Knackfuss, Hamburg - S. 54; Keystone Pressedienst / Stefan Oelsner, Hamburg - S. 100; Olaf Krüger, Stuttgart - S. 174

Alexandra Labusch, Köln - S. 81

mad geniuses GmbH, München - S. 136; Marie Marcks - S. 21; Marine Stewardship Council, London - S. 130

photothek.net GbR / Liesa Johannsson, Berlin - S. 70; Presse- und Informationsamt der Bundesregierung / Bundesbildstelle, Berlin - S. 6

Stefan Rürup, Münster - S. 113; Rugmark / Trans Fair e.V., Köln - S. 181

Gerd Schneider / Christiana Toyka-Seid, Das junge Politik-Lexikon, Bonn/Frankfurt 2007, S. 121 - S. 159; Smart, Böblingen - S. 110; Stadt Metzingen, Metzingen - S. 62; Stadt Reutlingen, Jugendgemeinderat, Reutlingen - S. 65; Stadtarchiv Frankfurt O. / Bernhard Klemm, Frankfurt O. - S. 100; Stadtarchiv Wolfhagen - S. 83; Klaus Stuttmann, Berlin - S. 156; Superbild, München - S. 33

teamwork Text und Foto GmbH / Klohake, Hamburg - Einband; terre des hommes, Osnabrück - S. 168; terre des hommes / B. Rasing, Osnabrück - S. 180; terre des hommes / T. Dom, Osnabrück - S. 168; terre des hommes / U. Sodemann, Osnabrück - S. 168; TransFair, Verein zur Förderung des Fairen Handels mit der „Dritten Welt" e.V., Köln-Sülz - S. 130

Umweltbundesamt, Dessau - S. 130; vario images GmbH / Hörnlein, Bonn - S. 6; Visum Foto GmbH / Feldhoff & Martin, Hamburg - S. 44; - / Manfred Witt, Hamburg - S. 30, 31; - / Stefan Sobotta, Hamburg - S. 6

Wolfram Weiner, Eine Geschichte des Geldes, Insel Verlag, Frankfurt - S. 91; wikimedia / NordNordWest - S. 44; wulf architekten GmbH, Stuttgart - S. 58; www.amazon.de - S. 100; www.culturalartculturaltheory.wordpress.com/2010/08/13/week-2-inventing-subjectivity - S. 22; www.ebay.de - S. 136; www.klicksafe.de - S. 17; www.organic-farming.eu - S. 130; www.library.hbs.edu/hc/collections/kress/kress_img/adam_smith2.htm - S. 148